Uwe Thoß

Sport

POCKET TEACHER ABI

Cornelsen
SCRIPTOR

Der Autor
Uwe Thoß ist Sportlehrer und unterrichtet seit langem an einem Gymnasium in Baden-Württemberg.

Bibliografische Information der Deutschen Nationalbibliothek
Die Deutsche Nationalbibliothek verzeichnet diese Publikation in der Deutschen Nationalbibliografie; detaillierte bibliografische Daten sind im Internet über http://dnb.d-nb.de abrufbar.

4., aktualisierte Auflage

D C B A
Bibliographisches Institut GmbH
Dudenstraße 6, 68167 Mannheim

Projektleitung: Heike Krüger-Beer
Redaktion: Matthias Franzke
Reihengestaltung: Magdalene Krumbeck, Wuppertal
Layout und Satz: Dagmar & Torsten Lemme, Berlin
Sachzeichnungen: Rainer J. Fischer, Berlin
Umschlaggestaltung: glas AG, Seeheim-Jugenheim
Druck und Bindung: fgb – freiburger graphische betriebe GmbH & Co. KG
Bebelstraße 11, 79108 Freiburg i. Br.
Printed in Germany

ISBN 978-3-411-80998-1

Inhalt

Vorwort

Liebe Leserin, lieber Leser!

Der Pocket Teacher Abi Sport eignet sich als Wegbegleiter von der gesamten Oberstufe bis zum Abitur. Er hilft nicht nur beim Schlussspurt vor dem Abitur, sondern ebenso gut bei Hausaufgaben und Referaten, bei der Vorbereitung von Klausuren und Tests. Selbst wer glaubt, schon fit zu sein, kann hier mit Gewinn noch mal ein Kapitel quer lesen und sein Wissen auffrischen. Vor allem aber werden die Zusammenhänge übersichtlich und anschaulich präsentiert. Dazu tragen auch die zahlreichen Grafiken und Schaubilder bei.
Der Pocket Teacher Abi Sport bietet eine systematische und komprimierte Übersicht über prüfungsrelevante Themen der sportwissenschaftlichen Themengebiete Sportbiologie, Trainingslehre und Bewegungslehre. Der Band informiert praxisnah über Trainingsaufbau und Leistungskontrollen der konditionellen Fähigkeiten Ausdauer, Kraft, Schnelligkeit und Beweglichkeit. Sportmedizinische Tipps zur Erkennung und Erstversorgung von Sportverletzungen werden ebenso behandelt wie die Grundsätze der Bewegungslehre.
Das Unterrichtsfach Sport hat insofern einen Vorteil gegenüber vielen „theoretischen Fächern“, dass die Theorie unmittelbar im praktischen Sportunterricht zur Anwendung kommen kann.

Hals- und Rumpfmuskulatur

1. Kopfwender
2. Kapuzenmuskel (Trapezmuskel)
3. großer Brustmuskel
4. schräger Bauchmuskel
5. gerader Bauchmuskel
6. breiter Rückenmuskel
7. Sägemuskel

Schulter- und Armmuskulatur

8. Deltamuskel
9. Rautenmuskel
10. Bizeps
11. Trizeps
12. Hand- und Fingerstrecker
13. Hand- und Fingerbeuger
14. Daumen- und Handmuskel

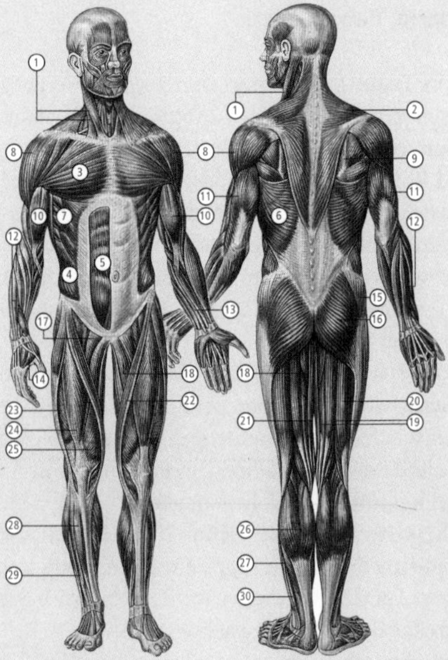

Hüft- und Beinmuskulatur

15. mittlerer Gesäßmuskel
16. großer Gesäßmuskel
17. Lendendarmbeinmuskel
18. Oberschenkelanzieher
19. halbhäutiger/halbsehniger Muskel
20. zweiköpfiger Oberschenkelmuskel
21. schlanker Muskel
22. Schneidermuskel
23. äußerer Kopf des vierköpfigen Schenkelstreckers
24. langer Kopf des vierköpfigen Schenkelstreckers
25. innerer Kopf des vierköpfigen Schenkelstreckers
26. Zwillingswadenmuskel
27. Schollenmuskel
28. vorderer Schienbeinmuskel
29. langer Zehenstrecker
30. Wadenbeinmuskel

Sportbiologie

Die Sportbiologie ist eine Teildisziplin der Biologie.
Sie befasst sich mit dem Körperbau (Anatomie) und den Lebensvorgängen (Physiologie) des menschlichen Organismus unter dem Gesichtspunkt der sportlichen Betätigung.

1 Der aktive Bewegungsapparat

Unter dem Begriff „Bewegungsapparat" versteht man die gesamten Strukturen der an der Bewegung des Menschen beteiligten Organe.
Es wird in einen *aktiven* und einen *passiven* Bewegungsapparat unterschieden. Der aktive Bewegungsapparat umfasst die gesamte Skelettmuskulatur, welche in der Lage ist, durch willkürliche Muskelkontraktionen Kräfte auf den passiven Bewegungsapparat, das Skelettsystem, zu übertragen. Nur im koordinierten Zusammenwirken der Muskulatur mit dem Skelettsystem lassen sich statische und dynamische Funktionen des Bewegungsapparates realisieren (Haltefunktion und Bewegungsfunktion).

1.1 Bau und Funktion der Skelettmuskulatur

Die Skelettmuskulatur nimmt nahezu die Hälfte der gesamten Körpermasse des Menschen ein und benötigt im Ruhezustand lediglich ein Fünftel des Gesamtenergiebedarfs des menschlichen Organismus. Bei intensiven Belastungen unter Einsatz vieler Muskelgruppen, wie zum Beispiel im Triathlon, Boxen und Skilanglauf, kann der benötigte Energiebedarf der Muskulatur auf bis zu 90 % der möglichen Energiebereitstellung ansteigen.
Beim Vollzug sportlicher Bewegungen muss die chemisch gebundene Energie der Nährstoffe (vorwiegend der Kohlenhydrate und Fette) und der energiereichen Phosphate (Kreatinphosphat) in mechanische Energie gewandelt werden.
Die Muskulatur kann ausschließlich ATP-Energie für die Muskelarbeit verwenden.
Alle anderen energieliefernden Prozesse (z. B. Abbau der Nähr-

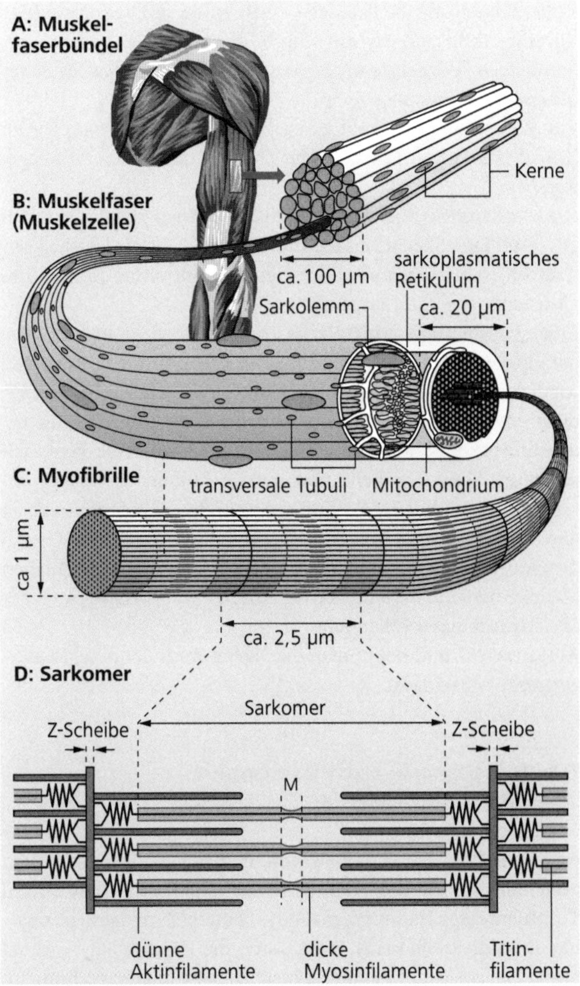

Muskelfaserstruktur (verändert nach Markworth)

stoffe) dienen unmittelbar der ATP-Resynthese. Die kontraktilen Eiweiße Aktin und Myosin sind in der Lage, die chemisch gebundene ATP-Energie unter enzymatischem Einfluss in Spannungsenergie umzuwandeln.
Ein Skelettmuskel besteht zu ca. 80 bis 90 % aus Muskelzellen (Muskelfasern) und zu ca. 10 bis 15 % aus elastischem Bindegewebe.
Die Muskelfaser (Muskelzelle) stellt die kleinste zelluläre Einheit des jeweiligen Skelettmuskels dar. In Bezug auf die Muskelkontraktion ist das Sarkomer die kleinste kontraktile Einheit des „Muskelkontraktionssystems".
Eine „vollständige" Muskelzelle enthält bis zu mehreren 1000 parallel verlaufenden Myofibrillen. Die Myofibrillen setzen sich wiederum aus tausenden von Muskelfilamenten (dünne Aktin-, dicke Myosin- und Titinfilamente) zusammen. Bei der elektronenmikroskopischen Betrachtung einer Myofibrille lässt sich erkennen, dass sich helle und dunkle Zonen regelmäßig abwechseln. Durch den Wechsel von dunklen Zonen im Bereich der Myosinfilamente (A-Band) und hellen Zonen im Bereich der Aktinfilamente (I-Band) und Sarkomerzwischenscheiben (Z-Scheiben) lässt sich mikroskopisch die Querstreifung der Skelettmuskulatur erkennen.
Aus diesen Grund nennt man die Skelettmuskulatur auch quergestreifte Muskulatur.

1.2 Gleittheorie der Filamente Aktin und Myosin

Das Sarkomer, ein ca. 2,5 Mikrometer langer Eiweißzylinder, bestehend aus dünnen Aktinfilamenten, dickeren Myosin- und Titinfilamenten (jeweils sechs Aktinfilamente umlagern hexagonal ein Myosinfilament), wird durch die Z-Scheiben begrenzt und gleichzeitig mit den benachbarten Sarkomeren verbunden. Die Aktinfilamente sind an die beiden begrenzenden Z-Scheiben

angeheftet und strahlen in die Mitte des Sarkomers ein. Die Myosinfilamente befinden sich in der Mitte des Sarkomers und haben keine direkte Verbindung zu den Z-Scheiben. (↗ Abb. S. 11)
Die Titinfilamente durchziehen das Sarkomer wie ein flexibles Netzwerk und besitzen zu den Myosin- und Aktinfilamenten Bindungen, ohne jedoch das Ineinandergleiten dieser beiden Filamente zu behindern. Die Titinfilamente stellen im Sarkomer ein eigenständiges Filamentsystem dar.

Erhält ein Muskel Nervenimpulse zur Kontraktion, werden in allen Sarkomeren unter Energieverbrauch (ATP-Energie) die dünnen Aktinfilamente durch die Myosinköpfchen der dicken Myosinfilamente von beiden Seiten aus in die Mitte des Sarkomers gezogen. Durch die Brückenbildung der Myosinköpfchen an die Aktinfilamente und das nachfolgende Kippen bzw. Umklappen der Köpfchen in Richtung Sarkomerzentrum kommt es, bei bis zu 50-maliger Wiederholung der beschriebenen Vor-

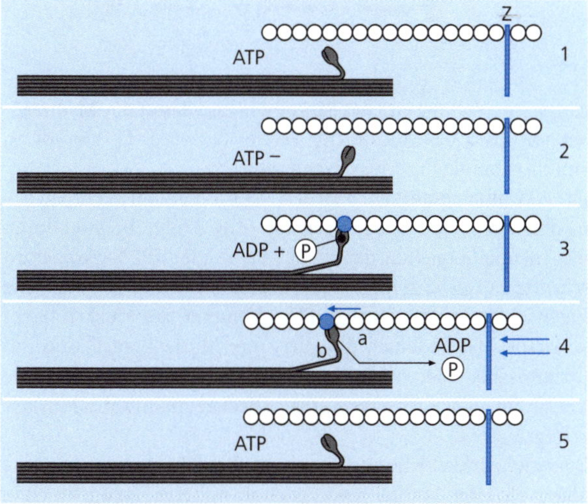

Schematische Darstellung der Muskelkontraktion

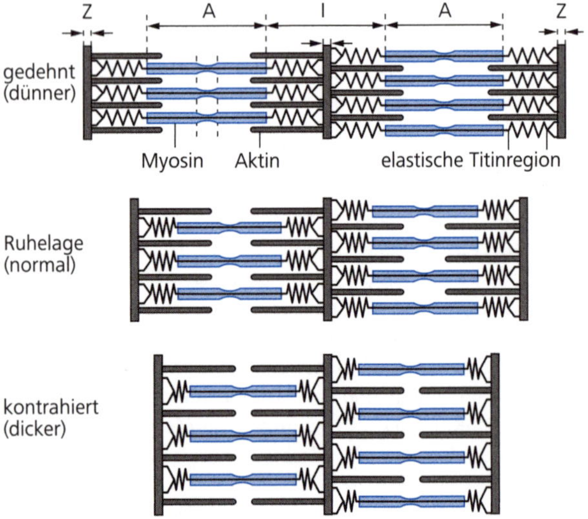

Schema zweier Sarkomere bei verschiedenen Muskelspannungen (verändert nach Markworth)

gänge, zur Verkürzung des Sarkomers und damit der Myofibrillen um etwa 0,5 Mikrometer (Weineck 1988). Es kommt zu einer Erhöhung der Muskelspannung.

Die Aktinfilamente gleiten an den Myosinfilamenten vorbei, ohne dass bei beiden eine Längenänderung erfolgt. Bedingt durch das Ineinandergleiten der Filamente werden die Sarkomerabschnitte, bei gleichzeitiger Dickenzunahme, verkürzt (plastische Eigenschaft der Myofibrillen). Das Volumen des Muskels bleibt konstant. Das bedeutet, dass bei einer Muskelkontraktion mit dynamischer-überwindender Arbeitsweise eine zunehmende Verkürzung der Länge bei stetiger Dickenzunahme des Muskels erfolgt.

Bei einer Muskeldehnung kommt es ebenfalls zu einer Längenänderung. Der Muskel wird gedehnt, wobei eine zunehmende Dickenabnahme des Muskels zu beobachten ist.

BEISPIEL Beugen und Strecken des Unterarms mit Beobachtung des Biceps. (↗ Arbeitsweisen der Muskulatur, S. 137 f.)

1.3 Die Elastizität und Stabilität des Muskels

Für die Elastizität und Stabilität des Muskels haben vor allem die Titinfilamente und die bindegewebigen Anteile der Muskulatur eine große Bedeutung. Bei den Vorgängen der Kontraktion und der Dehnung wirken zum Teil erhebliche Kräfte auf die Muskelfasern ein. Die plastischen Eigenschaften der Myofibrillen würden beim Einwirken äußerer Zugkräfte ein nahezu widerstandsloses Auseinandergleiten der Aktin- und Myosinfilamente zulassen, wenn nicht elastische Strukturen vorhanden wären, die diesem Ablauf entgegenwirken und das mechanische Verhalten des Muskels optimieren.
Die Titinfilamente stabilisieren das Sarkomer und ziehen es nach der Dehnung auf die Ausgangslänge zurück. Für die Elastizität des Sarkomers sorgen die Abschnitte des Titinfilaments, die nicht an Aktin und Myosin gebunden sind (elastische Titinregion).

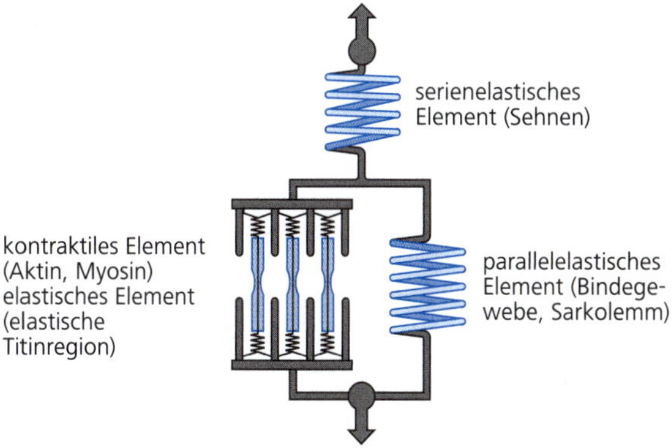

Muskelmodell (verändert nach Markworth)

Auch die Bindegewebshüllen der Muskelfasern (Sarkolemm) und die äußere Hülle des Muskels (Faszie) sorgen bei Dehnungen für Stabilität und Reißfestigkeit.
Man unterscheidet drei Gruppen von elastischen Elementen:

- elastische Titinregion (elastisches Element der Sarkomere)
- bindegewebige Anteile des Muskels mit „Parallelschaltung" zu den Myofibrillen (z. B. Faszie) = parallelelastisches Element
- Bindegewebe mit „Serienschaltung" zu den Myofibrillen (Sehnen) = serienelastisches Element

1.4 Energiestoffwechsel der Muskelzelle

Die Skelettmuskulatur stellt das größte Organsystem unseres Körpers dar und kann in Belastungssituationen sehr große Energiemengen umsetzen. Um eine (sportliche) Bewegung zu ermöglichen, muss die Muskelzelle chemisch gebundene Energie aus den Nährstoffen (Kohlenhydrate, Fette und Eiweiße) in mechanische Energie umwandeln. Bei dieser energetischen Umwandlung wird ein großer Teil der chemischen Energie in Form von Wärmeenergie freigesetzt (ca. 70 %).
Während dies z. B. beim Verbrennungsmotor eines Autos eher einen unerwünschten Nebeneffekt darstellt (große Menge an Wärmeabgabe = schlechter Wirkungsgrad), dient die durch die Muskelzellen erzeugte Wärmeenergie u. a. zur Aufrechterhaltung der Körpertemperatur.

Energiebereitstellung durch energiereiche Phosphate (ATP, KP, ADP) – die zentrale Bedeutung des ATP (Adenosintriphosphat)

Diese Form der Energiebereitstellung erfolgt anaerob-alaktazid, d. h., die chemische Reaktion findet ohne Sauerstoffzufuhr und ohne Laktatbildung statt.
Das ATP ist der unmittelbare Energielieferant für die energetische Absicherung der Leistungen innerhalb der Muskelzelle.

Benötigt diese Energie, so ist dies nur durch eine enzymatisch gesteuerte Abspaltung eines Phosphatrestes vom ATP möglich. Die Abspaltung dieses Phosphatrestes ist die „gemeinsame Währung“ des Organismus für die meisten energieverbrauchenden Prozesse im menschlichen Körper.

Der Vorrat an ATP innerhalb der Muskelzelle ist sehr gering und würde nur für ein bis zwei Muskelkontraktionen reichen. Das sowohl bei der Muskelkontraktion als auch bei der Erschlaffung verbrauchte ATP wird verzögerungsfrei resynthetisiert, sodass die Konzentration des ATP innerhalb der Muskelzelle nur wenig schwankt. Der ATP-Speicher der Muskelzelle kann durch sportliches Training kaum vergrößert werden, allerdings ist eine beschleunigte Umsetzung durch verbesserte enzymatische Aktivität möglich.

ATP → ADP + P + Energie

Für die ATP-Resynthese stehen verschiedene energieliefernde Prozesse zur Verfügung. Von besonderer Bedeutung ist das ebenfalls in der Muskelzelle gespeicherte Kreatinphosphat. Es wird primär zur ATP-Resynthese genutzt. Im Gegensatz zum ATP-Speicher kann es zu einer starken Speicherentleerung des KP-Speichers kommen. Durch spezifisches Training mit sehr kurzen, hochintensiven Belastungsintervallen im Bereich Schnelligkeit, Schnellkraft und Maximalkraft ist es möglich, sowohl die Bereitstellungsgeschwindigkeit des ATP als auch die Kapazität des Kreatinphosphatspeichers zu erhöhen.

Spaltung energiereicher Phosphate zur ATP-Resynthese

KP + ADP → ATP + K

ADP + ADP → ATP + AMP

Die trainingsbedingte Vergrößerung des KP-Speichers hält sich jedoch in engen Grenzen, sodass eine Energiebereitstellung bei

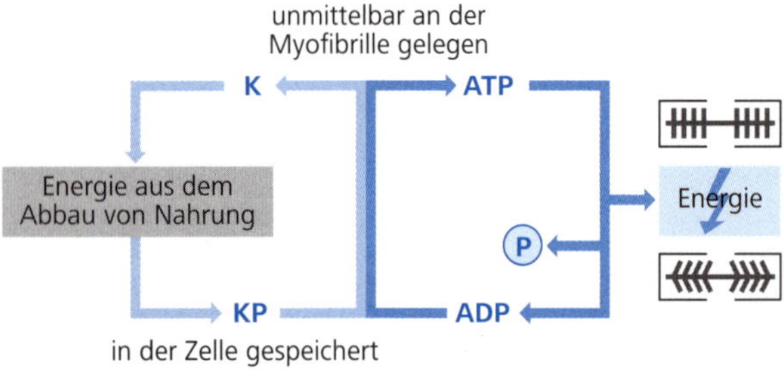

Energiebereitstellung aus energiereichen Phosphaten (nach Badtke 1988)

maximalen Belastungsanforderungen durch die energiereichen Phosphate nur bis zu einer Belastungsdauer von sechs bis zehn Sekunden gewährleistet ist. Danach kann die Leistung nicht mehr auf diesem Niveau aufrechterhalten werden.

Energiebereitstellung durch Nährstoffe (Kohlenhydrate, Fette, Eiweiße)

Die Kohlenhydrate und Fette sind die Hauptenergielieferanten für die Bereitstellung von ATP. Eiweiße spielen für die Energiebereitstellung eine untergeordnete Rolle und werden lediglich bei lang dauernden Belastungen mit hoher Belastungsintensität in den Energiestoffwechsel einbezogen.

Kohlenhydrate (Einfachzucker – z. B. Glucose, Zweifachzucker – z. B. Milchzucker, Vielfachzucker – z. B. Glykogen) decken normalerweise ca. zwei Drittel des Energiebedarfs des menschlichen Organismus.

Das Glykogen stellt die Speicherform der Glucose dar. Glykogenspeicher stehen dem menschlichen Organismus in den Muskelzellen (Muskelglykogen) und der Leber zur Verfügung. Bei Beanspruchung des Muskelglykogenspeichers erfolgt eine regulatorische Glykogenabgabe durch die Leber an das Blut. Je nach Dauer und Stärke der Speicherentleerung wird mehr oder weniger Glykogen durch die Leber bereitgestellt. Außerdem ist bei sehr langer Dauerbelastung eine unregulierte Zufuhr von

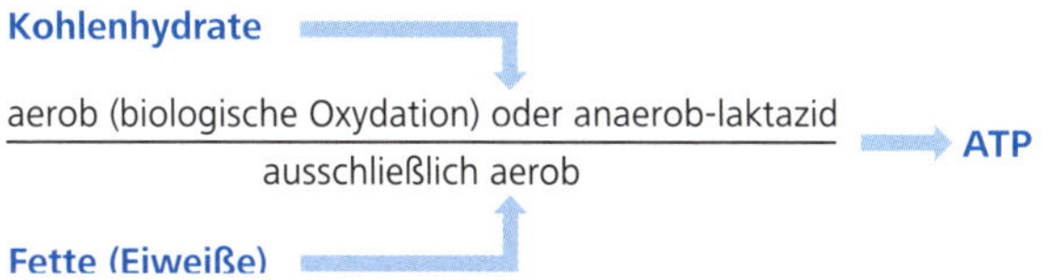

Energiebereitstellung aus energiereichen Phosphaten (nach Badtke 1988)

Blutglucose aus dem Verdauungssystem zur weiteren Deckung des Energiebedarfs möglich.

Der Umfang des Glucoseabbaus ist abhängig von Dauer und Intensität der jeweiligen Belastung. Prinzipiell ist der Abbau der Nährstoffe zum Zweck der Energiegewinnung auf zwei verschiedenen Wegen möglich:

- auf aeroben Weg (oxydativer Abbau unter Sauerstoffzufuhr)
- auf anaerob-laktazidem Weg (ohne Sauerstoff, mit Laktatbildung)

Warum gibt es zwei unterschiedliche Energiegewinnungswege beim Nährstoffabbau?

Wann der entsprechende Energiegewinnungsweg eingeschlagen wird, hängt von der benötigten Energiemenge pro Zeiteinheit ab. Bei geringen und mittleren Belastungsintensitäten reicht das Sauerstoffangebot des Organismus aus, um den Großteil der ATP-Energie auf aerobem Weg durch die biologische Oxydation bereitzustellen.

Biologische Oxydation

Es erfolgt eine schrittweise, enzymatisch gesteuerte Zusammenführung von Sauerstoff und Wasserstoff über die Atmungskette.

Die aerobe Energiebereitstellung ist sehr effizient hinsichtlich der Substratausnutzung (1 Mol Glucose erzeugt auf rein aerobem Weg 36 Mol ATP; 1 Mol Fettsäure/Palmitinsäure erzeugt 130 Mol ATP), jedoch relativ langsam bei der Erzeugung von

ATP-Energie. Steigt die Belastungsintensität weiter an und es wird mehr ATP-Energie pro Zeiteinheit benötigt, muss zusätzlich Energie auf anaerob-laktazidem Weg erzeugt werden.
Die anaerob-laktazide Energiegewinnung ist gekennzeichnet durch höchste Durchsatzraten an Glucose (maximale Ankurbelung des Stoffwechsels), unökonomische Substratausnutzung (1 Mol Glucose erzeugt 2 Mol ATP-Energie und Laktat) und eine schnelle Energiebereitstellung (ca. doppelt so schnell wie beim aeroben Glucoseabbau).

Die aerobe Energiegewinnung

Die aerobe Energiegewinnung aus Kohlenhydraten und Fetten ist ein sehr komplizierter Prozess, der lediglich in vereinfachter Form dargestellt werden kann. Aufgrund der geringen Bedeutung der Eiweiße für die Energiegewinnung, die mit einem Gesamtanteil von 2 bis 3 % am Energiestoffwechsel nur in körperlichen Ausnahmesituationen eine Rolle spielen, soll nicht näher auf diese Substrate eingegangen werden.

Der aerobe und anaerobe Abbau der Kohlenhydrate (Glykogen)

Glykolyse (anaerob im Zellplasma)

- Aktivierung der Glucosemoleküle durch Anlagerung eines Phosphatrests (Phosphorylierung)
- Zerlegung der Glucosemoleküle außerhalb der Mitochondrien durch Enzyme in identische C3-Bruchstücke (Glykolyse)
- Umwandlung dieser C3-Bruchstücke in Brenztraubensäure

Nun gibt es zwei Möglichkeiten des weiteren Stoffwechselverlaufs:

Variante 1:
Bei Belastungen mit niedriger bis mittlerer Intensität (z. B. kontinuierliches Jogging) benötigt der Organismus, aufgrund des

relativ geringen Energiebedarfs pro Zeiteinheit, weniger Glykogen/Glucose. Dadurch wird weniger Brenztraubensäure produziert.
Weniger Brenztraubensäure bedeutet, dass bei der weiteren Zerlegung dieser Verbindung im Zitratzyklus auch weniger Wasserstoff in der Atmungskette oxydiert werden muss. Das Sauerstoffangebot reicht aus, um die Glucosemoleküle bzw. die Brenztraubensäure fast ausschließlich auf aerobem Weg zu CO_2 und H_2O abzubauen.

Variante 2:
Bei intensiver Belastungsanforderung (z. B. Mittelstreckenläufe, Tempowechselläufe) besteht ein hoher Energiebedarf pro Zeiteinheit. Da der aerobe Weg nur relativ langsam ATP-Energie bereitstellen kann, muss die Energiegewinnung anaerob-laktazid erfolgen.
Wegen der unökonomischen Substratausnutzung sind große Mengen an Glykogen/Glucose notwendig, um den hohen Energiebedarf pro Zeiteinheit zu decken (pro Mol Glucose entstehen auf diesem Weg nur 2 Mol ATP-Energie). Dadurch entstehen bei der Glykolyse sehr große Mengen an Brenztraubensäure und Wasserstoff.
Bei intensiven Belastungen reicht das Sauerstoffangebot des Organismus jedoch nicht aus, um den angefallenen Wasserstoff zu oxydieren. Dies würde zu einer Blockade der Stoffwechselkette führen. Das Problem löst der Körper in der Art, dass die Brenztraubensäure mit dem Wasserstoff reagiert und Laktat entsteht (Reduktion zu Laktat). Dadurch wird es möglich, kurzzeitig auf anaerob-laktazidem Weg relativ große Mengen ATP-Energie pro Zeiteinheit zu erzeugen. Mit dem Ansteigen des Laktatspiegels kommt es bei gleich bleibend hoher Belastungsintensität zunehmend zur Übersäuerung in den arbeitenden Muskelzellen. Die Folge ist, dass die entsprechenden Enzymsysteme nicht mehr funktionieren und die Leistung nicht mehr auf diesem Niveau aufrechterhalten werden kann.

Oxydative Dekarboxylierung (aerob in den Mitochondrien)

- Oxydation der entstehenden Brenztraubensäure durch Abspaltung von Wasserstoff mit gleichzeitiger Dekarboxylierung (Abspaltung von CO_2)
- Es entsteht Essigsäure, die durch ein sogenanntes Coenzym aktiviert wird (aktivierte Essigsäure = Acetyl-Coenzym A).

Zitratzyklus (Krebszyklus)

- Die aktivierte Essigsäure wird (nach der Verbindung mit der Oxalsäure zur Zitronensäure) im Zitratzyklus in mehreren Reaktionsschritten, unter Aufnahme von Wasser (aus der Atmungskette) und Abgabe von CO_2 und Wasserstoff, wieder zu Oxalsäure abgebaut. Diese verbindet sich erneut mit der aktivierten Essigsäure, womit sich der Zyklus schließt.
- Bereitstellung von Wasserstoff für die Atmungskette zur oxydativen Phosphorylierung
- Bildung von zwei Mol ATP durch die Zerlegung der aktivierten Essigsäure im Zitratzyklus
- Abgabe von CO_2 über die Zelle ins venöse Kapillarblut

Atmungskette

- Die aus dem Zitratzyklus gewonnenen Wasserstoffionen verbinden sich unter enzymatischem Einfluss mit dem aus den Blutkapillaren bereitgestellten Sauerstoff (biologische Oxydation). Es entstehen ATP-Energie und Wasser.
- Das H_2O wird (wie das CO_2) als Endprodukt über die Zelle ins venöse Kapillarblut abgegeben.

BEACHTE Sowohl die aerobe als auch die anaerobe Energiegewinnung gehen bis zur Bildung der Brenztraubensäure den gleichen Weg.

Bedeutung der Fette/Fettsäuren

Die Fette stellen aufgrund ihres enormen Speicherumfangs im Organismus eine nahezu unerschöpfliche Energiequelle dar.

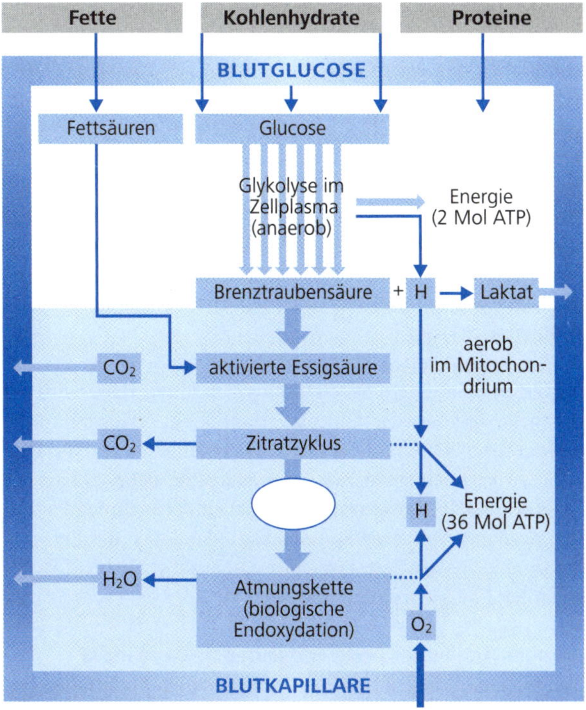

Stoffwechselwege der Nährstoffe

Die Muskelzellen und das Unterhautfettgewebe sind bedeutende Fettspeicher für den Energiestoffwechsel. Im Normalfall entnimmt die Muskelzelle die Fettsäuren aus dem Kapillarblut. Übersteigt bei langer Belastungsdauer der Bedarf an Fettsäuren das Angebot im Kapillarblut, so kommen die Speicherfette in der Stoffwechselkette zum Einsatz.

BEACHTE Fettsäuren können ausschließlich auf aerobem Weg abgebaut werden.

Die Oxydation der Fettsäuren ist ein Energiegewinnungsweg, der bei niedriger Belastungsintensität und sehr langer Belastungsdauer (mehr als 90 min) die energetische Versorgung der Muskulatur gewährleistet.
Um die gleiche Menge Energie zu produzieren, wird bei der Fettverbrennung ein wesentlich größeres Sauerstoffangebot benötigt als bei der Umsetzung des Glykogens. Deshalb ist dieser Stoffwechselweg relativ langsam und funktioniert nur bei niedrigen Belastungsintensitäten und großem Sauerstoffangebot.
Absolut betrachtet „erwirtschaftet" der Abbau von 1 Mol Fettsäure, im Vergleich zu 1 Mol Glucose, weit mehr als das Doppelte an Energie.
Setzt man jedoch den Brennwert der beiden Substrate mit der Menge an benötigtem Sauerstoff ins Verhältnis, dann wird ersichtlich, dass bei der Glucoseverbrennung ein prozentualer Mehrgewinn von Energie (ca. 13 %) gegenüber der Fettverbrennung zu verzeichnen ist, weil der Sauerstoff beim Abbau der Glucose effektiver ausgenutzt wird. Bei einer zunehmenden Belastungsdauer über zwei Stunden kann der Anteil der Energiegewinnung aus den Fettsäuren prozentual auf ca. 70 bis 90 % der gesamten Energieproduktion steigen.

Aerober Abbau der Fette/Fettsäuren (ß-Oxydation)
Die Fettsäuren liegen in vielen verschiedenen Variationen vor (z. B. einfach oder mehrfach ungesättigte FS, gesättigte FS) und sind in der Lage, frei aus dem Kapillarblut in die Muskelzelle zu diffundieren. Die Fettsäuren werden enzymatisch aktiviert, damit sie in die Mitochondrien übertreten und stufenweise durch einen Enzymkomplex in identische C2-Bruchstücke zerlegt werden können (ß-Oxydation). Es erfolgt eine weitere enzymatische Aktivierung der jeweiligen C2-Bruchstücke in den Mitochondrien, aktivierte Essigsäure entsteht.
Der weitere Abbauweg der aktivierten Essigsäure ist identisch mit dem aeroben Abbau der Glucose.
(↗ Zitratzyklus und Atmungskette, S. 23)

Substrate	bereitgestellte Mengen an energiereichen Phospaten (mmol/-P)/kg	Speicherausschöpfungen/ Durchsatz in Prozent	Maximal-Einsatzdauer	Energiegewinn ATP-Menge pro µol Substrat	ATP-Bildungsgeschwindigkeit
Phosphate (ATP, KP, ADP) anaerob-alaktazid	30	100	6 – 10 sec	–	sehr hoch
Glykogen/ Glucose anaerob-laktazid	270	30	40 sec – 2 min (je nach Belastungs-intensität)	2 Mol	hoch
Glykogen/ Glucose aerob	3000	15	90 sec –120 min (abhängig von der Größe des Glykogen-Speichers)	36 Mol (netto)	niedrig
Fett/Fett-säuren aerob	50 000	7,5	mehrere Stunden (dominiert bei Belastungen über zwei Stunden)	129 Mol (netto)	sehr niedrig

Muskelfasertypen und ihre Merkmale (nach Badtke 1999)

1.5 Muskelfasertypen

Die Skelettmuskulatur des Menschen weist zwei unterschiedliche Muskelfasertypen auf, die langsam kontrahierenden „roten“ ST-Fasern (slow-twitch) und die schnell kontrahierenden „weißen“ FT-Fasern (fast-twitch).

Alle Muskeln enthalten, wenn auch in unterschiedlich prozentualer Zusammensetzung, sowohl ST- als auch FT-Fasern.
Während Muskeln, die vorwiegend Haltearbeit verrichten müssen, wie der gerade Bauchmuskel oder der Deltamuskel, einen hohen Anteil an ST-Fasern aufweisen, überwiegt bei den „schnellen“ Muskeln, wie Bizeps und Trizeps, der Anteil an FT-Fasern.
ST-Fasern werden von kleinen motorischen Nervenzellen (Motoneuronen) des Rückenmarks über langsam leitende periphere Nerven (Neuriten) mit kontinuierlicher Impulsgebung innerviert und eignen sich deshalb für ausdauernde Muskelarbeit mit relativ geringer Kraftentwicklung (z. B. Joggen).
FT-Fasern werden von großen Motoneuronen des Rückenmarks über schnell leitende periphere Nerven diskontinuierlich innerviert und sind deshalb für kräftige und schnellkräftige Muskelkontraktionen, wie z. B. Sprünge und Würfe, geeignet.
Die prozentuale Zusammensetzung der verschiedenen Muskelfasertypen ist genetisch bedingt und ändert sich nach Erreichen des ersten Lebensjahres nicht mehr.
Durch spezifisches Training sind lediglich zwei Anpassungsrichtungen innerhalb der FT-Fasern bezüglich des Stoffwechsels möglich:

- FTO: fast-twitch oxydativ
- FTG: fast-twitch glykolytisch

Je nach Art der motorischen Beanspruchung der FT-Fasern werden die stoffwechselbedingten Anpassungsprozesse dieser Fasern entweder mehr in die aerobe (FTO-Fasern) oder in die anaerobe Richtung (FTG-Fasern) ausgeprägt. Diese Differenzierung hinsichtlich des Stoffwechsels hat für die FT-Faser auch bauliche Konsequenzen.
FTO-Fasern haben einen größeren Querschnitt, sie enthalten mehr Mitochondrien und Enzyme des oxydativen Stoffwechsels. FTG-Fasern besitzen mehr energiereiche Phosphate und Enzyme des anaeroben Stoffwechsels. Die FTG-Fasern werden nur angesteuert, wenn maximale Leistungsanforderungen bezüglich der Schnellkraft und der Maximalkraft zu realisieren sind.

ST-Muskelfasern	FT-Muskelfasern	
	FTO	FTG
Langsam kontrahierend Kontraktionsdauer 75 ms	schnell kontrahierend 30 ms	sehr schnell kontrahierend 20 ms
wenig Kraft pro Kontraktion Zugspannungs-Faktor 1	kräftige Kontraktion Faktor 4	sehr große Kraft pro Kontraktion Faktor 12
ermüdungsresistent	ermüdbar	schnell ermüdet
kleine Motoneurone kleine motorische Endplatten Reizschwelle niedrig	große Motoneurone größere höher	große motorische Endplatten hoch
sehr viele Mitochondrien sehr viel Myoglobin sehr viele Kapillaren	viele mäßig viel viele	wenige wenig wenige
wenig Phosphate	viele	sehr viele
viel Fett und KH	viel KH	sehr viel KH gespeichert
mit hochaktiven Enzymen des aeroben Fett- und KH-Stoffwechsels ausgestattet	mit Enzymen des aeroben und anaeroben Stoffwechsels versehen	Dominanz von Enzymen des anaeroben Stoffwechsels
Querschnitt 3100 bis 5000 m^2	4400 bis 5900 m^2	3500 bis 5300 m^2

Muskelfasertypen (nach Badtke 1999)

BEACHTE Eine Umwandlung von ST- in FT-Fasern ist nicht möglich. Die meisten Menschen haben, bezogen auf die gesamte Skelettmuskulatur, in etwa gleich große prozentuale Anteile an ST- und FT-Fasern.

Die Faserverteilung kann bei verschiedenen Personen innerhalb der gleichen Muskelgruppe sehr stark variieren, sodass ein geborener Sprinter eine Verteilung von 10 : 90 (ST : FT) und ein geborener Marathonläufer ein umgekehrtes Verhältnis von 90 : 10 (ST : FT) in den Beinmuskeln aufweisen kann.
Während die Muskelfaserverteilung in einigen Disziplinen (z. B. LA: Sprint, Wurf und Sprung) eine entscheidende Leistungsvoraussetzung darstellt, spielt die Muskelfaserstruktur in Sportarten mit komplexen Leistungsanforderungen (z. B. Sportgymnastik und Sportspiele) eine untergeordnete Rolle.

Der passive Bewegungsapparat

Der passive Bewegungsapparat besteht aus Knochen, Knorpeln, Sehnen und Bändern. Bei sportlichen Bewegungen entstehen zahlreiche Druck-, Zug-, Schub- und Rotationskräfte, sodass der passive Bewegungsapparat über relativ feste Strukturen verfügen muss, um diesen Kräften entgegenzuwirken.

Das Gewicht des Skeletts nimmt mit ca. 20 % des Gesamtkörpergewichts im Vergleich zur Muskulatur (ca. 45 %) einen relativ geringen Umfang der Körpermasse ein.

„Die Aufrichtung des Körpers, seine Form, Haltung und Gliederung werden ihm durch das Knochenskelett verliehen, an dem die ‚Weichteile' ihren festen Halt haben. Nur hierdurch ist eine geordnete Tätigkeit der Körperteile miteinander denkbar. Die 245 Knochen, die unser Knochengerüst aufbauen, sind aber nun etwa nicht als tote Materie zu betrachten, sondern der Knochen lebt wie jedes andere Gewebe. Er baut sich auf und wird abgebaut, wächst und entwickelt sich nach bestimmten Gesetzen. Das Knochengewebe ist nach dem Zahnschmelz das härteste Gewebe des menschlichen Organismus. Sein Aufbau erfolgt aus Knochenzellen, die in eine Grundsubstanz eingelagert sind. Seine Festigkeit gewinnt es aus der Einlagerung von Kalksalzen in die Grundsubstanz. Das Skelett stellt das Hauptstützgerüst des Körpers dar. Weitere wichtige Funktionen sind der Schutz lebenswichtiger Organe (z. B. Gehirn, Herz, Lunge und Rückenmark) und die Hebelfunktion bei der Kraftübertragung von der Muskulatur auf den Knochen." (Nöcker 1955, S. 8)

Durch die Knochenhaut, die den Knochen umhüllt, ist dieser mit den Sehnen der Muskeln verbunden. Die Knochenhaut ist für die „Ernährung" des Knochens zuständig und an den Befestigungsstellen der Sehnen besonders stabil, um den Zugkräften

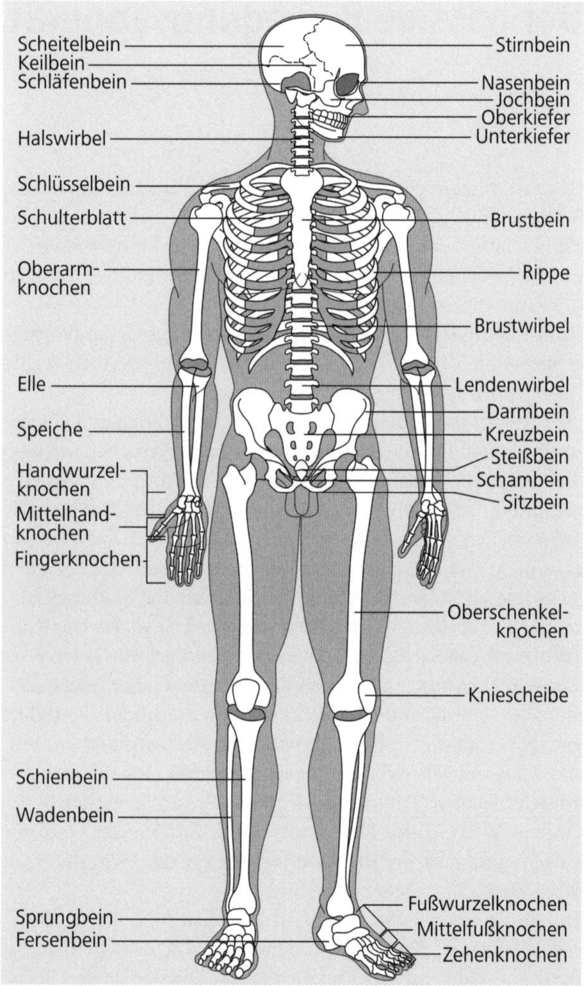

Skelettaufbau

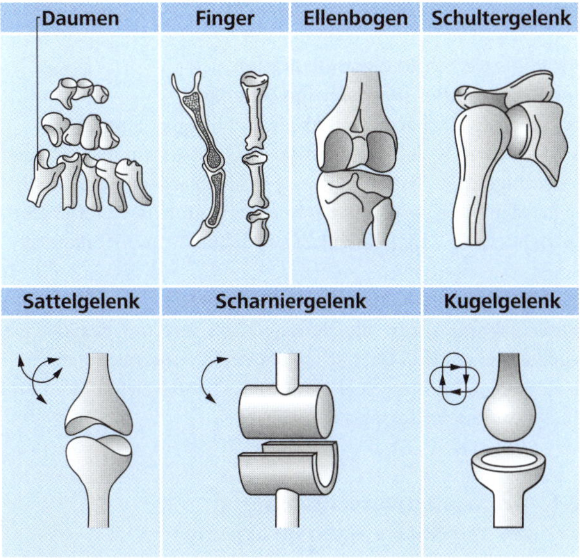

Gelenkformen

der Muskulatur zu widerstehen. Die Gelenkenden der Knochen sind nicht mit Knochenhaut, sondern mit einer Knorpelschicht (hyaliner Knorpel) überzogen. Die Aufgabe des hyalinen Gelenkknorpels ist es, eine möglichst reibungsarme Verbindung des Gelenks bei der sportlichen Tätigkeit zu gewährleisten. Die Reibung am Gelenkknorpel wird durch eine Art Gelenkschmiere (Synovialflüssigkeit) verringert.

Ein Gelenk besteht aus folgenden Bestandteilen:

- Gelenkkopf
- Gelenkpfanne
- Gelenkkapsel (luftdichter Gelenkabschluss)
- Gelenkknorpel/Knorpelscheiben (z. B. Meniskus)
- Bänder (Verstärkung/Stabilisierung)

Gelenke werden nach unterschiedlichen Kriterien eingeteilt:

Einteilung nach Bewegungsachsen (ein-, zwei- oder mehrachsige Gelenke)

- einachsig – Scharniergelenke (z. B. Ellbogen, Finger)
- zweiachsig – Sattelgelenke (z. B. Daumengrundgelenk und Handgelenk: Sie besitzen zwei Hauptachsen, eine mehrachsige Bewegung, z. B. Kreisen des Daumens, ist möglich.)
- mehrachsig – Kugelgelenke (z. B. Schulter- und Hüftgelenk)

Einteilung nach Anzahl der Freiheitsgrade

Freiheitsgrade geben die Beweglichkeit zweier Gelenkkörper zueinander an. Hier unterscheidet man Gelenke mit einem Freiheitsgrad (Scharniergelenke), mit zwei (Sattelgelenke) und drei Freiheitsgraden (Kugelgelenke).

2.1 Anpassungserscheinungen an sportliche Beanspruchung

Der passive Bewegungsapparat ist bei sportlichen Bewegungen, insbesondere bei der Realisierung von Schnelligkeit, Schnellkraft und Maximalkraft, hohen Belastungen ausgesetzt. So können bei Sprüngen in den Spielsportarten mit schlecht ausgeführter Landetechnik Kraftspitzen bis zum Sieben- bis Achtfachen des eigenen Körpergewichts auf den Sportler wirken.
Unsachgemäßes Training kann langfristig zu degenerativen Veränderungen des passiven Bewegungsapparates führen.
Schäden des Gelenkknorpels, Risse an Knorpelscheiben (z. B. Meniskus), Gelenkkapselverletzungen und Überdehnung/Reißen von Bändern und Sehnen können sowohl eine direkte Folge einer einmaligen Fehlbelastung sein als auch durch die Summe sogenannter Mikrotraumen auftreten.
„Ein Mikrotrauma wird als kleine bzw. kleinste Verletzung der Gelenke, Sehnen, Bänder und der Muskulatur definiert.

Die Summation von Mikrotraumen wird für auftretende Sportschäden verantwortlich gemacht.“ (Röthig 1983) Durch einen sinnvollen trainingsmethodischen Aufbau der Leistung können derartige Schäden nicht nur vermieden werden, sondern Knochen, Knorpel, Sehnen und Bänder passen sich funktionell und strukturell den sportlichen Belastungen an.

Die Anpassung dieser Strukturen benötigt einen längeren Zeitraum als die in der Muskulatur, weil eine geringere Kapillardichte einen verlangsamten Stoffwechsel zur Folge hat. Insbesondere Maximalkraft- und Schnellkraftbeanspruchungen (z. B. in den Sportspielen) führen zu einer allgemeinen reversiblen Dickenzunahme (Knochenhypertrophie), die sich nach sportlicher Inaktivität wieder zurückbildet. „Der Knochen reagiert auf mechanische Beanspruchungen mit zweckmäßigen Änderungen seiner Architektonik, was zu einer erhöhten Widerstandskraft in der Hauptbeanspruchungsrichtung führt.“ (Weineck 1988, S. 136)

Der hyaline Gelenkknorpel ist bei sportlichen Aktivitäten besonders hohen Belastungen ausgesetzt. Der Gelenkknorpel „antwortet“ auf Belastungsreize mit reversiblen Sofort- und Spätreaktionen.

Sofortreaktion

Der Knorpel schwillt durch eine zeitlich begrenzte Flüssigkeitsaufnahme an und erhöht damit seine Druckelastizität (Stoßdämpferwirkung). Circa 30 Minuten nach Belastungsende bildet sich diese Dickenzunahme wieder zurück.

Spätreaktionen

Je nach Belastungsumfang und Intensität kommt es nach einem Zeitraum von zwei bis drei Monaten zu einer Knorpelhypertrophie durch Zellvermehrung, Zellvergrößerung, Erhöhung der Stoffwechselaktivität (erhöhte Wasserbindungskapazität) und einer Änderung der Faserstruktur entsprechend der Beanspruchungsrichtung.

Auch im Bereich der Sehnen und Bänder lassen sich körperbauliche und funktionelle Anpassungserscheinungen beobachten:

- Hypertrophie der Fasern und Vergrößerung des Querschnitts der Sehnen
- Erhöhung der Zug- und Rissfestigkeit (funktionelle Anpassung)
- Verbesserung des Stoffwechsels durch verbesserte Kapillarisierung

Bedeutung des Nervensystems für die Sensomotorik

Innerhalb der Sensomotorik kommt das Informations- und Regelungsprinzip zur Anwendung. Informationsaufnahme von Reizen durch verschiedene Rezeptoren, Informationsweiterleitung auf den sensorischen Nervenbahnen zum Zentralnervensystem (ZNS), Informationsverarbeitung in den motorischen Zentren des ZNS, Auslösung einer Reaktion im Erfolgsorgan (Muskulatur) über die motorischen Nerven und Rückinformation über den Bewegungs- bzw. Handlungsvollzug stellen wichtige Teilprozesse des Informations- und Regelungsprinzips dar. Das ZNS besteht aus Gehirn und Rückenmark. In den motorischen Zentren des ZNS erfolgt die Planung, Programmierung, Koordinierung und Kontrolle der Muskeltätigkeit über die gemeinsame „Schaltstation" des motorischen Systems – die motorischen Nervenzellen *(Motoneuronen)*.

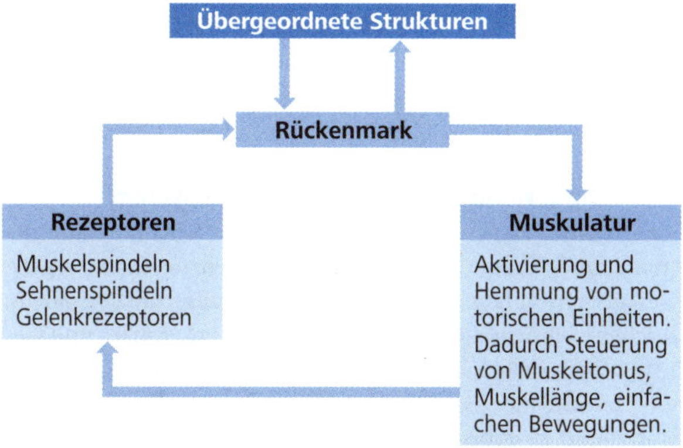

Steuerungsebenen der Motorik (nach Badtke 1988)

Die motorischen Nervenzellen, die die Arbeitsmuskulatur innervieren, werden als *Alphamotoneuronen* bezeichnet. Die motorischen Nervenzellen, die die Muskelspindeln versorgen, bezeichnet man als *Gammamotoneuronen.* Die Muskelspindeln fungieren als Dehnungsrezeptoren der Muskulatur. Bei der Kontrolle der Muskelbewegungen arbeiten beide Arten von Nervenzellen zusammen, um die Muskelspannung anforderungsgerecht zu steuern. Die Muskelspindeln verlaufen parallel zu den Muskelfasern, sie sind die Sinnesorgane des Muskels. Diese sind jederzeit in der Lage, die aktuelle Muskellänge zu erkennen (z. B. in Ruhe während einer Kontraktion oder Dehnung).

BEISPIEL Dehnung
Bei Dehnungsreizen des Muskels senden die ebenfalls gedehnten Muskelspindeln Impulsfolgen ans Rückenmark und die Muskulatur kontrahiert. Insbesondere bei sehr starken abrupten Dehnungsreizen wirkt diese reflektorische Muskelkontraktion einer Überdehnung entgegen (Schutzfunktion).
Eine weitere Schutzeinrichtung der Muskulatur und der Sehnen vor zu hohen Spannungen sind die Sehnenspindeln. Sie registrieren Spannungsänderungen im Bereich der Sehnen infolge von Dehnungen oder Kontraktionen der entsprechenden Muskulatur. Treten zu hohe Muskelspannungen auf, hemmen die Sehnenspindeln die Kontraktion des Muskels (autogene Hemmung).

Das periphere und das zentrale Nervensystem

Das Nervensystem ermöglicht es dem Menschen, bestimmte innere und äußere Reize durch verschiedene Sinnesorgane *(Rezeptoren)* aufzunehmen, in Nervenimpulse umzuwandeln, durch die sensorischen Nervenbahnen an Rückenmark und Gehirn weiterzuleiten, die bedeutsamen Wahrnehmungen zu verarbeiten und über motorische Nervenbahnen Befehle an die Muskulatur zu geben, um eine entsprechende Reaktion auszulösen (z. B. Kontraktion oder Entspannung).

Über das *sensorische System* erfolgt die Reizaufnahme bzw. -umwandlung durch den Rezeptor, die Impulsweiterleitung durch sensorische Nervenfasern und die Verarbeitung der Signale im Zentralnervensystem (ZNS). Das *motorische System* steuert die willkürliche Muskeltätigkeit indem das ZNS Impulse über die motorischen Nervenfasern an die Muskulatur sendet.

3.1 Motorische Einheit

▶ **MERKE** Die Gesamtheit der von einer motorischen Nervenzelle des Rückenmarks innervierten Muskelfasern wird als motorische Einheit bezeichnet.

Die motorischen Nervenzellen sind untereinander und mit den Zentren des ZNS über Zellfortsätze verbunden.
Die nervale Verbindung zur Muskelzelle wird durch den peripheren Nerv *(Neurit)* gewährleistet. Neuriten bestehen aus Axon und Markscheide.
Je nach Dicke der Markscheide werden Erregungsgeschwindigkeiten zwischen 60 m und 120 m pro Sekunde erreicht.

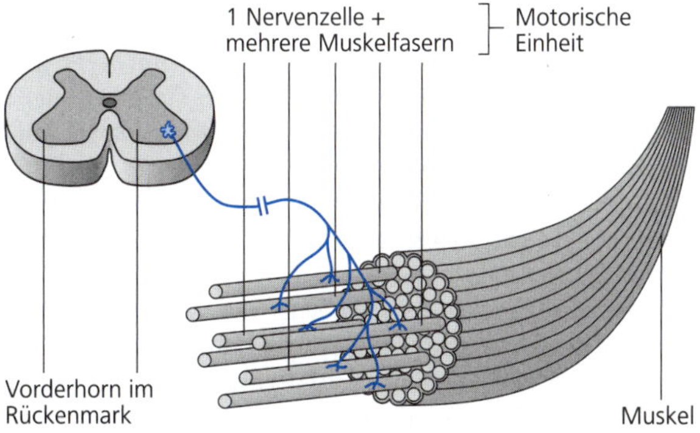

Die motorische Einheit (nach Markworth)

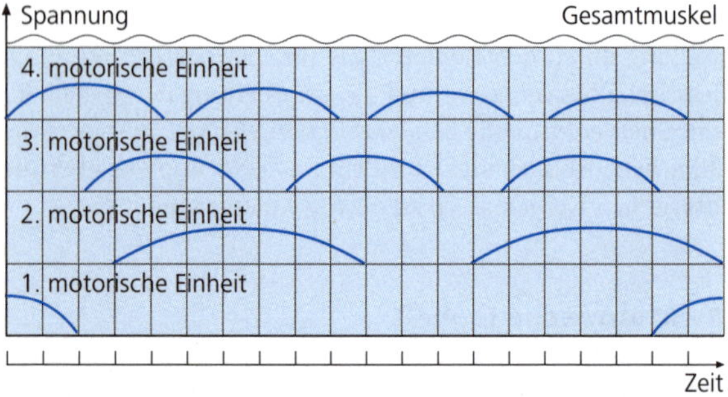

Rekrutierungsmuster verschiedener motorischer Einheiten eines Muskels (nach Badtke 1999)

Der periphere Nerv zweigt sich in der Nähe der Muskelfasern in einzelne Nervenfasern auf, die jeweils über eine motorische Endplatte eine bestimmte Anzahl von Muskelfasern innervieren. Die elektrischen Nervenimpulse werden durch Synapsen von Nervenzelle zu Nervenzelle bzw. von der Nervenzelle auf die Muskelzelle übertragen. Die Übertragung erfolgt durch eine chemische Überträgersubstanz *(Transmitter)*. Durch diese Substanz wird die Durchlässigkeit *(Permeabilität)* der zu innervierenden Zelle entweder erhöht oder vermindert.

Es gibt erregende und hemmende Überträgersubstanzen. Je nach Erregungsstärke der Überträgersubstanz kann es entweder zu einer abgestuften örtlichen Erregung oder zur Erregung der gesamten Zellmembran mit nachfolgender Muskelkontraktion kommen.

Die Größe einer motorischen Einheit kann erheblich variieren. Muskeln, die ohne größeres Kraftpotenzial sehr präzise arbeiten müssen (Finger- und Augenmuskeln), werden verhältnismäßig gut innerviert. Eine Nervenzelle steuert 5 bis 20 Muskelfasern.

Muskeln, die sehr kraftvoll mit weniger Präzision kontrahieren (z. B. Gesäßmuskel, Rückenstreckmuskulatur), werden von wenigen motorischen Nervenzellen gesteuert. Eine Nervenzelle innerviert zwischen 1000 und 2000 Muskelfasern.

Die motorischen Nervenzellen werden in der Regel von den motorischen Zentren des ZNS, jedoch auch durch periphere Impulse aus der unmittelbaren Umgebung (z. B. durch Dehnungs- und Spannungsrezeptoren in der Muskulatur, den Sehnen, Bändern, der Gelenkkapsel und Knochenhaut), dazu veranlasst, Impulse oder Impulsserien über den peripheren Nerv an die Muskulatur abzugeben.
Die Impulse werden durch Potenzialschwankungen (Aufbau eines Aktionspotenzials an der Zellmembran) über die motorische Endplatte an die Muskelfasern weitergeleitet.
Abhängig von der sportlichen Bewegungsaufgabe, welche die Muskulatur zu realisieren hat, werden mehr oder weniger motorische Einheiten aktiviert (rekrutiert). Diese lösen sich, je nach zu bewältigender Bewegungsaufgabe, innerhalb eines spezifischen Rekrutierungsmusters gegenseitig ab.

Rekrutierung
„Rekrutierung heißt also die Einbeziehung von motorischen Einheiten zu bereits aktivierten Einheiten bei einer Kontraktion des Skelettmuskels." (Badtke 1988, S. 43)
Niemals arbeiten in einem Muskel alle motorischen Einheiten synchron. Selbst bei maximalen Kraftanstrengungen ist es nicht möglich, eine willkürliche Kontraktion aller Muskelfasern aus-

	Absolute Leistungsfähigkeit		
			100 %
	Autonom geschützte Reserven	30 %	Doping
Wut, Angst, Freude, Lust	Mobilisationsschwelle		70 %
	Gewöhnliche Einsatzreserven	25 %	45%
	Physiologische Leistungsbereitschaft	25 %	20 %
	Automatisierte Leistungen	20 %	0 %

Leistungsfähigkeit des Menschen (nach Blum/Friedmann)

zulösen. Es gibt eine autonom-geschützte Reserve von ca. 20 bis 30 % der individuell-maximalen Leistungsfähigkeit, die nur zum Teil durch Doping oder in psychischen Ausnahmesituationen (Wut, extreme Angst, Euphorie) aktiviert werden kann. Mit den „normalen Mitteln" des sportlichen Trainings gelingt es nicht, diese Reserven leistungsentscheidend abzurufen.
Während bei Bewegungen mit geringen Kraftleistungen recht wenige motorische Einheiten mit langsam kontrahierenden Muskelfasern arbeiten (ST-Fasern), rekrutieren sich mit zunehmender Belastungsintensität vermehrt schnelle motorische Einheiten mit FT-Fasern. Alle Muskelfasern einer motorischen Einheit gehören immer zum gleichen Fasertyp.

Synchronisation

Bei extremen Kraftanstrengungen, bei denen die zu bewältigende Last die Leistungsfähigkeit der Muskulatur übersteigt, kommt es zunehmend zum synchronen Einsatz der motorischen Einheiten, sodass das Rekrutierungsmuster (ständiger Wechsel zwischen Zuschalten und Abschalten der motorischen Einheiten) nicht mehr gewährleistet ist. aufgrund der Dauerkontraktion fehlt die Erholungsphase. Äußerlich sichtbares Anzeichen einer derartigen Überbeanspruchung ist das sogenannte Muskelzittern. (↗ S. 139)

3.2 Muskeltonus

▶ **MERKE** Unter dem Begriff Muskeltonus ist die Spannung eines Muskels in Ruhe zu verstehen.

Diese Grundspannung beruht auf einer reflektorischen Dauererregung, bei der einige motorische Einheiten ständig wechselnd aktiviert werden. Der Muskeltonus kann erheblich variieren. Im Schlaf ist er wesentlich niedriger als bei muskulärer Aktivität oder bestimmten Formen von psychischem Stress. (↗ Abb. S. 195)

3.3 Reflexe

Während komplexere Leistungen der Motorik (z. B. Aktivierung und Koordinierung des Muskeltonus) durch das Gehirn gesteuert werden, übernimmt bei „einfachen" Leistungen (einfache Reflexe, Kontrolle der Muskellänge) das Rückenmark die Steuerung der Motorik. „Der funktionelle Baustein dieser Rückenmarksmotorik ist der Reflex. Der Reflex basiert auf dem Reflexbogen, der aus einer sensorischen Nervenzelle, einer oder mehreren Schaltzellen (Synapsen) und einer motorischen Nervenzelle besteht." (Weineck 1988, S. 53)

Reflexe lassen sich nach verschiedenen Kriterien einteilen.

- Unbedingte (angeborene) Reflexe, wie Schluck-, Nies-, Husten- und Muskeleigenreflexe, dienen vorwiegend der Nahrungsaufnahme und dem Schutz des Organismus. Die unbedingten Reflexe können wiederum in Eigen- und Fremdreflexe untergliedert werden. Beim Eigenreflex liegen Rezeptor und Effektor im gleichen Organ (z. B. Kniesehnenreflex).
- Bedingte Reflexe muss sich der Mensch im Laufe seiner Entwicklung erwerben. Durch die wiederholte Einwirkung von Reizen auf den menschlichen Organismus werden Lernvor-

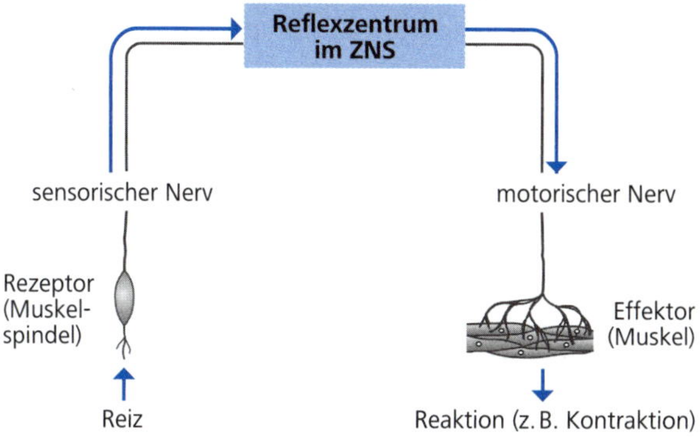

Reflexbogenschema (nach Badke 1988)

gänge ausgelöst, die im Bereich der Sportmotorik u. a. in Form von koordinativen Fähigkeiten (z. B. Orientierungs-, Gleichgewichts-, Differenzierungs- und Rhythmisierungsfähigkeit) und technischen Fertigkeiten (z. B. Ballannahme und Torschusstechnik beim Fußball) zum Ausdruck gebracht werden können. Einmalige Reize würden für das Erlernen dieser Bewegungs- und Handlungsabläufe (turnerische Elemente, Balldribbling) nicht ausreichen, um die entsprechenden Reflexbahnen herauszubilden. Erst nach Ausbildung der Reflexbahn ist es möglich, das turnerische Element bzw. das Dribbling automatisiert zu vollziehen. Mit der Automatisierung des Bewegungsablaufs erfolgt eine zunehmende Übertragung der motorischen Aufgaben auf untergeordnete Strukturen des ZNS. Der Grad der bewussten Steuerung der Bewegung oder Handlung nimmt ab.

3.4 Motorisches Lernen

Das Bewegungslernen ist ein komplizierter Lernprozess, der den Menschen von Geburt an vor große Herausforderungen, in Form von zu realisierenden Bewegungsfertigkeiten, stellt. Dieser Lernprozess wird in drei Lernphasen unterteilt:

Erlernen der Grobform des Bewegungsablaufs (Grundstruktur)

- Jede Teilbewegung wird bewusst kontrolliert (Steuerung über die Großhirnrinde).
- Die Bewegungssteuerung ist unökonomisch, da die zu realisierende Bewegung zu viele („unnötige“) Muskeln aktiviert.
- Die Bewegungsausführung ist noch nicht flüssig, weil die erregenden und hemmenden Prozesse in der Großhirnrinde nicht optimal aufeinander abgestimmt sind;
- daraus ergibt sich ein erhöhter Energiebedarf der Muskulatur.

Erlernen der Feinform des Bewegungsablaufs (Feinabstimmung der Teilbewegungen)

- Bildung von relativ stabilen Verbindungen zwischen den motorischen Zentren
- bessere Koordinierung der erregenden und hemmenden Prozesse in der Großhirnrinde (Herausnahme der für den Bewegungsvollzug unnötigen Muskeln)
- Steigerung des Automatisierungsgrades der Bewegung
- Verbesserung der gesamten Bewegungskoordination und der Körperteilbewegungen
- Die entstandenen reflektorischen Beziehungen sind noch nicht stabil, was sich insbesondere bei Trainingsunterbrechungen negativ auf den weiteren Lernprozess auswirkt.

Automatisierung (Phase der variablen Verfügbarkeit)

- Durchführung der Bewegungsabläufe ohne bewusste Aufmerksamkeit
- Der Bewegungsablauf ist durch eine stabile und präzise Bewegung gekennzeichnet (gute Bewegungsökonomie)
- Eine perfekte Bewegungsausführung ist auch unter erschwerten Bedingungen möglich.
- Aufgrund der guten Bewegungsökonomie sinkt der Energiebedarf der Muskelzelle.

3.5 Steuerungsebenen der Motorik

Welche Ebene des ZNS steuert was?

Rückenmark (spinale Ebene)

- einfache Reflexe mit Schutz- und Abwehrcharakter
- Regulierung der Muskelspannung
- Kontrolle der Muskellänge
- erregende und hemmende Prozesse für elementare Bewegungen (z. B. Gehen)

- Adaptationsvorgänge zur Angleichung des Bewegungsablaufes nach Informationen aus der Peripherie (z. B. von einer Muskelspindel)

Hirnstamm, Kleinhirn (supraspinale Ebene)
Im Bereich des Hirnstamms werden u. a. folgende motorische Aktivitäten gesteuert:

- Stabilisierung der Körperhaltung und des Standes
- Aktivierung und Koordinierung des Muskeltonus (z. B. bei Veränderung der Lage des Körpers im Raum)

Diese motorischen Leistungen, die teilweise auf spinaler und zum großen Teil auf supraspinaler Ebene gesteuert werden, bezeichnet man als Haltungs- bzw. Stützmotorik. Die Stützmotorik ist für die Beibehaltung des Gleichgewichts und für die Überwindung der eigenen Gewichtskraft von großer Bedeutung.
Um eine zielgerichtete Bewegung durchführen zu können, ist eine sogenannte Handlungs- bzw. Zielmotorik notwendig. Die Koordinierung von Stütz- und Zielmotorik ist bei sportlichen Bewegungen untrennbar miteinander verknüpft. Ein Fußballspieler muss beim Torschuss mit dem Standbein das Gleichgewicht halten und der Schwerkraft entgegenwirken (Stützmotorik). Mit dem Schussbein versucht er, den Ball mit optimaler Technik zielgenau auf das Tor zu schießen (Zielmotorik).

4 Herz-Kreislauf-System/Atmung

Das Herz-Kreislauf-System besteht aus dem Herzen (der Druck- und Saugpumpe), dem Gefäßsystem (Arterien und Venen) und dem Blut (der Transportsubstanz). Es verbindet und versorgt alle Körperorgane und Zellen mit Sauerstoff, Nährstoffen, Mineralien und Spurenelementen und entsorgt gleichzeitig die Stoffwechselendprodukte. Der Kreislauf hat die Aufgabe, alle Körperorgane zu einer funktionellen Einheit zu verbinden.
Man unterscheidet den Kreislauf in den Körperkreislauf, der für die Versorgung aller Körperorgane zuständig ist, und in den Lungenkreislauf, in dem der Gasaustausch erfolgt.
Das Herz-Kreislauf-System ist in der Lage, sich dynamisch an die jeweiligen Ver- und Entsorgungsanforderungen des Organismus anzupassen. Diese Fähigkeiten äußern sich insbesondere in Form einer größeren Förderleistung des Herzens und einer besseren Durchblutung der beanspruchten Organe (z.B. bessere Muskeldurchblutung bei muskulärer Beanspruchung).
Auf regelmäßiges Ausdauertraining reagiert der menschliche Organismus mit strukturellen und funktionellen Anpassungserscheinungen im Herz-Kreislauf-System.

4.1 Anpassungen des Herzens

Kenngrößen der Herzfunktion

- *Herzschlagfrequenz (Hf) = Schläge pro Minute:*
  Die Herzschlagfrequenz ist von der Impulsgebung des Sinusknotens im rechten Vorhof abhängig. Der Sinusknoten ist der „Schrittmacher“ des Herzens, der unabhängig vom ZNS die Herzarbeit steuert.

Die Herzschlagfrequenz wird von zahlreichen Faktoren wie Alter, Erbanlagen, physische und psychische Verfassung, Körpertemperatur, Herzgröße, Blutdruck und dem Biorhythmus des Individuums beeinflusst.
Während ein Erwachsener einen durchschnittlichen Ruhepuls von 60 bis 80 Schlägen pro Minute aufweist, schlägt beim Neugeborenen das Herz ca. 130 bis 150-mal in der Minute (Badtke 1988, S. 153).

- *Herzschlagvolumen (SV) = pro Herzschlag ausgeworfene Menge Blut:*
  Das Herzschlagvolumen beträgt beim Erwachsenen ca. 70 ml.
- *Herzminutenvolumen (HMV) = ausgeworfene Menge Blut pro Minute:*
  Die Menge lässt sich aus dem Produkt von Herzfrequenz und Schlagvolumen errechnen. Das HMV beträgt in Ruhe ca. 5 Liter.
  HMV = Hf × SV
  Insbesondere durch intensive Ausdauerbelastungen mit langer Belastungsdauer, wie Langstreckenlauf, Langstreckenschwimmen, Radrennsport, Skilanglauf und Triathlon, lassen sich strukturelle und funktionelle Anpassungserscheinungen im Herz-Kreislauf-System beobachten.

Strukturelle (körperbauliche) Anpassungen

- *Herzvergrößerung (Erweiterung der Herzkammern):*
  Durch die Volumenvergrößerung kann bei Belastung eine größere Restblutmenge als Schlagvolumenreserve für erhöhte Durchblutungsanforderungen der Muskulatur genutzt werden. Die Restblutmenge entspricht derjenigen Menge an Blut, welche am Ende der Systole im Herzen verbleibt.
  Deshalb kann der Trainierte auf die gesteigerten Durchblutungsanforderungen der Muskulatur zunächst mit einer Erhöhung des Schlagvolumens reagieren, während beim Untrainierten die Schlagfrequenz zunimmt (Ökonomisierung der Herzarbeit).

- *Hypertrophie/Verdickung der Herzwände:*
  Während die Herzmasse eines Untrainierten ca. 300 g beträgt, können bei Trainierten Gewichtszunahmen des Herzens von mehr als 200 g erreicht werden. Eine Hypertrophie äußert sich primär in Form einer Längenzunahme der Muskelzellen, sodass die Wanddicke der Herzkammern beim Trainierten um lediglich 1 bis 2 mm zunimmt. Dadurch wird die Diffusionsstrecke für den Sauerstoff nur unwesentlich erhöht und damit eine ausreichende Sauerstoffversorgung des Herzmuskels gewährleistet. Durch die erhöhte Leistungsfähigkeit des Muskelgewebes der Herzwand erhöhen sich Kontraktions- und Pumpleistung des Herzens.
- *Durchblutung:*
  Der Herzmuskel benötigt eine sehr gute Durchblutung, weil eine permanente Muskelarbeit zu verrichten ist. Durch Ausdauertraining erweitern sich die Herzkranzgefäße (Koronararterien), was zu einer verbesserten Kapillarisierung des Herzmuskels führt.
  Bei hohen Belastungsanforderungen kommt es zu einer überschießenden Mehrdurchblutung, bei der dem Herzmuskel mehr Sauerstoff angeboten wird, als er im Stoffwechselprozess verwerten kann. Dieses Phänomen wird auch als „Luxusdurchblutung“ bezeichnet. Der Energieverbrauch des trainierten Herzens ist in Ruhe- und Belastungssituationen niedriger als beim Untrainierten.

Funktionelle Anpassungen

- *Erhöhung des Schlagvolumens/Herzminutenvolumens:*
  Die Transportleistungsfähigkeit des Herzens erhöht sich. Die Herzarbeit wird ökonomischer. Das bedeutet, dass bei gleicher Herzfrequenz wesentlich mehr Blut in den Organismus gepumpt werden kann als bei einem Untrainierten, der seinen gesteigerten Durchblutungsbedarf durch eine höhere Herzfrequenz gewährleisten muss.
  Damit verbunden sind deutliche Unterschiede beim Herz-

minutenvolumen während maximaler Ausdauerbelastungen. Der Trainierte erreicht mit einer Fördermenge von ca. 40 Liter Blut pro Minute (ca. 200 ml pro Herzschlag) nahezu die doppelte Menge dessen, was ein Untrainierter in der gleichen Zeit leisten kann.

Aufgrund der verbesserten Durchblutung der Skelettmuskulatur, erhöht sich einerseits das Sauerstoffangebot für die arbeitenden Muskelzellen (erhöhter Sauerstoffpuls) und andererseits die Geschwindigkeit des Abtransports der Stoffwechselendprodukte CO_2, H_2O und Laktat.

Das Herz ist in der Lage, Laktat zur Energiegewinnung zu nutzen. Durch Laktatabbau ist es dem Herzen möglich, bis zu 90 % der benötigten Energie (auf aeroben Weg) für die eigene Kontraktionsarbeit bereitzustellen.

- *Sauerstoffpuls*:
  Der Sauerstoffpuls bezeichnet die Menge an Sauerstoff, die mit einer Herzkontraktion in den Blutkreislauf gepumpt und zur Verstoffwechselung weitertransportiert wird.
- *Verringerung der Herzfrequenz:*
  Das Sportherz ist auch hinsichtlich der Herzfrequenz auf eine ökonomische Arbeitsweise eingestellt. Eine niedrige Schlagfrequenz und ein langsamer Kontraktionsablauf kennzeichnet eine ökonomische Herzarbeit, die sich sowohl in Ruhe- als auch in Belastungsphasen beim Trainierten signifikant manifestieren. Ruhefrequenzen des Herzschlags von weniger als 60 Schlägen pro Minute sind Ausdruck eines hohen Ausdauerleistungsniveaus.
  In extremen Fällen können Ruheherzschlagfrequenzen von ca. 30 Schlägen pro Minute erreicht werden.

	Herzfrequenz (Ruhe)	**Herzfrequenz (Ausbelastung)**	**Herzvolumen absolut in ml**
untrainiert	ca. 60 – 80	ca. 200 – 210	ca. 600 – 800
trainiert	ca. 30 – 60	ca. 180 – 190	ca. 900 – 1300

Anpassung des Herzens an sportliche Beanspruchung

Die maximale Herzschlagfrequenz ist individuell unterschiedlich und beträgt zwischen 180 und 220 Schläge pro Minute. Auch in diesem Bereich kann man durch spezifisches Ausdauertraining die maximale Herzfrequenz verringern, wobei der Trainierte eine Frequenzreserve besitzt.

4.2 Anpassungen des Gefäßsystems

Das Gefäßsystem hat die Aufgabe, das Blut bedarfsgerecht an die verschiedenen Organe zu verteilen. Zum Zeitpunkt einer intensiven Muskelarbeit besteht im Bereich der beanspruchten Muskulatur ein erhöhter Blutbedarf, um den Stoffwechsel bzw. die Energiebereitstellung zu gewährleisten. Ebenso benötigen die Verdauungsorgane nach Einnahme einer größeren Mahlzeit eine stärkere Durchblutung, um die aufgenommene Nahrung zu zerlegen. Eine intensive sportliche Belastung unmittelbar nach der Nahrungsaufnahme wirkt sich deshalb leistungsmindernd aus, weil in zwei großen Organsystemen (Skelettmuskulatur und Verdauungsorgane) gleichzeitig ein hoher Durchblutungsbedarf besteht. Die Gesamtkapazität des Blutes ist begrenzt und reicht nicht aus, um alle Organsysteme optimal zu versorgen. Eine optimale Durchblutung der Skelettmuskulatur und der Verdauungsorgane kann nicht gewährleistet werden.

Das Blut sucht sich immer den Weg mit dem geringsten Widerstand. An den Stellen, wo mehr Blut benötigt wird, erfolgt eine Weitstellung der Gefäße durch die Arteriolen.

Die Arteriolen sind in der Lage, je nach Blutbedarf der Organe, sich weit oder eng zu stellen. Dadurch wird über den Strömungswiderstand die Blutmenge bzw. die Durchblutung des nachgeordneten Kapillarbetts reguliert.

Die Kapillaren haben die wichtige Aufgabe, den Stoffaustausch sicherzustellen (Versorgung der Zellen mit Nährstoffen und Abtransport der Stoffwechselendprodukte).

Je nachdem, wie groß die Kapillardichte (Zahl der Kapillaren pro

Flächeneinheit) in den einzelnen Organen ist, können daraus Rückschlüsse auf den Durchblutungsbedarf und die Stoffwechselaktivität der jeweiligen Organe gezogen werden.
Während innerhalb der Skelettmuskulatur eine sehr gute Kapillarisierung zu beobachten ist, weisen Sehnen, Bänder und Gelenkkapseln eine wesentlich geringere Kapillardichte auf. Deshalb ist der Heilprozess bei Verletzungen im Bereich der Sehnen, Bänder und Kapseln länger als bei Muskelverletzungen.

Verbesserung der Transportkapazität und der Blutverteilung in den Arterien und Arteriolen
Der Trainierte besitzt Reserven bezüglich der Gefäßerweiterung und damit eine größere Funktionsamplitude. Das bedeutet, dass unter Ruhebedingungen eine ökonomisierte und bei Belastung eine bessere Durchblutung der Muskulatur als beim Untrainierten erfolgt.

Strukturelle und funktionelle Anpassung der Kapillaren (Kapillarisierung)
Durch Ausdauertraining kommt es zu Anpassungserscheinungen: zur Erhöhung der Kapillardichte durch Kapillarneubildung, zur Bildung von neuen Querverbindungen zwischen den Kapillaren und zur funktionellen Verbesserung des Öffnens und Schließens der Kapillaren.
Eine gute Kapillarisierung ist insbesondere für die aerob arbeitenden ST-Fasern ein leistungsbestimmender Faktor, weil eine hohe Kapillardichte das Sauerstoffangebot im Zellgewebe erhöht und die Diffusion von Sauerstoff in die Muskelzellen erleichtert.
Bei körperlicher Belastung wird dadurch die Sauerstoffausnutzung im Muskel verbessert. Der Sauerstoffgehalt in den Venen nimmt ab und die arteriovenöse Sauerstoffdifferenz ($AVDO_2$ -Sauerstoffgehalt im arteriellen Blut minus Sauerstoffgehalt im venösen Blut) nimmt zu.
Bei sehr hohen Anforderungen an die aerobe Ausdauerfähigkeit

wird die Sauerstofftransportkapazität des Gefäßsystems zum leistungslimitierenden Faktor. (↗ Ausdauertraining – VO_2-max., S. 100).

4.3 Anpassungen im Blut

„Die Adaptationen des Blutes an Trainingsreize sind im Vergleich zu anderen Organsystemen diskret. Sie sind aber durchaus vorhanden und am stärksten beim Ausdauertraining nachzuweisen. Das Blut hat in erster Linie Transportaufgaben zu erfüllen und ist Mittler zwischen allen Organen und Geweben." (Badtke 1988, S. 198)

Durch kontinuierlich betriebenes Ausdauertraining mit trainingswirksamen Reizen lassen sich folgende längerfristige Anpassungen des Blutes beobachten:

- *Zunahme des Blutvolumens (bis zu 20 %):*
  - Zunahme des Blutplasmas, der Erythrozyten und des Hämoglobins
  - Erhöhung der Sauerstofftransportkapazität
  - Verbesserung der Transportkapazität für CO_2
- *Zunahme der Pufferkapazität:*
  Bei längerfristig gezielten Belastungen mit überwiegend anaerob-laktazider Energiebereitstellung erhöht sich die Konzentration an Puffersubstanzen (z. B. Plasmaproteine, Bikarbonate und Phosphate).
- *Verbesserung der Enzymaktivität:*
  Je nach Belastungsgestaltung des Ausdauertrainings (bei Mittelstrecken oder Langstrecken) lassen sich entweder die Enzymsysteme des anaeroben oder des aeroben Stoffwechsels verbessern.
- *Erhöhung der Konzentration an Kalium- und Kalziumionen:*
  Gewährleistung des „normalen" Muskelkontraktionsablaufs und der Prozesse im Nervensystem bei lang anhaltenden körperlichen Belastungen.

- *Verbesserung der unspezifischen Abwehr:*
  herabgesetzte Infektanfälligkeit, insbesondere durch die verbesserten Mechanismen der unspezifischen Abwehr (z. B. bessere Thermoregulation und stärkere Schleimhautbarriere)

4.4 Anpassungen des Atemsystems

Im Bereich des Atemsystems lassen sich ebenfalls körperbauliche und funktionelle Anpassungen durch regelmäßiges Ausdauertraining beobachten. Man unterscheidet dabei die äußere von der inneren Atmung.
Die äußere Atmung umfasst den gesamten Gasaustausch (von der O_2-Aufnahme bis zur CO_2-Abgabe). Die innere Atmung – auch Zellatmung genannt – kennzeichnet die Prozesse des aeroben Stoffwechsels zur Energiegewinnung innerhalb der Körperzellen. (↗ Muskelstoffwechsel, S. 16 ff.)

Anpassungserscheinungen im Bereich der Lungenatmung

- *Erhöhung des Atemzugvolumens (AV) und des Atemminutenvolumens (AMV):*
  Normalerweise beträgt das AV eines Erwachsenen in Ruhe ca. einen halben Liter. Bei intensiver Ausdauerarbeit mit ökonomischer Atmung steigt das AV auf ca. 2,5 l. Leistungssportler sind während hochintensiven Ausdauerbelastungen in der Lage, das AV um weitere 1,5 l zu steigern und dies über einen längeren Zeitraum zu halten. Dadurch erreichen Ausdauertrainierte Atemminutenvolumina (AMV = AV × Af) von 150 bis teilweise über 200 l.
  Af = Atemfrequenz: in Ruhe ca. 16 pro Minute und bei Belastung bis max. 60 pro Minute
- *Vergrößerung der Alveolaroberfläche für den Gasaustausch:*
  (Alveolen = Lungenbläschen)
  Während unter Ruhebedingungen nur ein Teil der Alveolen

am Gasaustausch von O_2 und CO_2 mit dem Kapillarblut der Lunge teilnimmt, muss bei ansteigender Belastung die beteiligte Alveolaroberfläche weiter erhöht werden, um den Sauerstoffbedarf des Organismus decken zu können. Die Steigerung der aktiven Alveolaroberfläche und die damit verbundene Verbesserung der O_2-Beladung des Blutes erfolgt beim Trainierten anforderungsgerechter als bei einem Untrainierten.

Ausgewählte Messwerte der Atmung

- *Vitalkapazität:*
  beschreibt die Luftmenge, die pro Atemzug nach tiefster Einatmung maximal aktiv ausgeatmet werden kann. Die Vitalkapazität beträgt ca. 3 500 bis 5 500 ml. Sie wird mit einem Spirometer gemessen.
- *Atemgrenzwert:*
  entspricht dem maximalen Atemminutenvolumen (AMV)
- *Atemäquivalent:*
  bestimmt das Verhältnis von AMV zur Sauerstoffaufnahme in Liter pro Minute. Beim Trainierten ist das Verhältnis effektiver als beim Nichtsportler. Das bedeutet, dass der O_2-Gehalt der Atemluft ökonomischer genutzt wird. Die größere Lungenkapazität, verbunden mit einer ökonomischen Lungenbelüftung, ist Voraussetzung, um intensive Ausdauerbelastungen zu bewältigen.

4

4.5 Atemprobleme beim Sport

Seitenstechen

Das Phänomen „Seitenstechen" wird in der Sportwissenschaft unterschiedlich diskutiert. Es scheint noch nicht endgültig geklärt, welche Ursachen für die Seitenstiche, die vor allem während des Joggens auftreten, verantwortlich sind. Einig sind sich die Sportmediziner in der Auffassung, dass Seitenstiche beim intensiven Ausdauerlauf unmittelbar nach Einnahme einer grö-

ßeren Mahlzeit oder bei unzureichender Aufwärmung auftreten. Dieses Phänomen zeigt sich öfters bei Ausdaueruntrainierten, aber auch bei trainierten Personen.
Während Findeisen und Markworth ursächlich die mangelnde Sauerstoffversorgung des Zwerchfells für das Auftreten von Seitenstechen verantwortlich machen, gehen Kindermann und Badtke von anderen Ursachen aus.
Beim Laufen wird der Körper relativ stark erschüttert. Die Erschütterungen übertragen sich auf das Zwerchfell, strahlen auf Gefäße und Nerven der Oberbauchorgane aus und können Schmerzen auslösen. Dies ist bei körperlichen Belastungen unmittelbar nach Aufnahme einer größeren Nahrungsmenge der Fall, da diese Organe vermehrt durchblutet werden. Durch die damit verbundene Volumenzunahme kommt es zu sogenannten Kapseldehnschmerzen im Bereich von Milz und Leber. Eine falsche Atemtechnik kann ebenfalls zu Seitenstechen führen. Dieses Phänomen ist noch nicht ausreichend sportmedizinisch geklärt, es gibt jedoch eine Reihe Tipps, um es zu vermeiden.

▶ **TIPP** Wie vermeidet man Seitenstiche?

- keine größeren Mahlzeiten unmittelbar vor der Belastung einnehmen (überwiegend kohlenhydrat- und ballaststoffarme Ernährung vor der Belastung)
- Durchführen eines funktionellen Aufwärmprogramms
- Erlernen einer guten Lauf- und Atemtechnik
- Meide zu hohe Koffein- und Vitamindosen vor der Belastung (höhere Schmerzempfindung).
- Vermeide zu hohes Lauftempo am Beginn der Belastung!
- gezielter Aufbau der Belastungsverträglichkeit (Trainingsplanung)

Sauerstoffdefizit und Sauerstoffschuld

Zu Beginn einer jeden sportlichen Beanspruchung müssen sich der Stoffwechsel, das Herz-Kreislauf- und das Atemsystem auf die Belastungssituation umstellen:

- Erhöhung der Stoffwechselkapazität in der Muskelzelle (vermehrte Energiebereitstellung für die Muskelkontraktionen)
- Erhöhung von Herzfrequenz und Schlagvolumen (verbesserte Durchblutung der Arbeitsmuskulatur)
- Weitstellung der Blutgefäße (Erhöhung der Transportkapazität des Gefäßsystems)
- Erhöhung von Atemfrequenz und Atemzugvolumen (vermehrte Sauerstoffaufnahme)

Im Gegensatz zur menschlichen Motorik, die in der Lage ist, den eigenen Körper binnen kürzester Zeit maximal zu beschleunigen, verläuft die Umstellung des vegetativen Systems vergleichsweise träge. Der menschliche Organismus besitzt keine ausreichenden Sauerstoffspeicher für Belastungssituationen und die Atmung kann zu Beginn der Beanspruchung nicht verzögerungsfrei den erhöhten Sauerstoffansprüchen gerecht werden. Aus diesem Grund tritt bei körperlichen Belastungen ein Sauerstoffdefizit ein. Es steht nicht genügend Sauerstoff für den aeroben Energiestoffwechsel zur Verfügung. Dieses Sauerstoffdefizit, das sich je nach Intensität während der Belastungsdauer verkleinert, gleich bleibt oder vergrößert, führt dazu, dass auf anaerobem Weg Energie bereitgestellt werden muss. Diese energetische Absicherung der sportlichen Leistung durch die anaerobe Energiebereitstellung zu Beginn der Belastung kann man als eine Art „Anlasserfunktion" betrachten.

Selbst bei kontinuierlicher Langzeitausdauerbelastung mit relativ geringer Intensität bleibt während der gesamten Belastung ein leichtes Sauerstoffdefizit bestehen. Nach Ende der Belastung wird das Sauerstoffdefizit durch eine erhöhte Sauerstoffaufnahme ausgeglichen. Hierbei werden Sauerstoffmengen aufgenommen, die über den aktuellen Bedarf hinausgehen. Diese aufgenommene Menge an Sauerstoff ist größer als das Sauerstoffdefizit und wird als Sauerstoffschuld bezeichnet. Die Mehraufnahme von O_2 nach der Belastung dient dem Abtragen des O_2-Defizits und der Aktivierung der aufbauenden Stoffwechselprozesse (Laktatabbau und Speicherfüllung).

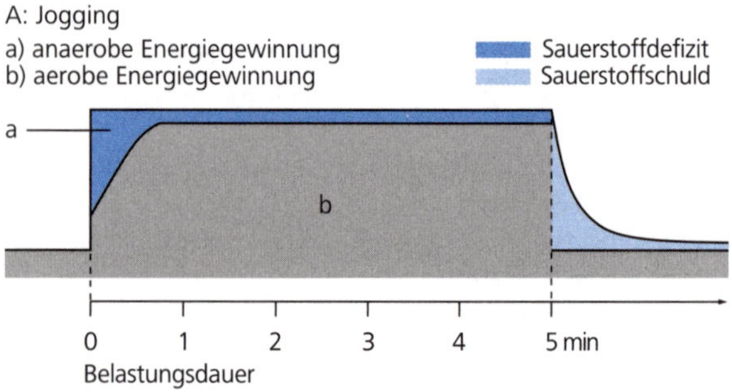

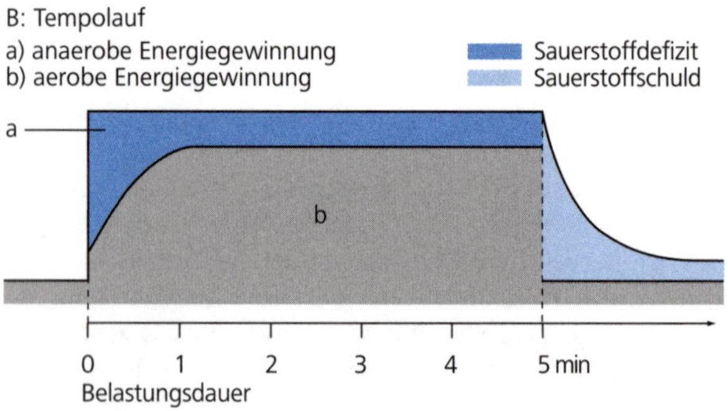

Der tote Punkt

Der tote Punkt steht ebenfalls in engem Zusammenhang mit einer belastungsbedingten Kreislaufumstellung und der damit verbundenen Blutumverteilung zwischen den Organen. Je nach Belastungsintensität und Trainingszustand kann es zwischen ca. zwei und sechs Minuten nach Belastungsbeginn zu Störungen des Muskelstoffwechsels kommen, weil die Atmung und das Herz-Kreislauf-System zu träge auf die neuen Anforderungen reagieren. Aufgrund ungenügender Sauerstoffversorgung erfolgt die Energiebereitstellung überwiegend anaerob-laktazid und es kommt zur Übersäuerung.

▶ TIPP Vermeidung/Überwindung des toten Punktes
Die Belastung sollte bei kurzfristig verringertem Lauftempo fortgesetzt werden (die Überwindung des toten Punktes wird als „zweite Luft“ bezeichnet). (↗ Seitenstechen, S. 53)

Pressatmung/Pressung

Bestimmte Kraft- und Schnellkraftdisziplinen, bei denen die Arme beansprucht werden, erfordern eine Fixierung des Brustkorbs durch Pressung (Gewichtheben, Wurf- und Stoßdisziplinen der Leichtathletik, Turnen usw.), um ein Widerlager für die Kraftleistung zu erbringen.
„Die Pressung erzeugt im Brustraum einen Innendruck, der höher ist als der Druck in den Venen. Unter diesen Umständen kann das venöse Blut nicht in den Brustraum und damit auch nicht in das Herz gelangen. Es kommt zu einem Blutstau vor dem Brustraum.“ (Badtke 1988, S. 148)
Eine sportlich erforderliche Pressung darf nur innerhalb eines sehr kurzen Zeitraums erfolgen, da es sonst zu einem akuten Sauerstoffmangel im gesamten Organismus kommen kann. Dadurch können Schädigungen im Bereich des Herz-Kreislauf-Systems und des Gehirns ausgelöst werden.

▶ TIPP

- Jugendliche und Freizeitsportler sollten die Pressatmung minimieren oder möglichst ganz vermeiden.
- Personen mit Herz-Kreislauf-Problemen sollten keine Pressatmung praktizieren.
- Notwendige Pressungen sind in einem zeitlich minimalen Rahmen zu halten.
- Ein regelmäßiges Training der Grundlagenausdauer beugt Herz-Kreislauf-Erkrankungen vor und stellt deshalb eine indirekte Voraussetzung für das Durchführen von Pressungen dar.

5 Verletzungen im Sport

Von der Bagatellverletzung bis hin zu schweren Verletzungen reicht die Bandbreite der Sportverletzungen.

Ursachen

- Akute Überlastung bei ungenügender Anpassung des Organis-mus (z. B. Heben einer zu hohen Gewichtslast beim Krafttraining)
- Chronische Fehlbelastung und zu einseitig ausgerichtete Trainingsinhalte. Durch überzogenes Sprungkrafttraing kommt es zur Summation von Mikrotraumen, die längerfristig zur Schädigung des Gelenkknorpels führen.
- Gegnereinwirkungen (z. B. Zweikampfsportarten, Sportspiele) führen häufig zu vielschichtig gearteten Verletzungen.
- Defizite in der Bewegungskoordination/Technik in der jeweiligen Sportart begünstigen Sportunfälle.
- Mangelhafte Erwärmung, Missachtung von Sicherheitsvorschriften und Selbstüberschätzung stellen weitere mögliche Ursachen für das Auftreten von Verletzungen dar.
- Mangelnde Eignung für die Sportart, z. B. aufgrund von Gelenkfehlstellungen, Herz-Kreislauf-Erkrankungen

5.1 Diagnose und Erstversorgung

Wunden

Man unterscheidet Schürf-, Riss-, Platz-, Schnitt-, Stich- und Quetschwunden. Am häufigsten sind die drei erstgenannten.

Wundreinigung und Wunddesinfektion

Alle in die Wunde eingedrungenen Fremdkörper müssen mit einer vorher desinfizierten Pinzette entfernt werden. Ausreibun-

gen oder Auswaschungen der Wunde sind aufgrund einer Infektionsgefahr zu vermeiden.
Die Wunde und Wundränder werden mit einem Wunddesinfektionsspray desinfiziert. Desinfektionen mit Alkoholen oder Jod sind für die direkte Wundbehandlung ungeeignet, weil sie schmerzhaftes Brennen und beim Einsatz von Jod allergische Reaktionen verursachen können.

Oberflächliche Schürfwunden

Oberflächliche Hautabschürfungen werden wiederholt desinfiziert, an der Luft getrocknet oder mit elastischem Wundpflaster abgedeckt. Die Anwendung eines Flüssigpflasters sollte vermieden werden, weil der luftdichte Wundabschluss die Bakterienbildung fördert. Zudem erzeugen derartige Plastikfilme starke Wundschmerzen.

Riss- und Platzwunden

Kleinere Riss- und Platzwunden versorgt man mit Wunddesinfektion und einem elastischen Pflasterverband.
Größere Riss- und Platzwunden mit relativ starken Blutungen werden mit einer Mull- bzw. Saugkompresse aus Vlies oder einer Kombination aus Gittertüll und Vlies abgedeckt und mit einer elastischen Mull- oder Fixierbinde unter Druck (evtl. eine Schaumgummibinde unterlegen) verbunden, ohne jedoch die Gefäße abzuschnüren. Saugkompressen aus Vlies haben den Vorteil, dass sie nicht mit dem Wundsekret verkleben. Danach sollte umgehend ein Arzt konsultiert werden.

Knochen- und Gelenkverletzungen

Bei den Knochen- und Gelenkverletzungen werden drei Kategorien unterschieden:
- Stauchungen und Prellungen (Kontusion)
- Verrenkungen und Verdrehungen (Luxation, Distorsion)
- diverse Brüche (offene oder geschlossene Frakturen)

Diese Verletzungen führen meist sofort zur Sportunfähigkeit.

Stauchungen und Prellungen (Erkennung und Erstbehandlung)

Anzeichen von Stauchungen und Prellungen können sein: spontan auftretende Druck- und Bewegungsschmerzen mit Verschiebeschmerz der über dem Knochen liegenden Gewebestrukturen, Blutergussbildung.
Eine Erstbehandlung besteht aus lokaler Kühlung mit kaltem Wasser oder Coolpacks, Kompression mit einer elastischen Binde, Hochlagerung und Ruhigstellung des verletzten Gelenks.

BEACHTE Der Kompressionsverband darf nicht zu fest sein, damit die Blutversorgung der betreffenden Körperregion nicht gefährdet wird! Der Einsatz von Eissprays ist nur zu empfehlen, wenn keine anderen Kühlmöglichkeiten vorhanden sind. Durch die Verwendung von Eissprays kommt es unmittelbar nach der Behandlung zu einer reaktiven Steigerung der Durchblutung und der Gefäße und bei Gefäßverletzungen/Blutergussbildung möglicherweise zur weiteren Anschwellung es Gewebes; gerade dies will man eigentlich verhindern. Deshalb ist die mildere Kälte des Wassers für die länger dauernde Kühlung optimal. Coolpacks, Eis und Schnee sollten wegen ihrer intensiven Kühlung nur mit einem feuchten Tuch als Zwischenlage angewendet werden.

Verrenkungen und Verdrehungen mit Verletzungen des Kapsel-Band-Apparates

Man unterscheidet nach der Schwere der Verletzung zwischen:

- leichte Verdrehungen mit kurzzeitiger funktioneller Bewegungseinschränkung des Gelenks
- Verdrehungen mit lang anhaltendem Funktionsverlust, Teilverrenkungen und kurzzeitige Verrenkungen
- bleibende Verrenkung eines Gelenks

Spontan auftretende Ruhe- und/oder Belastungsschmerzen, verbunden mit oder ohne Funktionseinschränkung, können Anzeichen einer derartigen Verletzung sein. Bei einer schweren Ver-

drehung schwillt das betroffene Gelenk an, was auf eine zusätzliche Schädigung des Kapsel-Band-Apparates hinweisen könnte. Die schwerste Form, die bleibende Verrenkung, ist durch eine äußerlich sichtbare und tastbare abnorme Gelenkform oder eine Gliedmaßenfehlstellung gekennzeichnet. Bei Verrenkungen sollte immer die gesunde Körperseite zum Vergleich herangezogen werden. Weiterhin empfiehlt es sich, bei Gelenkschwellungen des Umfang des gesunden und des verletzten Gelenks mit dem Bandmaß zu messen und zu vergleichen, weil es rein optisch schwierig ist, kleinere Schwellungen zu erkennen.
(Erstversorgung: ↗ Prellungen und Verstauchungen, S. 60.)

BEACHTE Bleibende Verrenkungen dürfen grundsätzlich nicht am Unfallort durch Laien eingerenkt werden! Eine Ausnahme bilden Nervenschädigungen (Taubheitsgefühl) und Gefäßschädigungen (Blutungen).

Geschlossene und offene Knochenbrüche

Knochenbrüche sind gekennzeichnet von ansteigender, anhaltender und hochgradiger Schmerzhaftigkeit. Dazu kommen u. U. lokale Schwellungen mit Blutergüssen, Fehlstellungen und abnorme Beweglichkeit der Knochen.
Bei offenen Brüchen sind Komplikationen in Form von offenen Wunden, Nerven- und Gefäßverletzungen möglich (Taubheitsgefühl, abnorme Hautverfärbung).
Die Erstversorgung erfolgt durch Ruhigstellung und Schienen. Beim offenen Bruch wird zusätzlich eine Wundbehandlung durchgeführt. Nur in Ausnahmefällen, z. B. bei Nerven- und Gefäßverletzungen, wird eine sofortige Stellungskorrektur des Bruchs notwendig. Beim Transport ins Krankenhaus ist auf eine stabile und weiche Lagerung der verletzten Körperregion zu achten.

Verletzung von Gelenkkapseln und Bändern

Alle Verletzungen des Kapsel-Band-Apparats sind mit relativ großen Schmerzen verbunden. Bei Schädigungen und Zerrun-

gen tritt nur eine relativ geringe Schädigung der Faserstruktur auf, sodass die Gefahr einer Gelenkinstabilität nicht gegeben ist. Ein- und Abrisse sind meist mit der Schädigung von Gefäßen verbunden, die zur Bildung größerer Blutergüsse im Bereich der betroffenen Geweberegion führen können. Bei vollständigen Zerreißungen der Kapsel-Band-Strukturen kann der Bluterguss ins Gewebe oder durch die defekte Gelenkkapsel in das Gelenk abfließen. Bei leichteren Verletzungen verhindern dies die intakten Strukturen, sodass sich die Schwellung stärker ausprägt. Der Druck im Gewebe und die Schmerzen nehmen zu.
(Erstversorgung: ↗ Prellungen und Verstauchungen, S. 60.)

Verletzungen von Muskeln und Sehnen

Im Unterschied zur Muskulatur ist die Stoffwechselaktivität der Sehnen gering. Daher benötigen Heilverläufe von Sehnen, Bändern und Kapseln länger als die Muskulatur.
Bei den Sehnen und ihren Gleithüllen können Entzündungen (Sehnenscheidenentzündung), Einrisse und Abrisse (Achillessehnenabriss) auftreten, die sich reflektorisch auf die Muskelspannung (Tonus) auswirken. Umgekehrt wirken sich Tonusveränderungen innerhalb der Muskulatur auf die Sehnen und ihre Hüllen aus. Deshalb spricht man auch von der funktionellen Einheit von Muskel und Sehnen.
Begegnet wird der Entzündung und Überlastung von Sehnen durch ihre Entlastung, Kühlung in Verbindung mit Salbenverbänden, Physiotherapie und durch entzündungshemmende Medikamente (ärztlich verordnet).

Muskelverletzungen

(Muskelzerrung, Muskelfaserriss, Muskelriss)

Die Muskelzerrung stellt eine schmerzhafte Überlastung der betreffenden Muskelfasern ohne Gewebedefekt dar.
Beim Muskelfaserriss oder Muskelriss ist eine mehr oder weniger starke Beschädigung des Muskelgewebes und in einigen Fällen der lokalen Gefäße zu beobachten. Es sind dann ebenfalls

unmittelbare Blutergussbildung im Muskel oder in den umliegenden Strukturen zu beobachten.
Während bei Muskelzerrungen ein erhöhter Muskeltonus mit schwer zu lokalisierenden Schmerzzuständen auftritt, ist bei größeren Muskeldefekten der Muskeltonus herabgesetzt, ein Druckschmerz relativ gut lokalisierbar.
(Erstversorgung: ↗ Prellungen und Verstauchungen, S. 60.)
Zusätzliche Maßnahmen:

- Anlegen eines Schaumgummikompressionsverbandes in Verbindung mit einem stabilisierenden Tapeverband
- entzündungshemmende Medikamente (ärztlich verordnet)
- heparinhaltige Salbenverbände in der Nacht
- physiotherapeutische Maßnahmen

Muskelkater

Der Muskelkater stellt eine Mikroverletzungen der muskulären Strukturen dar. Er entsteht durch eine muskuläre Überbelastung, bei der Verankerungen von Aktin- und Titinfilamenten aus der Sarkomerzwischenscheibe ausreißen können. Die Sakomerzwischenscheibe wird zerstört und die Sarkomerstruktur einzelner Myofibrillen aufgelöst.
Diese Mikroverletzungen treten vorwiegend im Bereich der FT-Fasern durch zu hohe oder durch ungewohnte Kraftbelastungen auf. Zur Vermeidung eines Muskelkaters empfiehlt sich eine kontinuierliche Steigerung der Belastung, eine ausreichende Aufwärmarbeit. Das Training sollte nicht im stark ermüdeten Zustand erfolgen.

Behandlung eines Muskelkaters:

- Anwendung feuchter Wärme zur Beschleunigung des Baustoffwechsels der Eiweiße (Sauna, warme Bäder)
- Verringerung der Belastungsintensität (lockeres Bewegen)
- Durchführung von Lockerungsübungen
- keine Massagen (stellen zusätzliche mechanische Beanspruchung der Muskulatur dar und verstärken Muskelkater).

VANVES
ATHLETISME

Trainingslehre

Die Trainingslehre befasst sich mit der systematischen Entwicklung der sportlichen Leistung in allen Sportarten. Zugrunde gelegt werden sportwissenschaftliche Untersuchungsergebnisse und Erfahrungen aus der Sportpraxis. Die Trainingslehre stützt sich auf Erkenntnisse anderer Wissenschaften, wie z. B. der Sportmedizin, der Bewegungslehre, der Sportbiologie, der Sportsoziologie und der Sportpsychologie. Sie reflektiert diese in Form von Trainingsprinzipien, Trainingszielen, Trainingsmethoden und Trainingsinhalten.

6 Das sportliche Training

MERKE Das sportliche Training umfasst die Gesamtheit aller planmäßigen und systematischen Maßnahmen im Trainings- und Wettkampfprozess, die zur Entwicklung der sportlichen Leistungsfähigkeit dienen.

Konditionelle, technische, taktische, psychische, physiotherapeutische Maßnahmen und eine zweckmäßige Ernährung stellen wichtige Bestandteile des sportlichen Trainings dar. Neben diesen regulären Maßnahmen kommt es, besonders im Bereich des Hochleistungssports, leider auch zur Anwendung unerlaubter Maßnahmen in Form von Doping.
Neben dem sportlichen Training gibt es noch andere Trainingsformen, wie z. B. das Gedächtnistraining, das auf andere Art und Weise dem Begriff „Training“ gerecht wird.

6.1 Die Zielbereiche des Sports

Trainingsziele im Sport können sehr vielschichtiger Natur sein. So beinhaltet der Trainingsprozess die Ausprägung von konditionellen und koordinativen Fähigkeiten, sportmotorischen Fertigkeiten, Persönlichkeitseigenschaften (z. B. Teamgeist, Hilfsbereitschaft) und Einstellungen (z. B. Kampfgeist, Selbstbeherrschung). Je nach Zielbereich des Sports müssen die Trainingsziele differenziert formuliert werden. Zielbereiche des Sports können sein:

- Leistungssport: die individuelle Höchstleistung
- Gesundheitssport: die Ausprägung/Erhaltung der allgemeinen Fitness, Freude an der Bewegung

Der Gegenstandsbereich der Trainingslehre

- Rehabilitationssport: die Wiederherstellung der allgemeinen körperlichen Leistungsfähigkeit
- Schulsport: vielseitige körperliche Ausbildung, Erkennen von Neigungen, Herausbildung von Motivation für regelmäßigen Sport

Im Leistungssport ist das Trainingsziel die sportliche Höchstleistung, während in allen anderen Bereichen die Verbesserung bzw. Erhaltung der allgemeinen körperlichen Leistungsfähigkeit im Vordergrund steht.

6.2 Die sportliche Leistung

Begriff der sportlichen Leistung

Die sportliche Leistung kann sowohl durch den reinen Vollzug bzw. den Ausprägungsgrad einer sportmotorischen Fertigkeit (beispielsweise im Turnen, in der Gymnastik) als auch durch das Ergebnis (Weiten, Höhen, Zeiten, Punkte) zum Ausdruck kommen.

Die Leistung im Sport hängt von zahlreichen inneren und äußeren Faktoren ab. Nur wenn die in ihrer Komplexität wirkenden Faktoren in Training und Wettkampf die notwendige Aufmerksamkeit erfahren, ist mit einer optimalen Leistungsentwicklung zu rechnen.

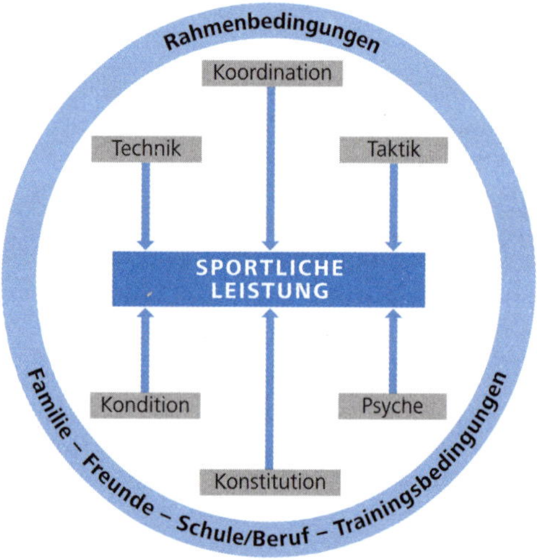

Die Faktoren der sportlichen Leistung

Innere Faktoren:

- konditionelle Fähigkeiten: Ausdauer, Kraft, Schnelligkeit, Beweglichkeit
- allgemeine koordinative Fähigkeiten: Orientierungsfähigkeit, Gleichgewichtsfähigkeit, Reaktionsfähigkeit, Differenzierungsfähigkeit, Rhythmisierungsfähigkeit
- spezifische technische Fertigkeiten: sportmotorische Fertigkeiten zur Realisierung spezieller Bewegungsabläufe (z. B. Dribbling, Hürdenschritt, Floptechnik)
- taktische Fähigkeiten: Organisation und Führung des Wettkampfs (z. B. taktische Angriffsvarianten in den Sportspielen)
- psychische Fähigkeiten und Persönlichkeitseigenschaften: Motivation, Moral, Kampfgeist, intellektuelle Fähigkeiten, Talent, Fairness, Teamgeist, Hilfsbereitschaft usw.
- konstitutionelle Faktoren: anthropometrische Merkmale (z. B. Körpergröße), Gesundheit und physische Belastbarkeit

Äußere Faktoren:
- Familie, Freundeskreis
- Schule, Beruf
- Trainings- und Wettkampfbedingungen
- Trainer

Faktoren der sportlichen Leistung am Beispiel der Sportart Fußball

Kondition
- *Schnelligkeit*
  Antrittsschnelligkeit, Schnelligkeit bis 30 m, Schnelligkeitsausdauer für wiederholte Schnelligkeitsanforderungen, Reaktionsschnelligkeit, v. a. des Torwarts
- *Kraft*
  Schnellkraft in Form von Sprungkraft (Kopfball und Torwartaktionen), Wurfkraft (Ab- und Einwurf)
- *Ausdauer*
  Grundlagenausdauer, azyklische Spielausdauer

Koordination
- *Orientierungsfähigkeit*
  Orientierung auf dem Spielfeld (Ball, Mit- und Gegenspieler)
- *Koppelungsfähigkeit*
  Abstimmung der Teilkörperbewegungen, z. B. Kopfball
- *Differenzierungsfähigkeit*
  Differenzierung z. B. des Krafteinsatzes beim Spielen des Balls (Ballgefühl)
- *Antizipationsfähigkeit*
  Vorwegnahme des Verlaufs bzw. des Ergebnisses der Handlungen der Mit- und Gegenspieler
- *Umstellungsfähigkeit*
  Änderung des eigenen Handlungsprogramms bei oder nach der gegnerischen Aktivität (Umstellung von Angriff auf Abwehr)

- *Gleichgewichtsfähigkeit*
  Halten des Gleichgewichts bei labilen Verhältnissen (Zweikampf mit starkem Körpereinsatz)

Technik

- *Ballannahme*
  Stoppen rollender, springender und fliegender Bälle
- *Passen des Balles, Torschuss*
  Spielen flacher, halbhoher und hoher Bälle mit unterschiedlichen Fußflächen und Krafteinsätzen
- *Ballmitnahme*
  An- und Mitnahme des gespielten Balles, ohne den eigenen Bewegungsfluss zu unterbrechen
- *Abwehrtechniken*
  z. B. verschiedene Formen des „Grätschens“
- *Kopfballtechniken*
  z. B. Flugkopfball, Kopfball aus dem Stand oder aus dem Sprung
- *Einwurftechniken*
  Technik mit und ohne Anlauf
- *Torwarttechniken*
  z. B. Fuß- und Faustabwehr

Taktik

- *Individualtaktik*
  Zweckmäßiger Einsatz der zur Verfügung stehenden Mittel und Möglichkeiten bei Berücksichtigung der Spielstärke des Gegners, z. B. einen technisch versierten Gegner besser durch kluges Passspiel zu umspielen, wenn man Defizite in der Ballbehandlung hat
- *Gruppentaktik*
  Zweckmäßiges Zusammenwirken mehrerer Spieler, z. B. „Viererabwehrkette“, d. h. alle vier Spieler bewegen sich zeitgleich nach vorn, um einen gegnerischen Angreifer „abseits“ zu stellen

- *Teamtechnik*
  Zweckmäßiges Zusammenwirken des gesamten Teams, z. B. Spielsystem 4-4-2 (vier Abwehrspieler, vier Mittelfeldspieler, zwei Angriffsspieler)

Rahmenbedingungen

- Trainings- und Wettkampfbedingungen
- Trainer, Management
- Familie, Beruf, Gesundheit
- ärztliche und physiotherapeutische Betreuung
- Umfang und Qualität des Spielkaders

Die Herausbildung der sportlichen Leistung

Der anzustrebende Ausprägungsgrad einer sportlichen Leistung richtet sich immer nach dem Ziel des Individuums.
Entsprechend schreibt man die Trainingsinhalte, Trainingsmittel und Trainingsmethoden durch eine Trainingsplanung fest.
Es wird in kurzfristige (eine Woche), mittelfristige (2 bis 6 Wochen) und langfristige Trainingsplanung (halbjährlich und jährlich) unterschieden.

Trainingsinhalte

Der Trainingsinhalt kennzeichnet die sportliche Tätigkeit und deren konkrete Ausrichtung. Hier wird insbesondere die Ausführung der Körperübungen beschrieben. Die Körperübungen teilt Harre nach deren Funktion in allgemeine Übungen, Spezial- und Wettkampfübungen ein. Die Auswahl dieser Übungen muss auf das Erreichen des Trainingsziels ausgerichtet sein.
Je nach Ziel setzt man inhaltliche Schwerpunkte, wie z. B. die Herausbildung konditioneller Fähigkeiten, koordinativer Fähigkeiten, technischer Fertigkeiten oder taktischer Fähigkeiten.

BEISPIEL Volleyball
Im Volleyball kann die konditionelle Fähigkeit „Sprungkraft“ durch Übungen aus allen drei Kategorien entwickelt werden. In

der Bewegungsaufgabe werden dabei unterschiedlicher Schwerpunkte gesetzt.

- Allgemeine Übungen: Diese Übungen stammen aus anderen Sportarten, die keine Elemente der Wettkampfbewegung enthalten, z. B. einbeinige Hürdensprünge.
- Spezialübungen: Sie stimmen im Bewegungsablauf und in der Belastung teilweise mit der Wettkampfbelastung überein, z. B. beidbeinige Absprünge mit Fangen eines Balles im höchsten Punkt (Elemente des Sprungzuspiels).
- Wettkampfübungen: Sie stimmen in den Bewegungs- und Belastungsmerkmalen weitestgehend mit der Wettkampfdisziplin überein, z. B. Anlauf- und Absprungzyklen in Verbindung mit Angriffshandlungen.

Die allgemeinen Übungen dienen dem Aufbau grundlegender, vielseitiger Fähigkeiten und Fertigkeiten und sind im Grundlagen- und Aufbautraining von zentraler Bedeutung.

Mit steigendem Leistungsniveau, vor allem im Anschluss- und Hochleistungstraining, nimmt der Anteil spezieller Trainingsübungen zu.

Vor diesem Hintergrund spricht man von einer „zunehmenden Spezialisierung“ auf einer vielseitig angelegten Basis. (↗ Trainingsetappen, S. 92)

Die Trainingsmethoden

▶ **MERKE** Als Trainingsmethode bezeichnet man ein planmäßiges Verfahren zur Realisierung der Trainingsziele (Kondition, Koordination, Technik). Sie muss Aussagen zur Anordnung der Trainingsinhalte, Auswahl der Trainingsmittel, Trainingsbelastung und zu Organisationsformen treffen.

Ausdauertrainingsmethoden:

- Dauermethode, Intervallmethode, Wiederholungsmethode, Wettkampf- und Kontrollmethode

Krafttrainingsmethoden:

- Maximalkraftmethoden (z. B. Muskelaufbautraining)
- Schnellkraftmethoden (z. B. reaktives Schnellkrafttraining)
- Kraftausdauermethoden (z. B. disziplinspezifisches Kraftausdauertraining)

Schnelligkeitstraining:

- Wiederholungsmethode, Wettkampf- und Kontrollmethode

BEISPIEL Krafttraining im Eishockey
Trainingsziel:
- Verbesserung der Maximalkraft (Hypertrophiewirkung)

Methode des Krafttrainings:
- allgemeines dynamisches Muskelaufbautraining (↗ Methoden des Krafttrainings, S. 153 ff.)

Trainingsinhalte:
- Bankdrücken, Kniebeuge, Klimmzüge und Beincurler
  Trainingsmittel, Organisationsform:
- Stations- oder Satztraining (Freihantel, Beincurler).

Trainingsbelastung/Belastungsgefüge:
- relativ hohe Wiederholungszahlen bei mittlerer bis submaximaler Intensität (60 bis 80 % der individuellen Maximalkraft), 3 bis 8 Serien, relativ kurze Pausen (↗ Maximalkraft, S. 138; Muskelaufbautraining, S. 153 ff. und Stationstraining, S. 165 f.)

BEACHTE Der Begriff „Trainingsmittel" wird in der Trainingslehre durch einige Sportwissenschaftler, zum Leidwesen der Lernenden, unterschiedlich ausgelegt. Je nachdem, welche Trainingslehre zur Anwendung kommt, existieren im Wesentlichen zwei Auffassungen:
Die Trainingsmittel umfassen alle Mittel und Maßnahmen organisatorischer, gerätetechnischer und informativer Art, die für den Ablauf bzw. die Realisierung der Trainingsinhalte (Körperübungen) notwendig sind. (↗ Weineck 2003)
Harre versteht unter dem Begriff „Trainingsmittel" die allgemeinen und speziellen Körperübungen, Übungen des autogenen und ideomotorischen Trainings sowie Bäder, Massagen und zweckmäßige Ernährung. Was Harre als Trainingsmittel bezeichnet, ist bei Weineck der Trainingsinhalt.

7.1 Die Belastungskomponenten

Auch in diesem Bereich gibt es innerhalb der allgemeinen Trainingslehre eine Zweiteilung der Terminologie. Man spricht von Belastungskomponenten und Belastungsfaktoren. Die Mehrzahl der Sportwissenschaftler verwendet den Begriff Belastungskomponente, sodass in den weiteren Ausführungen dieser Begriff zur Anwendung kommt.

Reizintensität

ist die Stärke des Einzelreizes bzw. einer Reizserie. Die Intensität kann als absolute Intensität (Angabe von Geschwindigkeit, Ge-

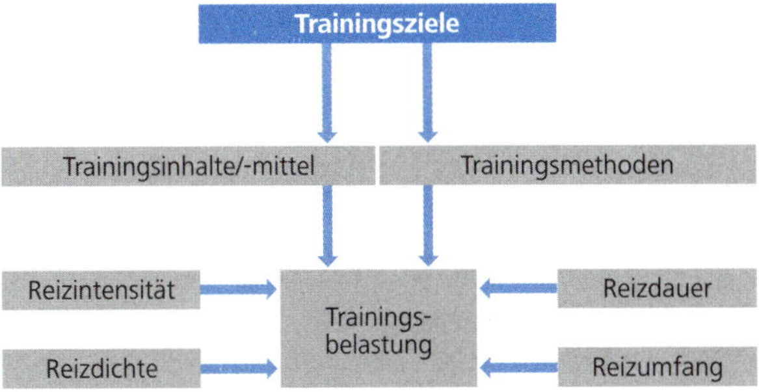

Die Belastungskomponenten

wicht, Bewegungsfrequenz, Höhe, Weite) oder relative Intensität (prozentuales Verhältnis zur individuellen Maximalleistung) angegeben werden.

Reizdauer
bezeichnet die zeitliche Dauer des Einzelreizes bzw. einer Reizserie.

Reizdichte
bestimmt die zeitliche Aufeinanderfolge der einzelnen Belastungsreize.
Die Reizdichte beschreibt das zeitlich aufeinander abgestimmte Verhältnis von Belastung und Erholung im Training. Die Pausengestaltung spielt beim Intervalltraining und der Wiederholungsmethode eine wichtige Rolle. Eine hohe Reizintensität, kurze Pausen und eine damit verbundene unvollständige Erholung kennzeichnen die Reizdichte von Intervallmethoden (mögliches Ziel im Ausdauertraining: Steigerung des aeroben oder anaerob-laktaziden Stoffwechselpotenzials). Maximale Reizintensität, lange Pausen mit vollständiger Erholung sind Merkmale der Wiederholungsmethode (mögliches Ziel im Krafttraining: Verbesserung der Maximalkraft ohne übermäßige Muskelhypertrophie).

Reizumfang

Der Reizumfang ist die Summe von Dauer und Zahl aller Einzelreize innerhalb einer Trainingseinheit.
Der Reizumfang entspricht quantitativ der Gesamtsumme von Einzelwiederholungen, der zurückgelegten Gesamtstrecke, der bewegten Gesamtlast im Krafttraining bzw. der Gesamtlaufzeit beim Dauerlauftraining.

Reizhäufigkeit

Unter Reizhäufigkeit versteht man die Summe der Trainingseinheiten pro Woche.
Zur Verbesserung der sportlichen Leistung werden Belastungsreize einer bestimmten Dosis benötigt, um eine Anpassung/Leistungssteigerung des Organismus zu erreichen. Die Summe der einzelnen Belastungskomponenten ergibt das Belastungsgefüge (Belastungsnormative). Das Belastungsgefüge kennzeichnet die Gesamtbelastung des Trainings und wird entsprechend dem Trainingsziel bzw. der Ausrichtung des Trainings mittels der Trainingsmethoden qualitativ und quantitativ differenziert ausgerichtet. Zur praktischen Umsetzung der Trainingsmethoden sind deshalb präzise Angaben zu den Belastungskomponenten unumgänglich. Weiterhin muss eine individuelle Ausrichtung des Belastungsgefüges erfolgen. Das heißt, dass ein Freizeitsportler zwar nach der gleichen Trainingsmethode wie ein Leistungssportler trainieren kann, aber aufgrund seiner geringeren Belastungsverträglichkeit die Intensität und/oder den Umfang reduzieren muss. In dieser Hinsicht spielen die Zusammenhänge zwischen Belastung, Erholung und Anpassung eine wichtige Rolle.

Trainingsgesetze

8.1 Homöostase – Superkompensation – Anpassung

▶ **MERKE** Innerhalb eines biologischen Systems (z. B. des menschlichen Organismus) herrscht ein dynamisches Gleichgewicht (Homöostase) zwischen aufbauenden und abbauenden Prozessen. Dieses Gleichgewicht wird durch alle Milieuänderungen gestört. Die sportliche Betätigung kann eine dieser Änderungen des Milieus darstellen.

Der Organismus ist ständig bemüht, das dynamische Gleichgewicht auf einem neuen Niveau wiederherzustellen. Erfolgt die Anpassungsreaktion in der Art, dass sich das Leistungsniveau der entsprechenden Funktionssysteme über das Ausgangsniveau auf ein höheres Leistungsniveau einstellt, spricht man von einer Super- oder Überkompensation.
Superkompensationen rufen physische und psychische Veränderungen hervor. Schon die alten Griechen sprachen von der „Einheit des Körpers und des Geistes".
Die Superkompensation ist die Grundlage für die Steigerung der sportlichen Leistung! Es kommt zu körperbaulichen und funktionellen Anpassungen.
Will man eine Steigerung der sportlichen Leistung durch Superkompensation erreichen, muss das psychophysische Gleichgewicht „gestört" werden.
Die gezielte und vor allem kontinuierliche Leistungssteigerung erfolgt in Form einer planmäßigen Trainings- und Wettkampfbelastung durch das Setzen von trainingswirksamen Belastungsreizen.

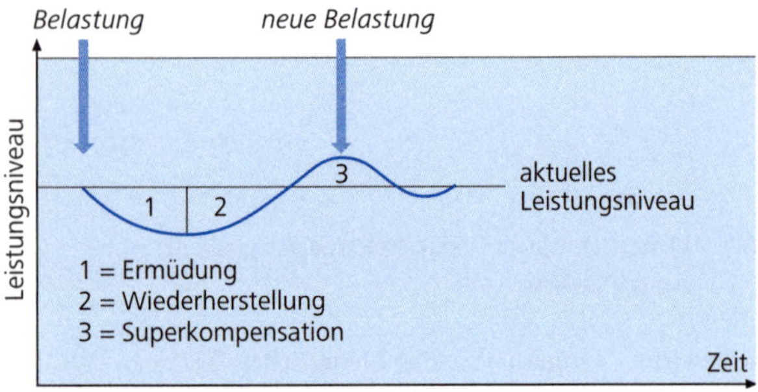

Auslenkung des dynamischen Gleichgewichts durch Belastung

8.2 Gesetzmäßigkeiten des Trainings

- *Anpassungsvorgänge werden nur dann ausgelöst, wenn eine bestimmte Reizstärke (kritische Reizschwelle) überschritten wird.*
  Ein Hochleistungssportler hat gegenüber einem Hobbysportler eine deutlich erhöhte kritische Reizschwelle. Deshalb muss in diesem Bereich mit wesentlich höheren Belastungsintensitäten und -umfängen trainiert werden, um eine Anpassungsreaktion zu erreichen.
- *Zur Auslösung spezifischer Anpassungen sind spezifische Reize erforderlich.*
  Barfußlaufen:
  In vielen afrikanischen Ländern laufen die Menschen täglich mehr oder weniger große Distanzen barfuß. Der Fuß passt sich an die Belastungsbedingungen an. Durch die damit verbundene qualitative Veränderung der Beschaffenheit der Fußsohle (Hornhautbildung) verbessert sich auch die Funktion (Unempfindlichkeit gegenüber dem Laufuntergrund).
  Würden diese Menschen über längere Zeit Schuhwerk benutzen, käme es zu einer Rückbildung dieser Anpassungsreaktion und damit zu einer Sensibilisierung der Fußsohlen bei gele-

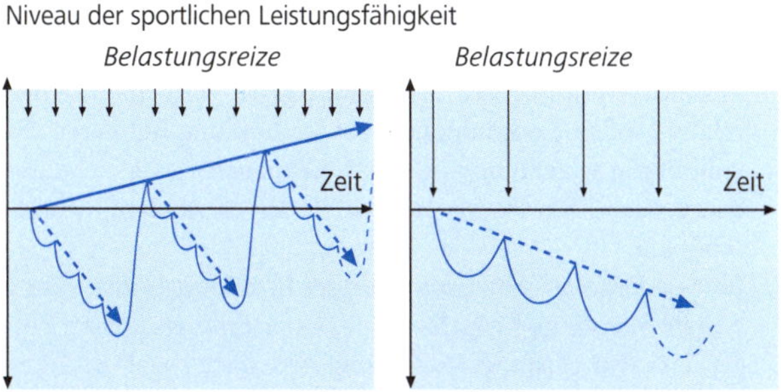

Summierung der Trainingseffekte durch Ermüdungsaufstockung (Abb. links). Das Phänomen des „Übertrainings" (Abb. rechts) (nach Weineck 2003)

gentlichem Barfußlaufen. Es müssten also wiederholt bestimmte Trainingsreize (hier Barfußlaufen) gesetzt werden, um die „verlorengegangene" physiologische und funktionelle Anpassungsreaktion (Hornhautbildung/Unempfindlichkeit) wiederholt auszulösen. Die Dosierung der Belastungsreize hängt von sehr vielen Fakten ab. So müssen Informationen über das Alter (kalendarisch, biologisch), den Leistungstand, den Gesundheitszustand, das Geschlecht und das Leistungsziel der Athleten berücksichtigt werden.

Die Art der Anpassung erfolgt durch die Trainingsmethodik (Trainingsinhalte, Trainingsmethoden, Trainingsmittel und Organisationsformen). Es gibt für viele Sportarten und Disziplinen eine spezifische Trainingsmethodik. Die Entwicklung von Ausdauerfähigkeiten erfordert eine andere Belastungsstruktur als die Ausprägung der Maximalkraft.

- *Belastung und Erholung bilden eine funktionelle Einheit.*
  Es ist auf einen richtigen Wechsel von Belastung und Erholung zu achten. Der neue Belastungsreiz sollte in der Phase des Ansteigens der sportlichen Leistungsfähigkeit erfolgen, um eine optimale Leistungsentwicklung zu erreichen (↗ Abb. S. 78). Eine Ausnahme bildet die gezielte Reizsetzung zu Beginn der Wiederherstellungsprozesse. Diese vorwiegend im Hochleis-

tungsbereich eingesetzte „Ermüdungsaufstockung" führt zu einer zeitlich verzögerten Summierung der Trainingseffekte. Besonders mithilfe der Intervallmethode wird durch einen relativ großen Serienumfang – in Verbindung mit einer unvollständigen Erholung in den Serienpausen – versucht, das energetische Stoffwechselpotenzial der Muskulatur auszuschöpfen.
Bei wiederholter Anwendung dieser Ermüdungsaufstockung besteht allerdings die Gefahr eines Übertrainings mit der Folge, dass das Leistungsniveau stagniert oder sogar absinken kann.

- *Der Verlauf der Leistungsentwicklung erfolgt nicht linear.*
  Mit steigendem Leistungsniveau wird die Leistungssteigerungsrate (Leistungszuwachs pro Zeiteinheit) trotz systematischer Erhöhung der Belastung immer geringer. Ein Spitzenathlet muss einen großen Teil seines Trainings für das Erhalten seines hohen Leistungsniveaus aufwenden. Der Grund liegt in der erhöhten kritischen Reizschwelle, die mit der hohen Leistungsfähigkeit einhergeht.
  Die optimale Abstimmung der Belastungsanforderungen auf den Athleten gestaltet sich in diesem Bereich recht schwierig, weil es oft nur ein „kleiner Schritt" ist, der zwischen Leistungssteigerung und Übertraining entscheidet.
- *Eine kontinuierlich und langfristig aufgebaute Leistung ist hinsichtlich der Anpassungen des Organismus stabiler als ein kurzfristig aufgebautes Leistungsniveau.*
  Trainingsbedingte Anpassungen bilden sich bei reduzierten oder ausbleibenden Belastungsreizen zurück. Da durch ein kurzfristig aufgebautes Leistungsniveau lediglich ungefestigte Anpassungserscheinungen erfolgen, bilden sich die Anpassungen schneller zurück als bei einem kontinuierlichen und langfristigen Leistungsaufbau. Deshalb sind längere Zeiträume ohne Trainingsbelastungen zu vermeiden.

Allgemeine Trainingsprinzipien

Auf der Grundlage sportpraktischer und wissenschaftlicher Erkenntnisse über Gesetzmäßigkeiten innerhalb des Trainingsprozesses lassen sich Grundsätze für das sportliche Training formulieren. Diese Grundsätze werden auch als Trainingsprinzipien bezeichnet, die in allgemeine und spezielle Prinzipien des sportlichen Trainings untergliedert werden.
Die allgemeinen Trainingsprinzipien gelten für die Mehrzahl der Sportarten und erstrecken sich auf den gesamten Trainings- und Wettkampfprozess und den langfristigen Leistungs- bzw. Trainingsaufbau. Die speziellen Trainingsprinzipien berücksichtigen die Besonderheiten in der Trainingsmethodik einzelner Bestandteile des Trainings, wie z. B. die des technisch-koordinativen Trainings.
Je nach Zielbereich der sportlichen Betätigung, Leistungs- oder Gesundheitssport, muss die praxisorientierte Umsetzung der allgemeinen Trainingsprinzipien differenziert erfolgen. Einige der aufgeführten Prinzipien haben im Gesundheitssport eine geringe oder keine Bedeutung, weil sie ausschließlich auf das Erreichen der individuellen Höchstleistung abzielen. So hat z. B. das Prinzip der Periodisierung mit dem Ziel der Leistungsmaximierung im Gesundheitssport keinen Einzug gehalten.

9.1 Prinzip des trainingswirksamen Reizes

▶ **MERKE** Der Belastungsreiz muss eine kritische Reizschwelle überschreiten, damit eine Anpassung bzw. Leistungssteigerung erfolgen kann.

Während ein Freizeitsportler schon bei relativ niedrig dosierten Belastungsreizen (Reizstärke von 30 bis 40 % seiner maximalen Leistungsfähigkeit) mit einer Trainingswirkung rechnen kann, muss ein Hochleistungssportler den Belastungsreiz auf ca. 70 bis 80 % erhöhen, um einen Trainingseffekt zu erreichen. Das bedeutet, dass es im Lauf der langfristigen Leistungsentwicklung zu einer progressiven Verschiebung der Reizschwelle kommt, die bei der Belastungsgestaltung berücksichtigt werden muss.

9.2 Prinzip der progressiven Belastung

▶ **MERKE** Für eine optimale Entwicklung der sportlichen Leistung ist es notwendig, eine planmäßige und systematische Steigerung der Belastungsanforderungen durchzuführen.

Belastungsanforderungen, die über einen längeren Zeitraum unverändert bleiben, verlieren ihre Wirksamkeit und führen zu einer Leistungsstagnation. Die Belastungserhöhung muss über alle Belastungskomponenten erfolgen, da diese eine funktionelle Einheit bilden. In diesem Zusammenhang haben die Belastungskomponenten Reizumfang und Reizintensität besondere Bedeutung, da sie miteinander in Wechselwirkung stehen.
Bei einem langfristigen Trainings- und Leistungsaufbau wird zunächst der Umfang erhöht, um eine höhere Belastungsverträglichkeit für intensivere Beanspruchungen zu erreichen.
Während im Nachwuchs- und im Freizeitbereich überwiegend eine allmähliche Belastungssteigerung erfolgt, müssen im Leistungstraining auch sprunghafte und variierende Erhöhungen der Anforderungen zum Einsatz kommen. Durch eine sprunghafte Belastungssteigerung kommt es zu einer echten Diskrepanz zwischen dem momentanen Leistungsvermögen und der gestellten Belastungsanforderung. Die Homöostase wird stärker gestört als bei einer allmählichen Belastungssteigerung. Dies führt zu einer erhöhten Superkompensation.

Variierende Belastungsanforderungen, in Form von veränderten Trainingsmitteln, Trainingsmethoden und Bewegungsstrukturen, beugen einer Trainingsmonotonie vor und können Leistungsstagnationen verhindern.

9.3 Prinzip der wechselnden Belastung

▶ **MERKE** Durch wechselnde Belastung ist es möglich, mehrere Leistungsfaktoren parallel auszuprägen.

Dieses Prinzip hat in Sportarten mit komplexen Leistungsanforderungen, wie z. B. den Sportspielen, den Kampfsportarten und den Mehrkampfdisziplinen, eine besondere Bedeutung. Hier werden an die Athleten vielfältige konditionelle, aber auch technische und taktische Anforderungen gestellt.
Selbst im Hochleistungssport können in diesen Sportarten, bedingt durch einen begrenzten Zeitrahmen, nicht alle Leistungsfaktoren maximal entwickelt werden. Es kommt vielmehr darauf an, dass durch einen sinnvollen Belastungswechsel die Trainingszeit ökonomisch genutzt wird, um eine optimale Entwicklung der verschiedenen Leistungsfaktoren zu gewährleisten.
Beim Ausdauertraining werden andere Funktionssysteme beansprucht (z. B. Energiebereitstellung auf aerobem Weg durch Abbau von Glykogen und Fettsäuren) als beim Maximalkraft- oder Schnelligkeitstraining (z. B. Energiebereitstellung durch die energiereichen Phosphate ATP/Kreatinphosphat bei sehr kurzen hochintensiven Belastungen).
Eine effektive Nutzung der Trainingszeit kann auch durch die abwechselnde Beanspruchung unterschiedlicher Muskelgruppen erfolgen. So können im Krafttraining durch das Trainingsmittel „Satztraining“ (↗ S. 167) nacheinander verschiedene Muskeln beansprucht werden. Während die Armstrecker beim Bankdrücken arbeiten, erholen sich die vorher beim Kniebeugen strapazierten Beinstrecker. Unmittelbar nach dem Satztraining

könnte sich ein funktionelles Kraftraining der Bauch- und Rückenmuskulatur anschließen. Diese Muskelgruppen wurden beim vorausgegangenen dynamischen Krafttraining nicht primär belastet.
Beim Wechsel der Belastung ist auf die Belastungsfolge zu achten. Die Entwicklung von bestimmten Fähigkeiten, wie z. B. Schnelligkeit, Schnellkraft und Bewegungskoordination, benötigt eine optimale Erregung des Nervensystems. Daher hat es wenig Sinn, unmittelbar nach ermüdendem Ausdauer- oder Kraftausdauertraining eine dieser Belastungen anzuschließen. Dies gilt vor allem für Sportspiele, wo mehrere Fähigkeiten und Fertigkeiten parallel trainiert werden und die richtige Belastungsfolge zu beachten ist. Manche Trainingswissenschaftler haben diesen Sachverhalt das „Prinzip der richtigen Belastungsfolge" genannt.

BEISPIEL In einer Trainingseinheit einer Handballmannschaft sollen mehrere Fähigkeiten und Fertigkeiten trainiert werden. Eine richtige Reihenfolge wäre:

- Schnelligkeit/Schnellkraft (Sprungkraft, Wurfkraft) unmittelbar nach der allgemeinen Erwärmung
- neue Technik/Bewegungskoordination im ersten Hauptteil
- spezifische Spielausdauer im zweiten Hauptteil
- allgemeine Kraftausdauer oder funktionelles Krafttraining der Rumpfmuskulatur (Bauch, Rücken) im Ausklang

9.4 Prinzip der optimalen Relation von Belastung und Erholung

▶ **MERKE** Spezifische Belastungen erfordern unterschiedlich lange Regenerationszeiten der beanspruchten Funktionssysteme.

Ein neuer Trainingsreiz darf nicht zu früh gesetzt werden, damit keine Störung der Superkompensation erfolgt.

Sind die Pausen zwischen den Trainings- oder Wettkampfbelastungen zu lang, kann es zur Stagnation oder zum Absinken des Leistungsniveaus kommen. Folgen bestimmte Belastungsreize zu dicht aufeinander, besteht die Gefahr des Übertrainings mit der Folge eines Leistungsabfalls.
Einen Sonderfall stellt die gezielte „Ermüdungsaufstockung" (Summation der Belastungsreize) im Hochleistungstraining dar, die zu einer erhöhten Superkompensation führen kann. Hierbei setzt man mehrmalig Belastungsreize in der Wiederherstellungsphase und zielt auf ein reaktives Überschießen der Superkompensation ab.
Hier kommt das „Prinzip der unvollständigen Erholung" zur Anwendung. Bei beiden Prinzipien sind spezifische sportbiologische Erkenntnisse über die Dauer der Wiederherstellung einzelner Organsysteme zu beachten. Je nachdem, welche konditionelle Fähigkeit mit welcher Belastungsintensität und mit welchem Belastungsumfang trainiert wird, sind entsprechend dieser spezifischen Belastungsanforderung bestimmte Erholungszeiten einzuhalten. Um die Prozesse der Wiederherstellung besser bestimmen zu können, empfiehlt es sich, den Wiederherstellungsprozess in eine Frühphase (bis ca. 6 Stunden nach Belastung) und eine Spätphase (6 Stunden bis ca. 36 Stunden nach Belastung) zu unterteilen.

Frühphase
(bis ca. 6 Stunden)

- „Normalisierung" des Herz-Kreislauf-Systems (Herzfrequenz, Blutdruck) Dauer: einige Minuten (z. B. nach Ausdauertraining)
- Regeneration der energiereichen Phosphate ATP/KP
  Dauer: Sekunden bis zu mehreren Minuten (z. B. nach Sprungkrafttraining)
- Laktatabbau mit aktiver Nachbelastung (z. B. Auslaufen)
  Dauer: ca. eine Stunde, ohne aktive Nachbelastung ca. das Doppelte (z. B. nach Tempoläufen)

- Beginn der Speicherauffüllung (z. B. Glykogenspeicher) Dauer: bis zu 36 Stunden und länger

BEISPIEL Nach einer 90-minütigen intensiven Ausdauerbelastung sind die Muskelglykogenvorräte nahezu erschöpft. Je nach Ernährungsweise wird der Muskelglykogenspeicher bei kohlenhydratreicher Ernährung nach 18 Stunden und bei Mischkost nach ca. 36 Stunden wieder nahezu gefüllt sein.

Spätphase (bis ca. 36 Stunden und mehr)

- Speicherauffüllung mit Glykogen, Fettsäuren (18 bis 36 Stunden)
- Regeneration der Mitochondrien (z. B. nach intensiven Belastungen im Bereich der aeroben Ausdauer)
- Regeneration der Muskelproteine Aktin, Myosin und Titin (z. B. nach intensivem Muskelaufbautraining oder Kraftausdauerbelastungen bzw. extremen Langzeitausdauerbelastungen mehrere Tage, u. U. bei harten Wettkämpfen, wie z. B. Triathlon, auch mehrere Wochen)
- Regeneration des Binde-, Stütz- und Knorpelgewebes (z. B. bei hochintensivem reaktivem Niedersprungtraining bis ca. 72 Stunden)

Neben den objektiv wirkenden Prozessen der Wiederherstellung muss bei der Belastungsgestaltung auch das subjektive Empfinden des Athleten mit einbezogen werden.
In der täglichen Sportpraxis bestehen in der Regel keine Möglichkeiten, die Ermüdung anhand von Laktat- oder Harnstoffmessungen zu bestimmen.
Deshalb ist es wichtig, dass die äußerlichen Symptome der Ermüdung erkannt und richtig eingeordnet werden.
Kompensierende Maßnahmen direkt nach Belastungsende, wie Auslaufen, Ausschwimmen, lockeres Ergometerfahren, Lockerungs- und Entspannungsübungen, wirken sich positiv auf die wiederherstellenden Prozesse des Organismus aus.

9.5 Prinzip der kontinuierlichen Belastung

▶ **MERKE** Um eine optimale sportliche Leistungsfähigkeit entwickeln zu können, sind längere Trainingsunterbrechungen zu vermeiden.

Unterbrechungen des Trainings gefährden eine kontinuierliche Belastung. Diese können durch zu lange Übergangsperioden ohne Belastung oder durch Verletzungen entstehen.
Obwohl die langfristig und systematisch aufgebaute Leistungsfähigkeit wesentlich stabiler ist als ein kurzfristig erzieltes Leistungsniveau, bilden sich bei längerer Unterbrechung des Trainingsprozesses die konditionellen, koordinativen und taktischen Fähigkeiten sowie technischen Fertigkeiten zurück.
Während bei den Ausdauer- und Kraftausdauerfähigkeiten ein relativ rascher Rückgang zu beobachten ist, sinkt das Niveau der Maximalkraft, Schnellkraft und Schnelligkeit langsamer ab. Da es sich um reversible Prozesse handelt und das Tempo des Absinkens mit dem Tempo des Leistungsanstiegs in engem Zusam-

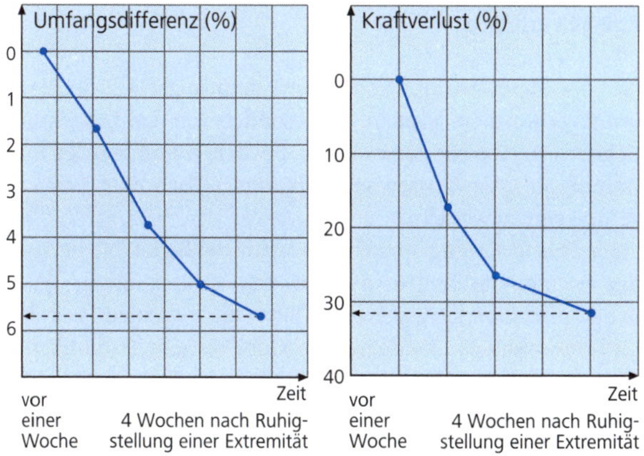

Rückgang der muskulären Anpassung durch Verletzung (nach Badtke 1988)

menhang steht, können Ausdauer- und Kraftausdauerfähigkeiten schneller wieder aufgebaut werden als Maximalkraft und Schnellkraft. Bei dem Prinzip der kontinuierlichen Belastung ist auch auf die ständige und komplexe Entwicklung aller Leistungskomponenten zu achten (z. B. ganzjähriges Kraft- und Beweglichkeitstraining).
Leistungsfaktoren, die keine zentrale Bedeutung für die spezifische Leistung haben, müssen auf einem bestimmten Niveau gehalten werden (z. B. Grundlagenausdauer). Verletzungsbedingte Pausen erfordern selten einen vollständigen Ausschluss vom Trainingsbetrieb. In Absprache mit dem Sportarzt und Physiotherapeuten sind Belastungsprogramme zur Wiederherstellung der verletzten Strukturen und Funktionssysteme sowie zum Training der unverletzten Bereiche zu planen.

9.6 Prinzip der periodisierten Belastung

▶ **MERKE** Die Belastungsanforderungen müssen akzentuiert und in verschiedenen zyklisch wiederkehrenden Trainingsperioden erfolgen.

Die Leistungsentwicklung erfolgt phasenförmig. Die vielseitigen Trainingsaufgaben können, insbesondere im Leistungssport, nicht gleichzeitig realisiert werden. Bei den Trainingszielen und Trainingsinhalten müssen Schwerpunkte in Form einer Periodisierung gesetzt werden.
Unter Periodisierung versteht man eine zyklische Wiederkehr von Trainingsabschnitten in Form von Vorbereitungs-, Wettkampf- und Übergangsperiode. Durch die einzelnen Perioden wird eine optimale Leistungsentwicklung bis zum Zeitpunkt des Wettkampfhöhepunkts angestrebt. Gibt es im Trainingsjahr nur einen Wettkampfhöhepunkt, auf den man sich konzentrieren will (z. B. Olympische Spiele), wird eine Einfachperiodisierung geplant und realisiert. Dies ist jedoch relativ selten der Fall.

Meistens stehen zwei oder mehrere Wettkampfhöhepunkte innerhalb eines Trainingsjahres an.
Vor allem in den Sportspielen müssen mehrere Vorbereitungs-, Wettkampf- und Übergangsperioden (in der Regel zwei Periodenzyklen) innerhalb eines Jahres geplant werden. Wie lange die einzelnen Perioden dauern, hängt in entscheidendem Maße von der Sportart ab. In Sportarten mit einer langen Wettkampfsaison, wie Fußball oder Handball, sind kürzere Vorbereitungs- und Übergangsphasen zu planen als in Individualsportarten (z. B. Schwimmen, Skilanglauf).
Kein Sportler kann über ein Wettkampfjahr kontinuierlich seine Höchstleistung abrufen. Im Profifußball führt die ständige Erhöhung der Wettkampfdichte zu extremen Problemen bei der Periodisierung.
Fast kein Team der Bundesliga kann es sich leisten, in wichtige und weniger wichtige Spiele zu differenzieren und danach die Trainingsplanung auszurichten. Es gilt, zu Saisonbeginn eine optimale Form zu haben und diese möglichst bis in die Winterpause, die zugleich Übergangs- und Vorbereitungsperiode ist, zu retten. Das Gleiche trifft für die Rückrunde zu. In den Sportspielen gibt es in der Wettkampfsaison jede Woche einen Wettkampfhöhepunkt. Das Prinzip der Periodisierung kann in diesem Bereich nicht optimal zur Anwendung kommen, weil es zu viele Wettkampfhöhepunkte gibt. Aufgrund der hohen Belastungsdichte kommt es häufig zu starken Leistungsabfällen und Verletzungen.

Die Ziele, Aufgaben, Inhalte der einzelnen Perioden

Vorbereitungsperiode

Trainingsziel in dieser Periode ist die Entwicklung, Vervollkommnung und Stabilisierung einzelner Leistungsfaktoren (z. B. Maximal- und Schnellkraft) und die Schaffung der Grundlagen für den Aufbau der komplexen Wettkampfleistung (z. B. innerhalb der Gruppentaktik Spielzüge einüben).

Dies wird realisiert durch:

- Erhöhung der Belastungsverträglichkeit durch einen steigenden Belastungsumfang (relativ hoher Umfang an allgemeinen Übungen mit relativ niedriger Intensität)
  Ausnahmen
  In Ausdauer-, Spiel-, Kampf- und technischen Sportarten werden sehr hohe Anforderungen in technisch-taktischer Hinsicht gestellt:
- Verbesserung aller spezifischen Leistungsfaktoren der entsprechenden Sportart (Fußball: individuelles Technik- und Taktiktraining, Grundlagenausdauertraining, allgemeines Krafttraining, Grundschnelligkeit ohne und mit Ball)
- In der zweiten Hälfte einer jeden Vorbereitungsperiode erfolgt der Aufbau der komplexen Wettkampfleistung durch einen höheren Anteil an speziellen und intensiveren Trainingsinhalten.

Wettkampfperiode

Ziel der Wettkampfperiode ist die optimale Entwicklung und Stabilisierung der komplexen Wettkampfleistung innerhalb aller Leistungsfaktoren.

Dies wird realisiert durch:

- vielfältige Wettkampfbelastungen und wettkampfspezifisches Training (komplexes Techniktraining, Mannschaftstaktik stabilisieren)
- Bedingt durch das Absolvieren vieler Wettkämpfe wird die Belastung intensiver, sodass der Gesamtumfang der Belastung reduziert werden muss. Insbesondere in den Spielsportarten kommt es innerhalb der Punktspielsaison zu einer starken Konzentration an Belastungsreizen.
  Trotzdem sollte in den Spielsport- und Ausdauersportarten das Grundlagenausdauertraining mit gleichem Umfang wie in der Vorbereitungsperiode durchgeführt werden, weil eine gute Grundlagenausdauer Voraussetzung für die Bewältigung intensiver spezifischer Belastungen ist.

- Am Ende der Wettkampfperiode (nach dem letzten wichtigen Wettkampf) erfolgt eine Reduzierung von Belastungsumfang und -intensität.

Übergangsperiode

Ziel der Übergangsperiode ist die aktive Erholung sowie die physische und psychische Regeneration. Diese Periode sollte maximal vier Wochen dauern. Längere passive Pausen bergen die Gefahr, dass die körperliche Leistungsfähigkeit abgebaut wird.
Die Übergangsperiode wird realisiert durch:

- weitere, deutliche Reduzierung von Belastungsumfang und Belastungsintensität
- Übungen zur aktiven Erholung, die nach Neigung und Interessen ausgewählt werden
- Technikschulung

9.7 Prinzip des langfristigen Leistungs- und Trainingsaufbaus

▶ **MERKE** Sportliche Höchstleistungen sind nur durch einen langfristigen, systematischen und zielgerichteten Leistungsaufbau zu erreichen. Das Training gliedert sich dabei in Grundlagen-, Aufbau-, Anschluss- und Hochleistungstraining.

Der Prozess des langfristigen Leistungs- und Trainingsaufbaus benötigt eine Zeitdauer von ca. 12 bis 15 Jahren. Zwischen den einzelnen Sportarten und Disziplinen gibt es erhebliche Unterschiede hinsichtlich des Trainingsbeginns und des Erreichens der individuellen Höchstleistung.
Während in Sportarten mit sehr hohen technischen und koordinativen Anforderungen, wie Turnen, Eiskunstlauf, Rhythmische Sportgymnastik und Wasserspringen, sehr früh mit dem Grundlagentraining begonnen werden muss (ab einem Alter von ca. 5 Jahren), ist in anderen Sportarten (Leichtathletik, Kampf-

sport- und Kraftsportarten), aufgrund der physischen Leistungsfähigkeit und Belastbarkeit der Kinder erst ein späterer Trainingsbeginn möglich.

Für den Trainingsbeginn des Grundlagentrainings in einer Sportart spielt demnach die Bedeutung der leistungsbestimmenden Faktoren eine entscheidene Rolle. Im Eiskunstlauf wäre dies Technik und Koordination. Genauso wichtig ist die Berücksichtigung der physischen, psychischen und intellektuellen Leistungsfähigkeit der Kinder und Jugendlichen in bestimmten Entwicklungsabschnitten. Koordinative Fähigkeiten, Beweglichkeit, allgemeine Schnelligkeit und aerobe Ausdauerfähigkeit lassen sich im Alter von fünf bis zehn Jahren relativ gut entwickeln. Für die Ausprägung anderer Fähigkeiten, wie z. B. Maximalkraft, anaerobe Ausdauer und taktische Fähigkeiten fehlen in diesem Alter die physischen und psychischen Voraussetzungen.

Ziele und Aufgaben der Trainingsetappen

Grundlagentraining

- Ausprägen vielseitiger, allgemeiner und stabiler Leistungsgrundlagen innerhalb aller Leistungsfaktoren und Sammeln von Bewegungserfahrungen

Aufbautraining

- Erhöhung des Anteils des sportartspezifischen Trainings, Ausprägen einer hohen Belastungsverträglichkeit durch deutliches Steigern des Belastungsumfangs und der Belastungsintensität
- Durchführen von intensivem Technik- und Taktiktraining

Anschluss- und Hochleistungstraining

- Ausprägen der individuellen Höchstleistung bezüglich aller Leistungsfaktoren; optimales Steigern von Umfang und Intensität wird erreicht mit einer noch spezifischeren Ausrichtung des Trainings

- Perfektionieren der sportlichen Technik und Optimieren der taktisch-kognitiven und intellektuellen Fähigkeiten

9.8 Prinzip der optimalen Relation von allgemeiner und spezieller Ausbildung

▶ **MERKE** Die Entwicklung einer spezifischen sportlichen Leistung muss auf der Grundlage einer vielseitig ausgeprägten, allgemeinen Leistungsfähigkeit erfolgen.

Mit zunehmender Spezialisierung wird der Anteil der allgemeinen Ausbildung geringer, ohne grundsätzlich an Bedeutung zu verlieren. Ohne allgemeine Leistungsgrundlagen ist eine optimale Leis-tungsentwicklung bis zur Höchstleistung nicht möglich. Es ist grundsätzlich in allgemeines und spezielles Training zu unterscheiden. Ein allgemeines Ausdauertraining kann mit Übungen, die nicht sportartspezifisch sind, durchgeführt werden. So kann ein Schwimmer seine allgemeine Ausdauer mit Radfahren und kleinen Spielen trainieren. Ein spezielles Training berücksich-tigt den Bewegungsablauf der Wettkampfübung. Ein Beispiel dafür wäre beim Hürdenlauf das getrennte Üben der Schwungbein- oder Nachziehbeinbewegung.

Vergleicht man Gesundheits- und Leistungssport, drückt sich die Relation von allgemeinem und speziellem Training unterschiedlich in den Trainingszielen aus. Während im Fitnesstraining und im Schulsport die Entwicklung allgemeiner konditioneller Fähigkeiten und Bewegungsfertigkeiten im Mittelpunkt stehen, zielt der Hochleistungssport auf das Erreichen einer spezifischen Höchstleistung ab. Das bedeutet nicht, dass im Fitness- und Schulsport keine speziellen Fähigkeiten und Fertigkeiten zu trainieren sind.

Sie stehen aber, im Gegensatz zum Leistungssport, nicht im Mittelpunkt der sportlichen Bestrebungen. Hier ist der Weg zu einer regelmäßigen sportlichen Betätigung schon ein wichtiges Ziel.

10 Ausdauerfähigkeiten

Ermüdung und Ausdauer

Führt ein Mensch über einen längeren Zeitraum eine anstrengende sportliche Tätigkeit aus, so fällt es ihm mit zunehmender Belastungsdauer immer schwerer, ein bestimmtes Leistungsniveau aufrechtzuerhalten. Das zeitweilige, belastungsbedingte Absinken der Leistungsfähigkeit nennt man Ermüdung.

Ermüdungserscheinungen treten in Abhängigkeit von der Art der Belastung in unterschiedlichen Organsystemen des menschlichen Organismus auf.

Man unterscheidet die körperliche Ermüdung (durch intensive Muskelarbeit), die psychische Ermüdung (durch intensive emotionale Erlebnisse, z. B. Misserfolg), die geistige Ermüdung (durch intensive intellektuelle Tätigkeit, z. B. Schachspiel) und die sensorische Ermüdung (durch wiederholte Beanspruchung bestimmter Analysatoren, z. B. optischer Analysator beim Sportschützen). Ein Analysator empfängt, leitet und verarbeitet Informationen/Signale für die Steuerung der Bewegungskoordination. Im Sport existieren vielfältige Kombinationen der verschiedensten Ermüdungserscheinungen. Während ein Schachspieler primär mit zunehmender geistiger und sensorischer Ermüdung zu kämpfen hat, muss ein Sportler zusätzlich eine hohe Widerstandsfähigkeit gegenüber physischen und psychischen Belastungen aufweisen.

BEISPIEL Handball

Ein hohes Spieltempo, viele Sprünge und Würfe erfordern einen großen Umfang an intensiver Muskelarbeit. Mit zunehmender Spieldauer kommt es zur physischen Ermüdung.

Durch die ständige Informationsaufnahme und -verarbeitung

durch den optischen Analysator über die Positionen des Gegners, der eigenen Mitspieler und des Balles erfolgt eine sensorische Ermüdung. Weiterhin erfordert die Taktik in Angriff und Abwehr ständig eine intensive kognitive „Arbeit" (geistige Ermüdung). Schließlich spielen die Emotionen eine große Rolle. Erfolgs- und Misserfolgserlebnisse, harte Fouls, Zuschauerreaktionen und andere emotionale Erlebnisse müssen verarbeitet werden.
Um den verschiedenen Ermüdungserscheinungen einer anstrengenden Tätigkeit über einen längeren Zeitraum zu widerstehen, benötigt man bestimmte Ausdauerfähigkeiten.

▶ **MERKE** Die Ausdauerfähigkeit im Sport wird allgemein als psychophysische Widerstandsfähigkeit gegen Ermüdung bei lang anhaltender körperlicher Belastung bezeichnet.

Nicht nur die physische Leistungsfähigkeit spielt bei der Ausdauerleistung eine entscheidende Rolle, sondern auch psychische Fähigkeiten (Motivation, Kampfgeist und Willensstärke).

10.1 Arten der Ausdauer

Man unterscheidet die Ausdauer nach:

- Art der Beanspruchung – allgemeine oder spezielle Ausdauer
- Dauer der Beanspruchung – Kurz-, Mittel- oder Langzeitausdauer
- dem Energiestoffwechsel – aerobe oder anaerobe Ausdauer
- dem Umfang der eingesetzten Muskelgruppen – lokale-, regionale oder globale Ausdauer
- der Arbeitsweise der Muskulatur – dynamische oder statische Ausdauer
- der spezifischen Ausrichtung des Trainings (Mischformen) – Kraft-, Schnelligkeits- und Schnellkraftausdauer

Allgemeine und spezielle Ausdauer

Die Ausdauer lässt sich in eine allgemeine und eine spezielle Ausdauer unterteilen. Die allgemeine Ausdauer wird auch als *Grundlagenausdauer (GLA)* bezeichnet und stellt die Basis für das spezielle Ausdauertraining dar. Eine gute GLA ist Voraussetzung für eine schnelle Regeneration nach Belastung und trägt zur Stärkung des Herz-Kreislauf- und des Immunsystems bei.
Die Grundlagenausdauer (GLA) ist die sportartunabhängige Ermüdungswiderstandsfähigkeit gegenüber lang andauernden Ausdauerbelastungen mit überwiegend aerober Energiebereitstellung unter Einsatz vieler Muskelgruppen. Die spezielle bzw. wettkampfspezifische Ausdauer kennzeichnet die sportartspezifische Ermüdungswiderstandsfähigkeit gegenüber einer spezifischen Ausdauerbelastung mit aerober und anaerober Energiebereitstellung unter dem Einsatz spezifischer Muskelgruppen.
Für eine präzisere Kennzeichnung der speziellen Ausdauer hat es sich als sinnvoll erwiesen, nach der Wettkampfdauer in Kurzzeit-, Mittelzeit- und Langzeitausdauer zu unterscheiden.

Kurz-, Mittel- und Langzeitausdauer

In der Fachliteratur findet man unterschiedliche Angaben zur zeitlichen Einordnung der Kurz-, Mittel- und Langzeitausdauer (KZA, MZA, LZA).

Autor	KZA	MZA	LZA
Pfeiffer	35 sec – 2 min	2 min – 10 min	über 10 min
Harre	45 sec – 2 min	2 min – 11 min	über 11 min
Keul	20 sec – 1 min	1 min – 8 min	über 8 min
Blum/ Friedmann	25 sec – 2 min	2 min – 10 min	über 10 min
Hollmann	3 min – 10 min	10 min – 30 min	über 30 min

Unterschiedliche zeitliche Einordnung von KZA, MZA und LZA

Abgesehen von Hollmann, der mit seinen angegebenen Werten erheblich von den anderen Sportwissenschaftlern abweicht, sind die Differenzen der Autoren Harre, Keul und Pfeiffer relativ gering.
Harre und Pfeiffer unterteilen die Langzeitausdauer in drei Subkategorien, um den großen zeitlichen Abschnitt besser differenzieren zu können.
LZA I: ca. 10 min bis ca. 30 min
LZA II: ca. 30 min bis ca. 90 min
LZA III: über 90 min

Charakterisierung von Kurzzeit-, Mittelzeit- und Langzeitausdauer

Kurzzeitausdauer:

- Aufrechterhaltung einer hohen Bewegungsgeschwindigkeit über einen Zeitraum von ca. 30 sec bis 2 min
- Bedingt durch die hohe Belastungsintensität, ist der Energiebedarf pro Zeiteinheit sehr hoch und muss deshalb zu einem hohen Prozentsatz auf anaerob-laktazidem Weg bereitgestellt werden (70 bis 80 %, Laktatwerte: 10 bis 15 mmol pro Liter).
- Maximalkraft- und Schnelligkeitsfähigkeiten haben aufgrund der hohen Bewegungsgeschwindigkeit eine leistungsentscheidende Bedeutung. Insbesondere die FTO-Fasern können die Kontraktionsleistungen für KZA-Disziplinen erbringen.
- Eine hohe Motivation verbunden mit einer optimalen zentralnervalen Aktivierung der Muskulatur sind Voraussetzungen für sehr gute Leistungen im Bereich der KZA.

Mittelzeitausdauer:

- Die Bewegungsgeschwindigkeit ist relativ hoch, muss jedoch geringer sein als bei KZA-Belastungen, weil durch zunehmende Übersäuerung, aufgrund des weiterhin hohen anaerob-laktaziden Anteils an der Energiegewinnung (60 bis 40 %), die Leistung nicht weiter auf KZA-Niveau gehalten werden kann.

- Höchste Laktatwerte (12 bis 20 mmol pro Liter) erfordern eine hohe Säuretoleranz und eine gute Pufferkapazität des Blutes. Das Tempo der Glykolyse (abhängig von den Enzymen des anaeroben Stoffwechsels) ist ein weiterer leistungsbegrenzender Faktor.
- Schnelligkeit und Maximalkraft spielen eine untergeordnete Rolle.
  In einigen Ausdauerdisziplinen mit erhöhten Kraftanforderungen, wie z. B. Rudern, Kajak und Cross- bzw. Skilanglauf, kann das Niveau der Kraftausdauerfähigkeit leistungsbeeinflussend sein.
- Die aerobe Energiegewinnung aus Kohlenhydraten gewinnt mit zunehmender Belastungsdauer an Bedeutung (bei einer Belastungsdauer von ca. zwei Minuten 30 bis 40 % und nach zehnminütiger Belastung ca. 50 bis 60 %).
- Die maximale Sauerstoffaufnahme (VO_2-max.) wird bei Mittelzeitausdauerleistungen in hohem Umfang beansprucht.
- Das Herz-Kreislauf-System, das als Transportsystem fungiert, ist durch die intensive Versorgung der Muskulatur mit Nährstoffen und Entsorgung der Stoffwechselendprodukte maximal ausgelastet.

Langzeitausdauer:

- Die Bewegungsgeschwindigkeit ist während der gesamten Belastungsdauer (10 min bis Stunden) relativ konstant und von einer hohen Bewegungsökonomie geprägt. Kraft- und Schnelligkeitsfähigkeiten spielen eine untergeordnete Rolle (Ausnahmen bilden Zwischen- und Endspurts). Die ST-Fasern der Muskulatur stellen die Leistungsträger für LZA-Belastungen dar.
- Die Energiegewinnung erfolgt überwiegend auf aerobem Weg aus Kohlenhydraten (50 bis 60 %) und Fetten (30 bis 50 %). Mit zunehmender Belastungsdauer (ab ca. 90 min) gewinnt die Energiebereitstellung durch die Spaltung der Fettsäuren an Bedeutung.

Die Substrate des Muskelglykogenspeichers und des Leberglykogenspeichers werden stark beansprucht.

- Die prozentuale Inanspruchnahme des aufgenommenen Sauerstoffs steigt an, d.h., die Muskulatur ist in der Lage, den bereitgestellten Sauerstoff sehr gut auszunutzen. Eine Messgröße für die Sauerstoffausnutzung im Muskel ist die arteriovenöse Sauerstoffdifferenz ($AVDO_2$). Dieser Wert kennzeichnet die Differenz zwischen dem Sauerstoffgehalt in den Arterien und Venen.
- Das Herz-Kreislauf-System wird über die gesamte Belastungsdauer relativ stark, jedoch geringer als bei KZA- und MZA-Belastungen beansprucht. (↗ Energiestoffwechsel, S. 16 ff.)

Allgemeine aerobe und anaerobe Ausdauer

Das entscheidende Kriterium für die Systematisierung der Ausdauerleistungen in aerobe und anaerobe Ausdauer ist die Art der Energiebereitstellung. Eine sportliche Ausdauerleistung wird in Form einer spezifisch abgestuften Mischung aus aerober und anaerober Energiebereitstellung realisiert. Der Anteil der jeweiligen Energiegewinnung hängt primär von der Belastungsintensität ab.

Prinzipiell vergrößert sich der Anteil der anaeroben Energiebereitstellung bei einer Erhöhung der Laufgeschwindigkeit (z. B. beim Zwischenspurt) und/oder einem höheren Krafteinsatz (z. B. bei Bergläufen). Wird die Belastung mit geringerer Intensität fortgesetzt, stellt sich der Stoffwechsel um und gewinnt die Energie zunehmend aerob.

So vielfältig wie die sportlichen Beanspruchungen in den Ausdauersportarten sind, gestalten sich auch die Mischformen zwischen aerober und anaerober Energiebereitstellung.

Allgemeine aerobe Ausdauer

Die Beurteilung der individuellen aeroben Leistungsfähigkeit erfolgt in der Sportmedizin anhand des Messwertes der Sauerstoffaufnahme.

- Die maximale Sauerstoffaufnahme (VO_2-max in mmol pro Minute) ist ein Maß für die maximale aerobe Energiegewinnung in der arbeitenden Muskulatur innerhalb einer bestimmten Zeiteinheit. Es stellt das Bruttokriterium der aeroben Energiegewinnung dar. Das relative Sauerstoffaufnahmevermögen berücksichtigt die Körpermasse der Athleten (VO_2-Aufnahme pro kg Körpermasse) und ist deshalb besser für die Beurteilung der allgemeinen aeroben Ausdauerleistungsfähigkeit geeignet.
  Ausdauertrainierte Spitzensportler können doppelt so hohe Sauerstoffaufnahmemengen wie untrainierte Personen erreichen.

Leistungsbegrenzende Faktoren der maximalen Sauerstoffaufnahme sind:

- Herzminutenvolumen = Schlagvolumen × Herzfrequenz
- Sauerstofftransportkapazität des Blutes
  (abhängig vom Blutvolumen, der Anzahl der roten Blutkörperchen und der Gesamthämoglobinmenge)
- Sauerstoffausschöpfung in der Peripherie
  (in der Muskulatur und den Organen, Messgröße: arteriovenöse Sauerstoffdifferenz – $AVDO_2$)

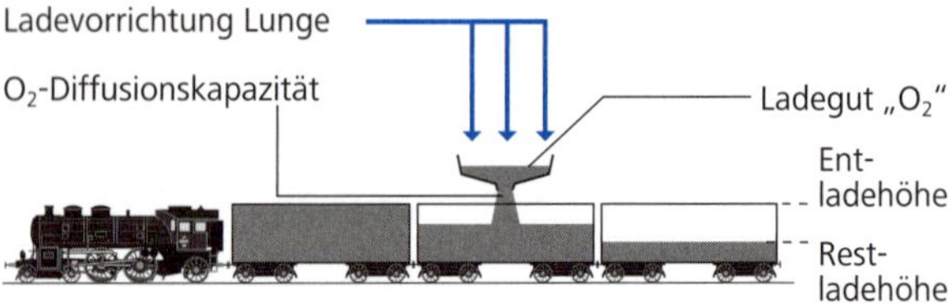

Größe der Waggons = Schlagvolumen
Zahl der Waggons/Zeit = Herzfrequenz
} Herzminutenvolumen

Entladehöhe = O_2-Gehalt arterielles Blut
Restladehöhe = O_2-Gehalt venöses Blut
Entladehöhe – Restladehöhe = arteriovenöse Sauerstoffdifferenz

Modell zur maximalen Sauerstoffaufnahme (nach de Marées)

Eine bessere Sauerstoffausnutzung in der Arbeitsmuskulatur steht in engem Zusammenhang mit einer guten Kapillarisierung der Muskelzellen, einem hohen Enzymgehalt für den aeroben Stoffwechsel und einer großen Stoffwechselkapazität der Mitochondrien.
Das Atmungssystem (Lungenventilation und Diffusionskapazität der Lunge) stellt bei gesunden Personen keinen leistungsbegrenzenden Faktor dar.
Bei lang andauernden intensiven Ausdauerbelastungen (40 bis 90 min) kann die Größe der Glykogenspeicher zum leistungslimitierenden Faktor werden.
Eine gut entwickelte allgemeine aerobe Ausdauer (Grundlagenausdauer) ist, unabhängig von der praktizierten Sportart, wichtig für die schnelle Erholungsfähigkeit nach dem Belastungsende (Laktatabbau und Speicherauffüllung).
Für die Mittel- und Langzeitausdauerdisziplinen, z. B. Langstreckenlauf, Skilanglauf, Rudern und Straßenradsport, stellt ein hohes Niveau der GLA eine leistungsbestimmende Komponente für die spezielle Wettkampfleistung dar.

Allgemeine anaerobe Ausdauer

Die Belastungsintensität beeinflusst direkt die Art der Energiebereitstellung während einer sportlichen Tätigkeit. Bei geringer Laufgeschwindigkeit (bis ca. 4,0 m/sec) ist der Energiebedarf pro Zeiteinheit relativ gering. Das Sauerstoffangebot im Organismus reicht aus, um die benötigte Energie überwiegend auf aerobem Weg zu gewinnen. Bei einer Erhöhung der Laufgeschwindigkeit in Richtung eines „kritischen Geschwindigkeitsbereichs“ (ca. 4,5 bis 5 m/sec) erfolgt ein maximaler Verbrauch des Sauerstoffangebots. Der Sauerstoffbedarf des Organismus kann gerade noch gedeckt werden, die aerobe Energiegewinnung dominiert, aber der Anteil des anaerob-laktaziden Stoffwechsels steigt.
Wird die Laufgeschwindigkeit weiter erhöht, übersteigt der Sauerstoffbedarf das Sauerstoffangebot und die Energie kann mit zunehmender Belastungsdauer fast ausschließlich auf dem

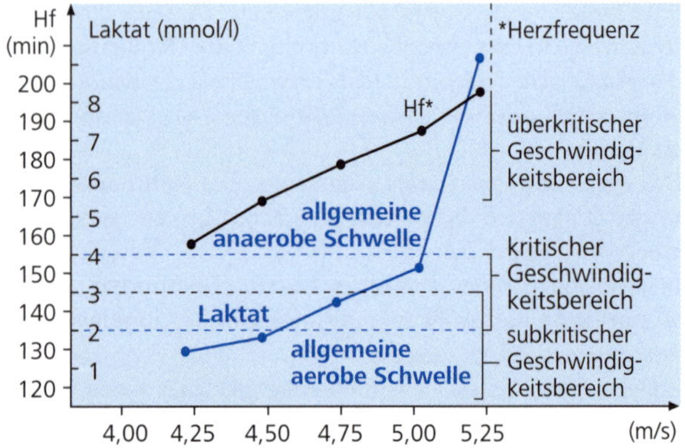

Laufbandtest mit Laktatmessung (verändert nach Zaciorskij)

anaerob-laktaziden Weg durch die Glykolyse gewonnen werden.

Bei Belastungen mit „überkritischer Geschwindigkeit" (über ca. 5 m/sec) kommt es zu einer vermehrten Laktatanhäufung im Organismus.

Laktatmessungen sind in der sportmedizinischen Funktionsdiagnostik notwendig, um die aeroben und anaeroben Stoffwechselkapazitäten der Sportlerinnen und Sportler beurteilen zu können. Das Laktat stellt, als Endprodukt der Glykolyse, einen wichtigen Parameter für den anaerob-laktaziden Kohlenhydratstoffwechsel dar. Eine Rechtsverschiebung der Laktatleistungskurve bedeutet eine Verbesserung der aeroben Leistungsfähigkeit.

Im Leistungssport ist es notwendig, die individuelle anaerobe Schwelle mittels eines standardisierten Tests zu ermitteln, um die Belastungsintensität des Ausdauertrainings genau dosieren zu können. Dies geschieht meistens mit einem Leistungstest auf dem Fahrradergometer oder auf dem Laufband. Man unterscheidet drei Schwellenwerte des Energiestoffwechsels bezüglich der Laktatkonzentration im Kapillarblut:

- *Aerobe Schwelle*

Bei Belastungsintensitäten, die bis an die aerobe Schwelle heranreichen, ist der Organismus in der Lage, den Energiebedarf fast ausschließlich auf aerobem Weg bereitzustellen. Die allgemeine aerobe Schwelle liegt bei 2 mmol Laktat pro Liter Blut. Hinsichtlich der Laufgeschwindigkeit eines Ausdauersportlers würde dies eine Belastung im „subkritischen" Geschwindigkeitsbereich bedeuten (Untrainierter: ca. 3 m/sec, Leistungssportler: ca. 4,5 m/sec).

- *Aerobe-anaerobe Schwelle*

Mit Zunahme der Belastungsintensität (Bewegungsgeschwindigkeit) kann zusätzlich benötigte Energie lediglich auf anaerob-laktazidem Weg bereitgestellt werden. Der Laktatspiegel in den Muskelzellen und im Blut beginnt zu steigen. Laktatbildung und Laktatabbau stehen jedoch noch im Gleichgewicht *(steady state)*. Bei Laktatwerten zwischen ca. 2 und 4 mmol/Liter Blut spricht man vom aerob-anaeroben Übergangsbereich.

Bezogen auf die Laufgeschwindigkeit bedeutet dies eine Belastung im „kritischen" Geschwindigkeitsbereich (Untrainierter: ca. 3 bis 4 m/sec, Leistungssportler: ca. 4,5 bis 5 m/sec).

- *Anaerobe Schwelle*

Durch weitere Erhöhung der Belastungsintensität in Richtung eines „überkritischen" Geschwindigkeitsbereichs (über ca. 4 m/sec beim Untrainierten und über ca. 5 m/sec beim Leistungssportler) steigt der prozentuale Anteil der anaerob-laktaziden Energiebereitstellung. Bei einem Laktatwert von ca. 4 mmol/Liter Blut liegt ein maximales Laktatgleichgewicht vor (max. steady state). Laktatbildung und -abbau stehen gerade noch im Gleichgewicht. Man bezeichnet diese Stoffwechselsituation als allgemeine anaerobe Schwelle. Länger dauernde Belastungen an oder über der anaeroben Schwelle führen zu einem steilen Anstieg der Laktatkurve, zur Übersäuerung und physischen und psychischen Erschöpfung.

„Im Gegensatz zur allgemeinen anaeroben Schwelle ergeben sich für die individuelle anaerobe Schwelle unterschiedliche Laktat-

konzentrationen, die unter- oder oberhalb von 4 mmol pro Liter liegen können.
Die individuelle anaerobe Schwelle bleibt bei der Festlegung einer fixen Laktatkonzentration (4 mmol pro Liter Kapillarblut) unberücksichtigt, sodass im Einzelfall die aerobe Ausdauer über- oder unterschätzt wird." (Kindermann 1993, S. 25)

Was bedeutet das für die Trainingspraxis?
Im Leistungssport wird die individuelle anaerobe Schwelle (IAS) durch Laktatmessungen ermittelt. Dies geschieht durch standardisierte Tests, die optimalerweise sportartspezifisch ausgerichtet sind (Läufer – Laufbandtest, Schwimmer – Handkurbeltest, Radfahrer – Ergometertest). Im Freizeit- und Schulsport ist es nur mithilfe der Pulsfrequenzmessung und subjektiven Belastungseinschätzung möglich, die Intensitätsbereiche des Ausdauertrainings einzuhalten. So individuell, wie sich die Schwellenwerte an der anaeroben Schwelle verhalten, sind auch die Pulsfrequenzen der einzelnen Sportler bzw. das Belastungsempfinden.
Die Höhe des Ruhe- und Belastungspulses variiert in Abhängigkeit von genetischer Veranlagung, Geschlecht, Lebensalter und des Trainingszustand der Person erheblich. Kinder, Jugendliche und untrainierte Erwachsene haben einen wesentlich höheren Ruhepuls als ausdauertrainierte Erwachsene. Dementsprechend steigt die Herzfrequenz bei Ausdauertrainierten bei der gleichen Belastungsintensität weniger an als bei Kindern und Untrainierten. Die Herzschlagfrequenz eines Säuglings in Ruhe beträgt in den ersten Lebensmonaten ca. 130 Schläge pro Minute und fällt bis zum Ende der Reifungszeit auf ca. 60 bis 70 Schläge pro Minute. Deshalb sind Pulsmesswerte unter Belastung bei Kindern anders zu bewerten als bei Erwachsenen.
Während die aerobe Ausdauer bei Kindern und Jugendlichen recht gut trainierbar ist, sind intensive anaerobe Belastungen, aufgrund des enormen psychophysischen Stresses (geringere anaerobe Kapazität bei gleichzeitig erhöhter Ausschüttung von Stresshormonen gegenüber Erwachsenen), nicht angezeigt.

LEISTUNGSDIAGNOSTIK

Fahrradergometrie

Puls 5 min nach Belastung:	123 S/min	Ruhepuls:	68 S/min
Laktat 10 min nach Belastung:	3,4 mmol/l	Ruhelaktat:	0,8 mmol/l

Errechnete Parameter	**Puls**	**Laktat**	**W/kg**	**Watt**
Laktatfixum 4 mmol/l	188	4,0	3,41	159
Individuelle anaerobe Schwelle	185	3,4	3,22	150
Maximale Werte im Test	192	5,2	3,76	175

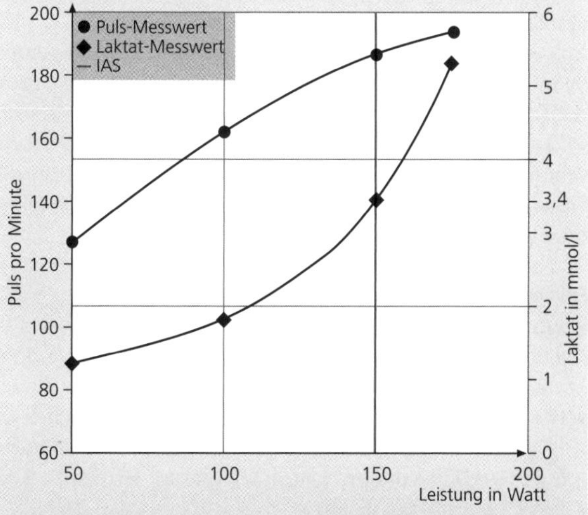

	Watt		**Puls**		
Trainingsempfehlung	**min.**	**max.**	**min.**	**max.**	**mittel**
Regenerativer Bereich		108		165	
Grundlagentraining	108	140	165	181	173
Schwellentraining	146	152	183	185	184
Intensiver Bereich	150		185		

Bestimmung der individuellen anaeroben Schwelle (IAS) mittels Fahrradergometertest (nach Furian 2000)

Belastungsempfehlungen hinsichtlich der Herzfrequenz stellen lediglich grobe Richtwerte dar, die keinesfalls unreflektiert übernommen werden sollten. So können Trainingsanfänger schon bei Pulswerten zwischen 120 und 140 Schlägen/Minute einen Trainingseffekt im Bereich der aeroben Ausdauer erreichen, während Ausdauertrainierte u. U. erst bei einer mittleren Herzfrequenz von 160 Schlägen/Minute eine Anpassungserscheinung in diesem Bereich auslösen. Eine weitere sportmedizinische Messgröße zur indirekten Beurteilung der aeroben und anaeroben Energiestoffwechselkapazität ist das Säure-Basen-Verhältnis im Blut (SBS/Säure-Basen-Status).
Anhand des Blut-pH-Wertes können insbesondere Aussagen zur Pufferkapazität des Blutes gemacht werden. Puffersubstanzen, wie z. B. Bikarbonate, Plasmaeiweiße und Hämoglobin, sind in der Lage, die sauren Stoffwechselprodukte der Glykolyse aufzunehmen und den pH-Wert des Blutes konstant zu halten. Die Pufferkapazität stellt einen wichtigen Faktor der anaerob-laktaziden Leistungsfähigkeit dar.

Faktoren der anaeroben Leistungsfähigkeit:

- Säuretoleranz:
  die psychophysische Fähigkeit, trotz Übersäuerung und Ermüdung die Muskelarbeit aufrechtzuerhalten
- Enzyme des anaeroben Stoffwechsels in der Muskelzelle:
  Je mehr Enzyme dieser Art vorhanden sind, desto mehr Energie (ATP) kann pro Zeiteinheit gebildet werden.
- Pufferkapazität des Blutes:
  Durch Puffersubstanzen im Blut kann eine Übersäuerung (metabolische Azidose) und somit ein Leistungsabbruch hinausgezögert werden.
- Energiespeicherkapazität:
  - bei anaerob-alaktazider Energiebereitstellung die Menge der energiereichen Phosphate
  - bei der Glykolyse die Größe der Glykogenspeicher (↗ Energiestoffwechsel der Muskelzelle, S. 16 ff.)

Sportarten und Disziplinen, in denen eine gut ausgeprägte anaerobe Leistungsfähigkeit notwendig ist, sind u. a. alle Mittelstreckenläufe (400 m bis 1500 m), Schwimmdisziplinen (100 bis 400 m), Bahn- und Sraßenradsport (bis ca. 4000 m) und alle Eisschnelllaufdisziplinen bis ca. 3000 m.
Diese Disziplinen sind unter dem Aspekt der Belastungsdauer den Kurzzeit- und Mittelzeitausdauerbelastungen zuzurechnen.

Lokale und allgemeine Ausdauer bzw. lokale, regionale und globale Ermüdung

Je nach Umfang der beteiligten Muskelgruppen unterscheidet man in lokale, regionale oder globale Ausdauerbelastung. Auch an dieser Stelle differieren die Angaben einiger Sportwissenschaftler hinsichtlich des Umfangs der arbeitenden Muskulatur erheblich.
Hollmann/Hettinger u. a. gliedern in eine lokale und eine allgemeine Muskelausdauer.
„Die lokale Muskelausdauer wird dann beansprucht, wenn eine Muskelarbeit mit kleinen bis mittelgroßen Muskelgruppen (weniger als $^1/_7$ bis $^1/_6$ der Gesamtmuskelmasse = Muskulatur eines Armes oder eines Beins) durchgeführt wird.“ (Weineck 2003, S. 141)
Bei einer Beanspruchung von mehr als $^1/_7$ bis $^1/_6$ der gesamten Muskelmasse sprechen Hollmann/Hettinger von der allgemeinen Muskelausdauer (Weineck 2009).
An dieser Stelle sollte die Frage gestellt werden, ob es aus sportpraktischer Sicht sinnvoll ist, die lokale Ausdauer in dieser Art und Weise zu klassifizieren.
Wann kommt denn bei sportlichen Ausdauerbelastungen lediglich die Muskulatur eines Armes oder eines Beines zum Einsatz? In welchen Sportarten hätte die lokale Ausdauer nach Hollmann/Hettinger eine leistungsbestimmende Bedeutung?
In dieser Hinsicht scheint die Klassifizierung von Zaciorskij besser auf die Sportpraxis ausgerichtet zu sein (Schnabel 1983, S. 52). Er unterscheidet in *lokale* (Einsatz von weniger als einem Drittel

der Gesamtmuskelmasse), *regionale* (ein Drittel bis zwei Drittel der Gesamtmuskelmasse) und in *globale* Ausdauer (mehr als zwei Drittel der Gesamtmuskelmasse).
Eine lokale Ermüdung z. B. im Bereich der Arm- oder Beinmuskulatur durch Liegestütze oder Kniebeugen löst keine starke Aktivierung bzw. Anpassung des Herz-Kreislauf- und Atemsystems aus (HMV, Blutdruck, Atemfrequenz, O_2-Aufnahme). Der Energiebedarf ist relativ gering. Deshalb lässt eine gute lokale Ausdauer einer Muskelgruppe keine Rückschlüsse auf die Leistungsfähigkeit der globalen Ausdauer zu.
So kann eine Person mit guten lokalen Ausdauerfähigkeiten im Bereich der Arm- und Beinmuskulatur relativ schlechte Leistungen beim Langstreckenlauf oder Skilanglauf erbringen, weil durch lokale Beanspruchungen der Muskulatur keine ausreichenden Trainingsreize für das Herz-Kreislauf-Systems erfolgen. Bei einer Belastung, an der mehr als zwei Drittel der Gesamtmuskulatur beteiligt ist, benötigt der Organismus viel Energie. Das Herz-Kreislauf- und das Atemsystem unterliegen einer relativ starken Beanspruchung, sodass die Leistungsfähigkeit dieser Systeme zu einem leistungsbegrenzenden Faktor werden kann (z. B. bei intensiven Langstreckenläufen).

Dynamische und statische Ausdauer

Die meisten sportlichen Übungen im Bereich der Ausdauer werden durch eine dynamische Arbeitsweise der Muskulatur vollzogen. Die statische Arbeitsweise hat lediglich in einigen wenigen Sportarten, wie z. B. Turnen, alpiner Skilauf und Schießsport, eine leistungsbestimmende Bedeutung. In diesen Disziplinen benötigt man eine gut ausgeprägte statische Kraftausdauer, um Halte- und Stützelemente im Turnen, die tiefe Abfahrtshocke im alpinen Rennlauf und das Halten von relativ schweren Waffen beim Schießen zu realisieren.
Die Fähigkeit „Kraftausdauer“ stellt eine Mischform der beiden konditionellen Fähigkeiten Ausdauer und Kraft dar. Je nachdem, welche Fähigkeit den größeren Einfluss bei der Realisierung der

Bewegungsaufgabe besitzt, wird die Kraftausdauerfähigkeit entweder den Ausdauerfähigkeiten (einige Sportwissenschaftler sprechen in dem Fall von der Ausdauerkraft) oder den Kraftfähigkeiten in Form der Kraftausdauer zugeordnet. In Disziplinen, die eine gut entwickelte statische Kraftausdauer erfordern (Turnen, Skilauf, Schießen), ist die Maximalkraft grundlegende Voraussetzung, da hier großen Widerständen entgegengewirkt wird.

Es ist nicht sinnvoll, zwischen dynamischer und statischer Ausdauer zu unterscheiden. Die statische Ausdauer existiert in der sportlichen Praxis überwiegend in Form der statischen Kraftausdauer. Deshalb sollte diese Fähigkeit den Kraftfähigkeiten zugeordnet werden. (↗ Kraftausdauer, S. 149)

Abgrenzung der Ausdauerfähigkeiten – Mischformen konditioneller Fähigkeiten

Die vier konditionellen Fähigkeiten Ausdauer, Kraft, Schnelligkeit und Beweglichkeit bilden eine funktionelle Einheit und bestimmen, je nach Art der zu bewältigenden sportlichen Bewegung, in unterschiedlichen Relationen die Leistung.

Mischformen dieser konditionellen Fähigkeiten, wie Kraftausdauer, Schnelligkeitsausdauer, Schnellkraftausdauer und azyklische Spielausdauer, kommen in sehr vielfältigen Erscheinungsformen in der Sportpraxis vor. Diese Fähigkeiten kann man sowohl dem Bereich der Ausdauer als auch den Schnelligkeits- und Kraftfähigkeiten zuordnen.

Schnelligkeitsausdauer

▶ **MERKE** Die Schnelligkeitsausdauer wird auch als Stehvermögen bei zyklischen Fortbewegungen während einer Belastungsdauer zwischen ca. 7 sec und 35 sec bezeichnet.

Diese Fähigkeit stellt gleichermaßen hohe Anforderungen an die zyklische Schnelligkeit, die Kraftfähigkeiten und die anaerobe Ausdauer. Auf allen Sprint- bzw. Laufstrecken bis 400 m ist eine gut entwickelte Schnelligkeitsausdauer in unterschiedlichem Maße leistungsentscheidend. Während ein 100-m-Sprinter diese Fähigkeit lediglich in der Endphase des Laufs einsetzen muss, benötigt der 200-m-Läufer ein deutlich größeres Stehvermögen, um die längere Belastungsdauer mit maximaler Geschwindigkeit zu absolvieren. (↗ Schnelligkeitsausdauer, S. 181)

Schnellkraftausdauer

Die Schnellkraftausdauer wird als Ermüdungswiderstandsfähigkeit gegenüber sich oft wiederholenden azyklischen Schnellkraftbelastungen bezeichnet. Sie stellt eine Mischform der drei konditionellen Fähigkeiten Schnelligkeit, Kraft und Ausdauer dar. Die Schnellkraftausdauer äußert sich vor allem innerhalb der Sportspiele in den spezifischen Erscheinungsformen Sprungkraft-, Schlagkraft-, Wurfkraft- und Schusskraftausdauer (z. B. Fußball: Schuss- und Sprungkraft; Volleyball: Schlag- und Sprungkraft; Handball: Wurf- und Sprungkraft (↗ Schnellkraft, S. 145). In engem Zusammenhang zur Schnellkraftausdauer steht die azyklische Spielausdauer, die die Gesamtbelastung der Sportspiele kennzeichnet.

Azyklische Spielausdauer

Die azyklische Spielausdauer ist eine sehr komplexe Ausdauerfähigkeit, welche die vielfältigen Leistungsanforderungen der Sportspiele innerhalb einer relativ langen Spiel- bzw. Belastungsdauer berücksichtigt. Während in den intensiven Phasen des Spiels, wie zum Beispiel bei Sprüngen, Würfen, Sprints und Zweikämpfen, hohe Anforderungen an Kraft-, Schnelligkeits-, Schnellkraft- und Schnellkraftausdauerfähigkeiten gestellt werden, ist in den weniger intensiven Spielphasen (Freilaufen, Nachrücken, Standardsituationen, kurze Spielunterbrechungen) und in der Endphase des Spiels eine gut ausgeprägte Grundlagenausdauer für die Aufrechterhaltung der Leistung und die schnelle Regeneration in den Belastungspausen notwendig.

10.2 Methoden des Ausdauertrainings

Will man eine bestimmte Ausdauerfähigkeit trainieren, muss zunächst das Trainingsziel formuliert werden. Ein Trainingsziel eines Gesundheitssportlers könnte die Verbesserung der allgemeinen aeroben Ausdauer (Grundlagenausdauer) sein. Ein wichtiges Motiv für den Beginn einer regelmäßigen sportlichen Betätigung wäre zum Beispiel die mangelnde Leistungsfähigkeit des Herz-Kreislauf-Systems infolge akuten Bewegungsmangels verbunden mit allgemeinem Unwohlsein.
Als Trainingsanfänger mit eingeschränkter Funktionsfähigkeit des Herz-Kreislauf-Systems ist es ratsam, das Trainingsziel, die Trainingsinhalte und die Trainingsmethoden mit dem behandelnden Arzt abzusprechen, um Fehlbelastungen zu vermeiden.
Innerhalb des Leistungssports ist es unumgänglich, anhand von Laktattests die aerobe und anaerobe Leistungsfähigkeit zu diagnostizieren, um eine Trainingsplanung durchführen zu können. Im Ergebnis dieser Tests werden Trainingsempfehlungen hinsichtlich der Pulsfrequenzen für verschiedene Intensitätsbereiche, wie Grundlagenausdauertraining, Schwellentraining an der individuellen anaeroben Schwelle (IAS) und intensives Training über der IAS gegeben. (↗ Abb. S. 105)
Die Trainingsmethoden stellen in diesem Zusammenhang planmäßige Verfahren für die Realisierung der Trainingsinhalte dar. Diese müssen Angaben zur Belastungsintensität, Belastungsdauer, Pausengestaltung und zum Belastungsumfang enthalten.
Innerhalb des Ausdauertrainings kommen im Wesentlichen vier Trainingsmethoden zur Anwendung:

- Dauermethoden (kontinuierlich, Tempowechsel)
- Intervallmethoden
  (extensiv, intensiv bzw. Kurzzeit-, Mittelzeit- und Langzeit-Intervallmethode)
- Wiederholungsmethode
- Wettkampfmethode

Die Dauermethoden

Die Dauermethoden dienen zur Entwicklung der allgemeinen und speziellen aeroben Ausdauer.
Die Anwendung der kontinuierlichen Dauermethode (extensiv) im Rahmen des Grundlagenausdauertrainings führt zur Verbesserung der allgemeinen Belastungsverträglichkeit und zur schnelleren Regeneration nach Belastungsende. Sie hat eine herausragende Bedeutung für den Gesundheitssport und alle Nichtausdauersportarten im Leistungssport. Die Entwicklung der allgemeinen aeroben Ausdauer durch die kontinuierliche Dauermethode stellt die Basis für die Bewältigung von intensiveren Belastungen dar. In den Ausdauersportarten mit speziellen Anforderungen im Bereich der Langzeitausdauer müssen zusätzlich die intensive Dauermethode, die Tempowechselmethode und das Fahrtspiel zur Anwendung kommen, um den Wettkampfanforderungen hinsichtlich eines hohen Lauftempos zu genügen.

Varianten der Dauermethoden:

- Kontinuierliche Dauermethode (extensiv, intensiv)
- Tempowechselmethode
- Fahrtspiel

Charakteristik der Dauermethoden

(die Methoden beziehen sich auf Ausdauersportarten und werden beispielhaft für das Laufen konkretisiert):

Kontinuierliche Dauermethode

(Fitness- und Leistungssport)
Kennzeichnung:
- Trainingsmethode mit gleichmäßigem Geschwindigkeitsverlauf, die vorwiegend zur Entwicklung der Grundlagen- und Langzeitausdauer eingesetzt wird

Trainingsziel:
- Verbesserung der Grundlagenausdauer und der Langzeitausdauer, indem die aerobe Stoffwechselkapazität erhöht wird

Laufgeschwindigkeit:
- konstant im Bereich der subkritischen (extensiv) und kritischen Geschwindigkeit (intensiv)

Belastungsintensität:
- zwischen 60 und 80 % der maximalen Herzfrequenz (extensive Dauermethode 60 bis 70 %, intensive Dauermethode 70 bis 80 %)
- Pulsfrequenzen von ca. 120 bis 170 Schlägen/min (je nach Trainingsziel, Trainingszustand bzw. individueller anaerober Schwelle und Sportart)

Belastungsdauer:
- Läufe zwischen 30 min im Nachwuchs- und Anfängerbereich und bis zu 120 min im Hochleistungsbereich

Pausen:
- keine

Belastungsumfang:
- groß bis sehr groß (z. B. Laufstrecken zwischen ca. 5 und bis zu mehr als 30 km)

Trainingswirkung:
physiologisch:
- Verbesserung der Herz-Kreislauf-Regulation
- Ökonomisierung des Stoffwechsels
- Steigerung der Sauerstoffaufnahme und Sauerstoffausnutzung im Muskel
- Verbesserung der aeroben Energiegewinnung aus Fetten durch die extensive Dauermethode und der aeroben Energiegewinnung aus Kohlenhydraten durch die intensive Dauermethode
- Sportherzbildung

mental:
- Stärkung der Willenskraft
- Erhöhung des Durchhaltevermögens
- Förderung des Kampfgeistes
- Förderung der Motivation

Tempowechselmethode

(Anwendung überwiegend im Leistungssport)

Kennzeichnung:

- Variante der Dauermethode mit systematischer Variation des Bewegungstempos in bestimmten Zeitabständen auf festgelegten Streckenlängen

Trainingsziel:

- Verbesserung der aeroben und anaerob-laktaziden Ausdauer
- Verbesserung der Regulationsmechanismen des Stoffwechsels bei wechselnden Belastungsintensitäten

Laufgeschwindigkeit:

- systematischer Wechsel zwischen kritischer (ca. 4 m/sec) und kurzzeitiger überkritischer (ca. 5 m/sec) Geschwindigkeit

Belastungsintensität:

- 80 bis 90 % der maximalen Herzfrequenz (variiert innerhalb eines Pulsfrequenzbereichs von 140 bis 185 Schlägen/min)
- die in kurzzeitig intensiven Phasen (Laufstrecken von ca. 400 m bis zu einem Stundenlauf) anfallenden Laktatmengen werden in den extensiven Phasen unter der IAS kompensiert

Belastungsdauer:

- bis max. 60 min

Pausen:

- keine

Belastungsumfang:

- relativ groß (Laufstrecken bis max. 15 km)

Trainingswirkung :

- Verbesserung der aeroben und der anaerob-laktaziden Energiegewinnung
- Verbesserung der Schnelligkeitsausdauer und der Grundlagenausdauer
- Erhöhung der Säuretoleranz, der Pufferkapazität des Blutes und der Regulationsmechanismen des Stoffwechsels bei wechselnden Belastungsanforderungen (Laktatabbau, beschleunigte Wiederherstellung, Ökonomisierung des Stoffwechsels)
- verstärkte Sportherzbildung

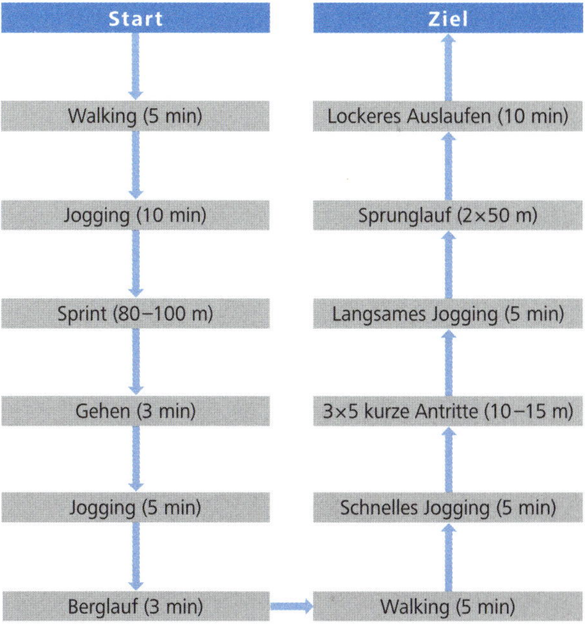

Fahrtspiel

Fahrtspiel
(ergänzende Methode zur Vermeidung von Trainingsmonotonie im Fitness- und im Leistungssport)

Kennzeichnung:

- Variante der Dauermethode mit „spielerischer Variation" des Bewegungstempos auf unterschiedlich langen Strecken mit abwechslungsreichen Geländeprofilen

Trainingsziel:

- Verbesserung der allgemeinen aeroben und anaeroben Ausdauerfähigkeit durch freudebetontes und abwechslungs-reiches Üben in Form eines „Ausdauermischtrainings" (Üben in allen Intensitätsbereichen)

Laufgeschwindigkeit:
- variiert vom schnellen Gehen bis zum Sprint
- Tempoeinlagen von 30 bis 200 m

Belastungsintensität:
- wird individuell vom Sportler gewählt (Herzfrequenz 120 Schläge/Minute bis auf ca. 200 Schläge/Minute während eines Sprunglaufs am Berg)

Belastungsdauer:
- bis ca. 40 min bzw. 1 km bis max. 8 km Streckenlänge je nach Leistungsfähigkeit

Die Intervallmethoden

(extensiv und intensiv, Anwendung überwiegend im Leistungssport)

Kennzeichnung:
- Trainingsmethode mit einem planmäßigen Wechsel zwischen Belastungen und „lohnenden Pausen“ (unvollständige Pause, ca. ein Drittel der Erhohlungszeit)

Trainingsziel:
- Verbesserung der aeroben Ausdauer mit der extensiven Intervallmethode auf längeren Strecken und der anaerob-laktaziden Ausdauer mit der intensiven Intervallmethode auf kürzeren Strecken

Laufgeschwindigkeit:
- im kritischen (extensiv) und überkritischen Geschwindigkeitsbereich (intensiv) an und über der individuellen anaeroben Schwelle

Belastungsintensität:
- extensive Intervallmethode: 60 bis 80 % der individuellen Wettkampfgeschwindigkeit
- intensive Intervallmethode: 80 bis 90 % der individuellen Wettkampfgeschwindigkeit

Belastungsdauer des Einzelreizes:
- extensiv 1 min bis ca. 8 min (ca. 400 m bis 2000 m)
- intensiv 15 sec bis ca. 4 min (ca. 100 m bis 1200 m)

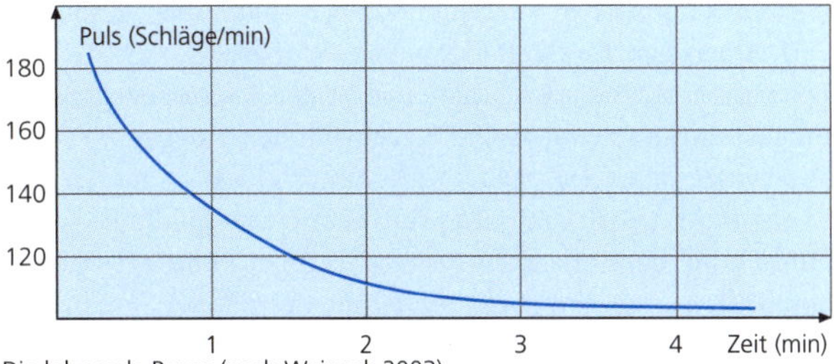

Die lohnende Pause (nach Weineck 2003)

Pausen:
- lohnende Pausen, d. h., dass man bei einer Pulsfrequenz von 120 bis 140 den nächsten Belastungsreiz setzt und nicht die vollständige Erholung abwartet, die aufgrund des logarithmischen Verlaufs der Erholung relativ lange dauern würde
- Die Pausenlänge ist abhängig von der Intensität der vorangegangenen Belastung und schwankt zwischen 30 sec und 5 min.
- Es empfiehlt sich, eine aktive Pausengestaltung in Form von schnellem Gehen oder Traben durchzuführen, um die Herz-Kreislauf-Aktivitäten nicht zu weit absinken zu lassen.

gesamter Belastungsumfang:
- extensiv: relativ groß – ca. 4 bis 12 km (bis ca. 20 Wiederholungen)
- intensiv: relativ gering – ca. 2 bis 6 km (bis ca. 10 Wiederholungen in 2 bis 3 Serien), Intensität und Umfang variieren erheblich und sind abhängig vom Trainingsziel und -zustand

Trainingswirkung:
extensive Intervallmethode:
- Verbesserung der aeroben Energiebereitstellung aus Kohlenhydraten
- verstärkte Sportherzbildung

intensive Intervallmethode:
- Verbesserung der anaerob-laktaziden Kapazität
- ausgeprägte Sportherzbildung

Die Anwendung der Intervallmethoden stellt einen besonders wirksamen Reiz für die Bildung eines Sportherzens dar.
Die vermehrte Sauerstoffaufnahme in den Pausen nach Belastung ist nur durch ein großes Schlagvolumen möglich.
Diese intervallartige Druck- und Volumenbelastung des Herzens ist ein äußerst wirksamer Reiz für die Sportherzbildung.
Hinsichtlich der Entwicklung einer derartigen Trainingswirkung empfiehlt es sich, das sogenannte Intervalltraining „Freiburger Prägung“ nach Reindell (Schnabel 1984, 67) anzuwenden:

Dauer der Einzelbelastung:	max. 1 min
Dauer der Pausen:	höchstens 1 : 30 min
Intensität des Einzelreizes:	wird so gewählt, dass am Ende der Pause von 1 : 30 min die Pulsfrequenz zwischen 120 und 140 liegt

Die Wiederholungsmethode
(Anwendung ausschließlich im Leistungssport)
Kennzeichnung:
- Wiederholung einer maximal möglichen Leistung nach einer vollständigen Erholung

Trainingsziel:
- Verbesserung der speziellen aeroben und anaeroben Ausdauer (Schnelligkeits-, Kurzzeit-, Mittelzeit- und Langzeitausdauer)
- Verbesserung der Regulationsmechanismen des Herz-Kreislauf- und Stoffwechselsystems zwischen Ruhe und Belastung

Laufgeschwindigkeit:
- beim Training der Schnelligkeitsausdauer, KZA und MZA im überkritischen Geschwindigkeitsbereich klar über der IAS
- beim Training der LZA im kritischen Geschwindigkeitsbereich an der IAS

Belastungsintensität:
- maximal, 90 bis 100 % der individuellen Wettkampfgeschwindigkeit

Belastungsdauer des Einzelreizes/Streckenlänge:
- Die Streckenlänge liegt leicht über oder unter der Distanz der Wettkampfstrecke oder entspricht dieser.
  (Ein 400-m-Läufer läuft Strecken von 300 bis 500 m.)

Pausen:
- lange Pausen von ca. 5 bis 30 min
  (vollständige Erholung)

Belastungsumfang:
- gering, bis zu 6 Wiederholungen je nach Streckenlänge
  (3 bis 4 × 300 bis 500 m, für einen 400-m-Läufer ergibt sich ein Belastungsumfang von ca. 1200 bis 1500 m innerhalb der Trainingseinheit)

Trainingswirkung:
- kurze Distanzen (bis ca. 600 m): Verbesserung der Schnelligkeit und Schnelligkeitsausdauer durch Erhöhung der Stoffwechselkapazitäten im anaerob-alaktaziden und anaerob-laktaziden Bereich
- längere Distanzen (bis ca. 2000 m): Verbesserung der anaerob-laktaziden und der aeroben Energiegewinnung aus Kohlenhydraten

Die Wettkampf- und Kontrollmethode

(ausschließliche Anwendung im Leistungssport)

Kennzeichnung:
- sehr spezifische Trainingsmethode im Ausdauertraining, in der die speziellen Wettkampfstrecken oder Strecken mit Über- oder Unterdistanz in Form von Wettkämpfen bzw. Wettkampfblöcken absolviert werden

Trainingsziel:
- Verbesserung der wettkampfspezifischen konditionellen Fähigkeiten (z. B. 400-m-Lauf: Schnellkraft, Schnelligkeit, Schnelligkeitsausdauer und Kurzzeitausdauer)
- Schulung/Verbesserung von taktischen und psychischen Fähigkeiten
  (direkte Gegner, Motivation)

Trainings-methode	Dauer-methode	Intervall		Wiederholung Wettkampf-methode
		extensiv	intensiv	
Trainings-ziel	GLA, LZA	GLA, LZA, MZA	SKA, KZA, MZA	SKA, KZA, MZA, LZA
Intensität	60–80 % (max. Hf)	60–80 %	80–90 %	90–100 %
Belastungs-dauer	sehr lang	mittel	kurz	je nach Wett-kampfstrecke
Pausen	keine	lohnend (Hf 120–140)	lohnend (Hf 120–140)	vollständige Erholung
Belastungs-umfang	groß – sehr groß	mittel – groß	relativ gering	je nach Wett-kampfstrecke

GLA: Grundlagenausdauer,
SKA: Schnelligkeitsausdauer,
KZA: Kurzzeitausdauer,
MZA: Mittelzeitausdauer,
LZA: Langzeitausdauer

Methoden des Ausdauertrainings im Überblick

Laufgeschwindigkeit/Belastungsintensität:
- maximal, 100 % der individuellen Wettkampfgeschwindigkeit

Belastungsdauer:
- je nach Wettkampfstrecke

Belastungsumfang:
- mehrere Wettkämpfe innerhalb einer Woche je nach Streckenlänge der Spezialdisziplin

Trainingswirkung:
- Verbesserung der wettkampfspezifischen physischen, psychischen, technischen und taktischen Leistungsfähigkeit (z. B. wettkampfspezifische Ausdauer, psychische Wettkampfhärte, Verbesserung der Lauftechnik bei max. Bewegungsgeschwindigkeit, taktisch kluges Einteilen der Kräfte im Wettkampf)

10.3 Ausdauertraining unter Höhenbedingungen

Ein zwei- bis vierwöchiger Trainingsaufenthalt in Höhenlagen zwischen 2000 und 3000 m über Meereshöhe kann, aufgrund des verringerten O_2-Partialdrucks in der Luft, zu positiven Anpassungserscheinungen bei der aeroben Ausdauerleistungsfähigkeit führen.
Stabile Anpassungserscheinungen lassen sich jedoch erst nach längerem (ca. acht Monate) oder wiederholtem Aufenthalt in Höhenlagen um oder über ca. 2000 m beobachten.

Wie reagiert der Organismus auf das verminderte Sauerstoffangebot?
Durch den geringeren Sauerstoffpartialdruck in der Luft steht dem Organismus weniger Sauerstoff zur Verfügung. Die vollständige Sauerstoffabsättigung des Hämoglobins in Höhenlagen ist ab ca. 2000 m nicht mehr gewährleistet. Je höher der Aufenthaltsort gewählt wird, desto größer ist die Sauerstoffmangelsituation des Hämoglobins. Allerdings sind Höhenlagen über ca. 3000 m wegen des sehr großen Sauerstoffmangels und ungünstiger klimatischer Bedingungen (Kälte, sehr geringe Luftfeuchtigkeit) für die Trainingsarbeit ungeeignet.
Der Organismus reagiert auf die veränderten Bedingungen mit folgenden Anpassungserscheinungen:

- Steigerung der Atemventilation zur Erhöhung des Sauerstoffangebots in den Alveolen
- Steigerung des Herzminutenvolumens zur besseren Sauerstoffversorgung des Zellgewebes
- Stimulierung der Neubildung von roten Blutkörperchen (+ ca. 10 %) durch das von den Nieren vermehrt ausgeschüttete körpereigene Hormon Erythropoietin
- Die Konzentration des Hämoglobins im Blut erhöht sich um ca. 15 %. Dadurch erhöht sich die Sauerstofftransportkapazität des Blutes, die noch zwei bis vier Wochen nach Rückkehr ins Flachland anhält.

Das Höhentraining kann man als Training unter erschwerten Bedingungen bezeichnen, deren herausragender Trainingseffekt die Verbesserung der aeroben Energiegewinnung ist.
Die Prozesse der Sauerstoffaufnahme, des Sauerstofftransports und der Sauerstoffverwertung innerhalb der Zelle erfahren durch die Mangelsituation eine Leistungssteigerung, die in der Summe zur Erhöhung der aeroben Kapazität führt. Anpassungen innerhalb der Zelle erfordern einen Aufenthalt in den entsprechenden Höhenlagen von mindestens vier Wochen.
Nach der Rückkehr ins Flachland muss eine Reaklimatisationsphase von ca. drei bis vier Tagen eingehalten werden. Unmittelbar danach sollte der Wettkampfhöhepunkt liegen, da sich die gesteigerte aerobe Leistungsfähigkeit nach ca. einer Woche Flachlandaufenthalt kontinuierlich zurückbildet.
Nach ca. vier Wochen sind die Effekte des Höhentrainings im Blut nicht mehr nachweisbar.

10.4 Doping im Ausdauersport

▶ **MERKE** Doping ist der Versuch der Leistungssteigerung durch die Anwendung (Einnahme, Injektion) von verbotenen Substanzen bzw. die Anwendung verbotener Methoden.

Dazu gehören:
- Blutdoping
- künstliche Sauerstoffträger
- Urinmanipulation
- Gendoping

Blutdoping

Beim Blutdoping erfolgt eine Transfusion von Vollblut oder Blutpräparaten mit Erythrozyten, ohne dass eine medizinische Notwendigkeit besteht. Meistens erfolgt dies durch eine Eigenblut-Retransfusion.

PFC (Perfluorcarbon)
Künstliche Sauerstoffträger (z. B. PFC) wurden für Schwerverletzte mit hohen Blutverlusten entwickelt. Dieses Mittel kommt in den Ausdauersportarten zur missbräuchlichen Anwendung, um die Sauerstofftransportkapazität des Blutes zu steigern.
Ärzte urteilen über dieses Präparat folgendermaßen: „PFC bringt die Radler nicht über die Berge, sondern ins Grab."

Urinmanipulation
Durch Einführung von Fremdurin in die Blase mithilfe eines Katheders wird versucht, die Einnahme von Dopingsubstanzen zu verschleiern.

Gendoping
Durch Veränderungen am Erbgut der menschlichen Zelle sollen die körperlichen Leistungsvoraussetzungen, wie z. B. der Stoffwechsel oder die Hormonbildung, in unzulässiger Weise beeinflusst werden.

Verbotene Substanzen:
- EPO
- Stimulanzien (↗ S. 125)
- Kortikoide (↗ S. 125)

EPO (Erythropoietin)
EPO stimuliert das Knochenmark, rote Blutkörperchen (Erythrozyten) zu bilden. Das Dopingmittel EPO kommt vor allem in Ausdauersportarten, wie Radfahren, Skilanglauf und Triathlon, zur Anwendung.
Das Hormon Erythropoietin (EPO) wird innerhalb des menschlichen Organismus von den Nieren ausgeschüttet, um die Bildung von roten Blutkörperchen anzuregen.
Das Präparat EPO wurde für die Behandlung von Dialysepatienten im Labor entwickelt. Es muss intravenös in den Blutkreislauf gespritzt werden.

Der Einsatz von EPO im Ausdauersport erzielt den gleichen Effekt wie ein Höhentraining. Allerdings ist es wesentlich kostengünstiger und verursacht keinen großen Zeitaufwand. Die Verlockungen dieser Art des Dopings sind groß, weil die Verabreichung von EPO nicht unmittelbar nachzuweisen ist. Lediglich der Hämatokritwert (Verhältnis zwischen festen und flüssigen Blutbestandteilen) kann zur Beurteilung von abnormalen Blutbildern (z. B. überhöhter Erythrozytengehalt im Blut) herangezogen werden.
Eine Person mit einem Hämatokritwert von über „50“ gilt bei der Dopingkontrolle als EPO-gedopt, was eine Disqualifikation und eine Wettkampfsperre zur Folge hat.
Problematisch ist, dass noch kein sicheres Nachweisverfahren für diese Form von Doping existiert, zumal der Hämatokritwert bei Hitze und schweren Wettkämpfen schwankt und Angehörige von Bergvölkern von Natur aus einen höheren Hämatokritwert aufweisen.
Wer EPO einnimmt, begeht nicht nur eine strafbare Handlung, sondern akzeptiert auch unübersehbare gesundheitliche Risiken!
Die körperbaulichen und funktionellen Anpassungserscheinungen im Bereich des Atmungs-, des Herz-Kreislauf- und des zellulären Systems sind sehr komplexer Natur und brauchen Zeit. Das heißt, dass sich die einzelnen Funktionssysteme innerhalb des Anpassungsprozesses neu aufeinander abstimmen müssen, bevor die erhöhte Leistungsfähigkeit zum Tragen kommt. Jeder Eingriff bzw. jede Manipulation dieser Prozesse, mit dem Ziel einer schnellen Leistungssteigerung, führt zu erheblichen gesundheitlichen Risiken, die schon manche Sportler mit dem Leben bezahlt haben.
Gesundheitliche Risiken entstehen vordergründig durch die zunehmende Verdickung bzw. Verklumpung des Blutes. Damit verbunden ist eine erhöhte Gefahr, einen Herzinfarkt oder einen Schlaganfall zu erleiden, die durch Gefäßverschlüsse verursacht werden.

Stimulanzien
Zu den Stimulanzien zählen u.a. Amphetamine, Kokain und Ephedrin. Ephedrin ist in vielen Nasensprays enthalten. Die Stimulanzien zielen in erster Linie auf eine Erhöhung der Ermüdungsresistenz bei harten und langen Wettkämpfen ab.

Kortikoide
Das Kortikoid Kortison entfaltet eine schmerz- und entzündungshemmende Wirkung. Es wird missbräuchlich zur Steigerung der Stressbereitschaft eingesetzt, ohne dass eine medizinische Notwendigkeit besteht.

10.5 Gesundheitsorientiertes Ausdauertraining

Neben den „klassischen" Ausdauersportarten, wie Jogging, Radfahren, Schwimmen und Skilanglauf, haben sich in den letzten Jahren weitere Ausdauerdisziplinen etabliert. Walking, Nordic-Walking, Inlineskating und Spinning sind einige von vielen neuen Kreationen, die im Gesundheitssport ihre Anhänger gefunden haben. Welche Sportart letztendlich mit welcher Intensität und welchem Umfang betrieben wird, hängt von der Neigung, dem Zeitbudget und dem Gesundheitszustand des Fitnesssportlers ab. Während man Personen mit degenerativen Gelenkerkrankungen eher zum Schwimmen oder Radfahren raten sollte, können Gesunde prinzipiell alle Sportarten ihrer Interessenlage betreiben.
Für Herz-Kreislauf-Kranke und Trainingsanfänger im Alter von ca. 35 bis 40 Jahren ist eine sportärtztliche Untersuchung vor Aufnahme eines Trainings Pflicht, um gesundheitliche Gefahren auszuschließen. Hierbei wird die Leistungsfähigkeit der Lunge (Lungenfunktionstests), das Herz-Kreislauf-System (Ruhe- und Belastungs-EKG, Blutdruck unter Ruhe- und Belastungsbedingungen) und der passive Bewegungsapparat untersucht, um Folgeschäden durch Fehlbelastungen zu vermeiden.

Ziel des gesundheitsorientierten Ausdauertrainings

Durch regelmäßige, freudebetonte sportliche Betätigung kann degenerativen Veränderungen des Herz-Kreislauf-Systems entgegengewirkt werden.

Aufgaben des gesundheitsorientierten Ausdauertrainings sind:

- Verringerung des allgemeinen Bewegungsmangels,
- Stressabbau durch vielseitige sportliche Aktivitäten,
- Prävention von Bluthochdruck und Arteriosklerose,
- Unterstützung des Heilungsprozesses bei vielen Krankheiten, wie z. B. Herzerkrankungen, Altersdiabetes, Muskelschwund, Darmkrebs, Rheuma und Depressionen.

▶ **MERKE** Eine regelmäßige sportliche Betätigung kann sowohl präventiv gegen viele Krankheiten wirken als auch den Heilungsprozess nach einer Erkrankung positiv beeinflussen.

Welche Sportarten sind dafür geeignet?

Vor allem zyklischen Sportarten, wie z. B. Laufen, Radfahren, Schwimmen, Skilanglauf und Inlineskaten, aber auch die großen Sportspiele eignen sich für ein gesundheitsorientiertes Ausdauertraining. Bei den Spielen besteht jedoch die Gefahr, dass aufgrund des Wettkampfcharakters und der azyklischen Belastung zu hohe Intensitäten auftreten. Bevor man sich diesen Belastungen aussetzt, sollte eine Grundlagenausdauer aufgebaut sein.

Welche Trainingsmethode kommt zur Anwendung?

Überwiegend die kontinuierliche Dauermethode (extensiv) mit Intensitäten zwischen 60 und 70 % der max. Herzfrequenz.

Das Problem der Intensitätssteuerung

Während Leistungssportler in der Regel eine sportmedizinische Betreuung erhalten, durch die genaue Intensitätsempfehlungen gegeben werden, kann der Gesundheitssportler die Belastungsintensität lediglich anhand der Herzfrequenz und des subjektiven Belastungsempfindens steuern.

Das subjektive Belastungsempfinden ist eine wichtige Steuerungsgröße im Trainingsprozess der Freizeitsportler, weil die durch Faustformeln errechnete individuelle Belastungsherzfrequenz lediglich eine ungenaue Intensitätssteuerung zulässt. So kann es sein, dass zwei Personen bei identischer Belastungsintensität das gleiche subjektive Belastungsempfinden haben, der Minutenpuls jedoch um 20 Schläge differiert. In einem anderen Fall stimmt vielleicht die Pulsfrequenz beider Personen überein, die Belastung wird aber von beiden völlig unterschiedlich empfunden.

Deshalb darf nicht zu starr nach errechneten Belastungspulsfrequenzen trainiert werden. Entsprechend dem subjektiven Belastungsempfinden korrigiert man die Werte nach oben oder nach unten.

Neue, ungewohnte und koordinativ anspruchsvolle Bewegungstechniken verursachen eine größere objektive und subjektive Belastung als automatisierte Bewegungsabläufe, da die Bewegung unökonomisch ausgeführt wird. Man braucht mehr Energie pro Zeiteinheit als für eine vergleichbare Leistung in einer anderen Ausdauerdisziplin.

BEISPIEL Ein Jogger, der wegen Gelenkproblemen auf Inlineskating umsteigt, erreicht am Anfang bei gleichem subjektivem Belastungsempfinden keine größere Bewegungsgeschwindigkeit als beim Joggen, obwohl die Inlineskates objektiv die Voraussetzungen für eine schnellere Art der Fortbewegung besitzen. Die hohen Anforderungen an seine Gleichgewichtsfähigkeit nehmen einen Großteil seiner psychophysischen Anstrengungen in Anspruch, sodass Bewegungsgeschwindigkeit und Bewegungsökonomie darunter leiden.

Belastungsintensität/Belastungspuls

Für die Beurteilung der Trainingsintensität im Fitnesssport ist eine dreistufige Skala (leichte, mittlere und schwere Belastung) völlig ausreichend.

Als Faustformel für die Berechnung des Belastungspulses eignet sich die „Karvonen-Formel“:

$$\text{Belastungspuls} = \text{Ruhepuls} + [(\text{Maximalpuls} - \text{Ruhepuls}) \times \text{Intensität}]$$

Maximalpuls:
Im Gesundheitssport geht man generell von einem Maximalpuls von ca. 180 Schlägen pro min +/– 10 (je nach Alter und Trainingszustand) aus.
Intensität:
leicht, ca. 60 %; mittel, ca. 70 %; schwer, ca. 80 % der max. Herzfrequenz

BEISPIEL Ein 25-jähriger fortgeschrittener Jogger möchte nach kontinuierlicher Erhöhung des Belastungsumfangs die Belastungsintensität von 60 % auf 80 % steigern, weil seine Ausdauerleistung auf mittlerem Niveau stagniert. Er trainiert ausschließlich nach der kontinuierlichen Dauermethode.
Sein Ziel ist es, einen 10-km-Volkslauf mit einem relativ anspruchsvollen Streckenprofil zu bewältigen. Der Ruhepuls beträgt 62 Schläge/Minute. Der Belastungsumfang einer Trainingseinheit (die Streckenlänge) wurde im vergangenen Jahr kontinuierlich bis auf ca. 15 km gesteigert. Aufgrund der beabsichtigten Erhöhung der Laufgeschwindigkeit, muss die Belastungsdauer zunächst verringert werden (z. B. ca. 3- bis 5-km-Läufe mit höherer Geschwindigkeit).
Nach der „Karvonen-Formel“ ergibt sich folgender Belastungspuls:

$$62\ \text{Ruhepuls} + [(180\ \text{Maximalpuls} - 62) \times 80\,\%\ \text{Intensität}] = 156\ \text{Schläge/min}$$

Anhand der errechneten Herzfrequenz von 156 Schlägen pro min und des subjektiven Belastungsempfindens kann der Jogger seine Belastungsintensität während des Laufens steuern.

Belastungsdauer und Belastungsumfang

Die Belastungsdauer liegt zwischen ca. 20 min und über einer Stunde und ist abhängig von Alter, Trainings- und Gesundheitszustand. Prinzipiell erfolgt zunächst eine Steigerung des Belastungsumfangs, bevor die Intensität erhöht wird. Trainingsanfänger können während der Belastung das Bewegungstempo entsprechend dem subjektiven Belastungsempfinden variieren, indem sie beim Joggen Gehpausen einlegen. Auch Trainingsanfänger sollten regelmäßig (mindestens zweimal in der Woche) üben, um Anpassungsprozesse im Bereich der aeroben Ausdauer auszulösen. Zu lange Unterbrechungen führen zu einem raschen Verlust der erworbenen Ausdauerleistungsfähigkeit.
Ein kontinuierliches, zwei- bis dreimaliges 30-minütiges Ausdauertraining mit leichter bis mittlerer Belastungsintensität reicht aus, um degenerativen Veränderungen im Bereich des Herz-Kreislauf-Systems vorzubeugen.

10.6 Kontrollen und Tests zur allgemeinen aeroben Ausdauerfähigkeit

Sportmedizinische Tests zur Beurteilung der allgemeinen Ausdauerfähigkeit, wie Laktattests, Bestimmung der O_2-Aufnahme und des Säure-Basen-Status, beanspruchen einen relativ großen apparativen Aufwand und kommen deshalb vor allem im Leistungssport zur Anwendung. Kontrollverfahren und Tests des Leistungssports für die wettkampfspezifische Ausdauer orientieren sich sehr eng an der jeweiligen Belastungsstruktur der Disziplin. Sowohl die Intensitäten als auch die Streckenlängen während der Tests sollten in etwa den Wettkampfbedingungen entsprechen. Für den Fitness-, Schul- und Vereinssport benötigt man einfach strukturierte Tests, die mit einer hinreichenden Genauigkeit Aussagen über die allgemeine aerobe Ausdauerfähigkeit zulassen. Diese Voraussetzungen erfüllen z. B. der Cooper-Test und der Dauerlauf-Stufentest.

Cooper-Test Jungen								
	Alter							
Bewertung	11	12	13	14	15	16	17	18
sehr gut	2600	2650	2700	2750	2800	2850	2900	3000
gut	2350	2400	2450	2500	2550	2650	2700	2800
befriedigend	2100	2150	2200	2250	2300	2350	2450	2550
ausreichend	1800	1850	1900	1950	2050	2100	2150	2200
genügend	1500	1550	1600	1650	1700	1800	1900	1950

Cooper-Test Mädchen								
	Alter							
Bewertung	11	12	13	14	15	16	17	18
sehr gut	2400	2450	2500	2550	2600	2650	2700	2750
gut	2250	2300	2350	2400	2450	2500	2550	2600
befriedigend	2000	2050	2100	2150	2200	2250	2350	2400
ausreichend	1700	1750	1800	1850	1900	2950	2000	2050
genügend	1400	1450	1500	1550	1600	1650	1700	1750

Leistungsbewertung der Ausdauer durch den Cooper-Test

Cooper-Test

Cooper verglich die Laufleistung seiner Probanden mit der maximalen Sauerstoffaufnahme (VO_2-max.) während der Belastung und erstellte anhand dieser Werte eine fünfstufige Bewertungsskala für einen zwölfminütigen Dauerlauf auf einer Laufbahn mit bekannter Streckenlänge.

Ziel der Testübung ist es, nach einer ausreichenden Erwärmung, in der Zeit von zwölf Minuten so weit wie möglich zu laufen. Bei Problemen während des Laufs wird die Belastung nicht abrupt abgebrochen, sondern eine Erholungsphase durch Gehpausen oder Verringerung des Tempos eingebaut. Die Laufgeschwindigkeit sollte entsprechend dem subjektiven Belastungsempfinden so gesteuert werden, dass die Belastungsdauer von zwölf Minuten in einem kontinuierlichen Tempo zu realisieren ist. Der Test besitzt Wettkampfcharakter und ist deshalb möglichst nicht ohne vorheriges Grundlagenausdauertraining zu absolvieren. Für Kinder und Trainingsanfänger kann man die Belastungsdauer auf sechs Minuten halbieren.
Anhand des individuellen Testergebnisses sind Rückschlüsse auf das Niveau der O_2-Aufnahme und damit auf die allgemeine aerobe Ausdauer möglich.

Dauerlauf-Stufentest

- *Ziel:*
  Ermittlung des individuellen Niveaus der Grundlagenausdauer.
  Jeder Proband muss seine Laufgeschwindigkeit so wählen, dass während einer Dauerbelastung von 30 Minuten eine möglichst große Strecke zurückgelegt werden kann.
- *Steuerung der Belastung:*
  Die Steuerung der Belastungsintensität erfolgt über die Pulsfrequenz und die subjektive Belastungseinschätzung. Die Laufgeschwindigkeit sollte überwiegend im kritischen Geschwindigkeitsbereich von ca. 4 bis 5 m/sec liegen.
  Das bedeutet für die Pulsfrequenz einen Bereich von ca. 140 bis max. 170 Schläge/Minute (Untrainierte ca. 130 bis max. 160 Schläge/Minute). Treten während der Belastung größere Abweichungen hinsichtlich der vorgegebenen Pulsfrequenz auf oder erfordert es das subjektive Belastungsempfinden, wird die Belastungsintensität für den nächsten Streckenabschnitt korrigiert.

- *Durchführung:*
  Die Gesamtbelastungsdauer beträgt 30 Minuten. Morgens nach dem Aufwachen misst man den Ruhepuls im Liegen. Nach Belastungsende wird der Rückgang der Pulsfrequenz dreimal im Abstand von jeweils einer Minute kontrolliert.
  Man benötigt eine Rundbahn mit definierter Streckenlänge. Jeder Proband hat während des Lauftests eine Wertetabelle (DIN A5), einen Stift und eine Stopp- oder Pulsuhr dabei. In die Wertetabelle trägt man die Pulsfrequenzen für zehn Sekunden oder eine Minute und die zurückgelegte Streckenlänge für das vorangegangene Fünf-Minuten-Intervall ein. Danach wird der Lauf fortgesetzt.
  Für die Auswertung des Dauerlauf-Stufentests errechnet man zunächst die durchschnittlichen Laufgeschwindigkeiten während der einzelnen Fünf-Minuten-Intervalle. Anschließend wird eine Puls-Zeit- und eine Geschwindigkeits-Zeit-Kurve in einem Diagramm (↗ Abb. S. 133) erstellt.
  Weiterhin sollte eine kurze verbale Einschätzung der subjektiv empfundenen Belastung innerhalb der drei Stufen erfolgen.

DAUERLAUF-STUFENTEST										
	P_0	P_1	P_2	P_3	P_4	P_5	P_6	P_7	P_8	P_9
	0′	5′	10′	15′	20′	25′	30′	31′	32′	33′
P (10″)	10	19	22	25	27	25	26	23	20	17
m	0 m	1200	2500	3700	4800	5700	6500			
$\frac{m}{s}$	/	4,0	4,2	4,1	4,0	3,8	3,6			
		1. Stufe		2. Stufe		3. Stufe				

Wertetabelle des Dauerlauf-Stufentests

- *Auswertung:*
  Im Auswertungsdiagramm ist jeder Pulsfrequenz eine bestimmte Laufgeschwindigkeit zugeordnet. Wenn die Puls-Zeit-Kurve und die Laufgeschwindigkeits-Zeit-Kurve annähernd deckungsgleich sind, liegt eine sehr gute allgemeine aerobe Ausdauer vor. Je geringer die Laufgeschwindigkeit und je höher der entsprechende Belastungspuls, desto schwächer ist die allgemeine aerobe Ausdauer einzuschätzen.
  Ausnahmen:
  Bei Kindern und sogenannten Hochpulsern, die die subjektive Belastung als gering einstufen, treten unter Umständen größere Abweichungen der beiden Kurven auf.
  Ein weiteres Kriterium für ein gut ausgeprägtes Niveau der Grundlagenausdauer ist der schnelle Rückgang der Pulsfrequenz nach Belastungsende.
  Nach dreimaliger Messung im Ein-Minuten-Takt sollte ein deutlicher Rückgang (ca. 50 bis 70 Schläge pro Minute je nach Trainingszustand) der Herzfrequenz messbar sein. Ausdauertrainierte Sportler mit einer hohen aeroben Kapazität errei-

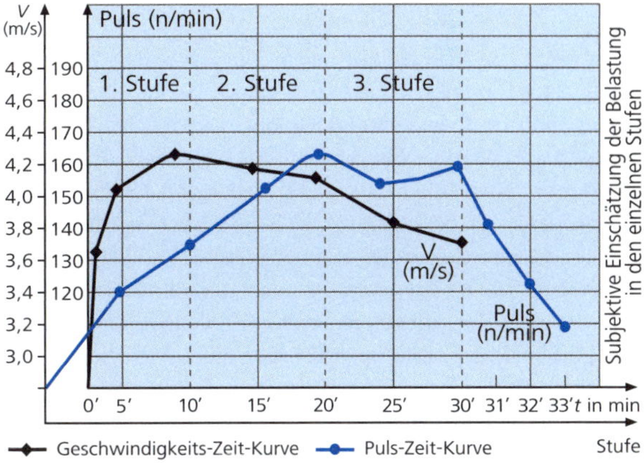

Auswertungsdiagramm

chen nach drei Minuten annähernd ihren Ruhepuls. Ein niedriger Ruhepuls (unter ca. 60 S/min) stellt ebenfalls ein Kriterium für eine sehr gute Grundlagenausdauer dar. Bei Trainingsanfängern lässt sich schon nach kurzer Trainingszeit eine Ökonomisierung der Herzarbeit von ca. 30 % feststellen. Der Dauerlauf-Stufentest ist aussagekräftiger als der Cooper-Test, weil neben der Laufleistung die Pulsfrequenzen bei Ruhe, Belastung sowie Nachbelastung und das subjektive Belastungsempfinden zur Auswertung herangezogen werden. Auch dieser Test besitzt Wettkampfcharakter und sollte nicht ohne voriges aerobes Ausdauertraining angewandt werden.

- ***Energieumsatz:***
  Mithilfe der errechneten durchschnittlichen Laufgeschwindigkeit kann man annähernd den Gesamtenergieumsatz des 30-minütigen Laufes nach folgender Formel berechnen: (Schürch in Buskies 2001, 42)

$$VO_2 \text{ (in ml/min/kg)} = [V \text{ (in m/sec)} \times 13{,}16) - 3{,}99] \times \text{Körpergewicht}$$

VO_2 = Sauerstoffaufnahme in ml
V = Laufgeschwindigkeit in m/sec

BEISPIEL Ein Schüler mit einem Körpergewicht von 60 kg verbraucht während des Dauerlauf-Stufentests, bei einer durchschnittlichen Laufgeschwindigkeit von 3,0 m/sec, ca. 2129,4 ml Sauerstoff pro Minute. Ein Sauerstoffdurchsatz von ca. 200 ml entspricht in etwa einem Energieverbrauch von 1 kcal/4,187 kJ (2129,4 : 200 = 10,65 kcal/min). In 30 Minuten verbraucht der Schüler eine Energiemenge von ungefähr 319,5 kcal (10,65 kcal/min × 30 min). Der Brennwert von einem Gramm Fett beträgt ca. 9 kcal/37 kJ, der von einem Gramm Kohlenhydrat ca. 4 kcal/17 kJ. Für den Energiestoffwechsel haben die Kohlenhydrate und Fette eine entscheidende Bedeutung. Je nach Belastungsintensität und -dauer kommt es bei Ausdauerleistungen zur unterschiedlichen Beanspruchung der beiden Energiespeicher.
(↗ Energiestoffwechsel der Muskelzelle, S. 16 f.)

Kraftfähigkeiten

Jede körperliche Anstrengung erfordert einen mehr oder weniger großen Krafteinsatz. Die Muskulatur muss unter Energieverbrauch eine Spannung erzeugen, um äußeren Kräften/Widerständen (z. B. der Schwerkraft) entgegenzuwirken.
Neben der Kraftentwicklung hat die Muskulatur eine weitere wichtige Aufgabe, nämlich eine Schutzfunktion für den passiven Bewegungsapparat. Nur die Muskulatur ist in der Lage, die Statik des Körpers aufrechtzuerhalten. Ein unzureichendes allgemeines Kraftniveau kann Störungen des Nerv-Muskel-Gelenksystems auslösen und langfristig zu degenerativen Veränderungen am aktiven und passiven Bewegungsapparat führen (z. B. Rückbildung der Muskulatur, Abnahme der Festigkeit der Sehnen und Bänder mit zunehmender Gelenkinstabilität, Knorpelschäden und Osteoporose). Es ist deshalb nicht nur für sportliche Leistungen ratsam, die Skelettmuskulatur zu trainieren, sondern auch für die Gesundheit wichtig.
Nur durch ein vielseitiges und kontinuierliches Krafttraining aller Hauptmuskelgruppen kann die Leistungsfähigkeit des Bewegungsapparates aufrechterhalten werden. Mit medizinischen Untersuchungsmethoden lassen sich Muskelmasse und Knochendichte eines Menschen ermitteln. Diese beiden Werte stellen wichtige sogenannte Biomarker dar, die Aufschluss über den Zustand des aktiven und passiven Bewegungsapparates geben. Es ist ein überschwelliges Krafttraining nötig, um Anpassungen bei diesen beiden Biomarkern auszulösen.
Die konditionelle Fähigkeit Kraft ist in der Sportpraxis eine bedeutende Fähigkeit, um Widerstände aller Art zu überwinden. Kraftfähigkeiten äußern sich in der sportlichen Praxis in der Regel als Mischformen mit anderen konditionellen Fähigkeiten

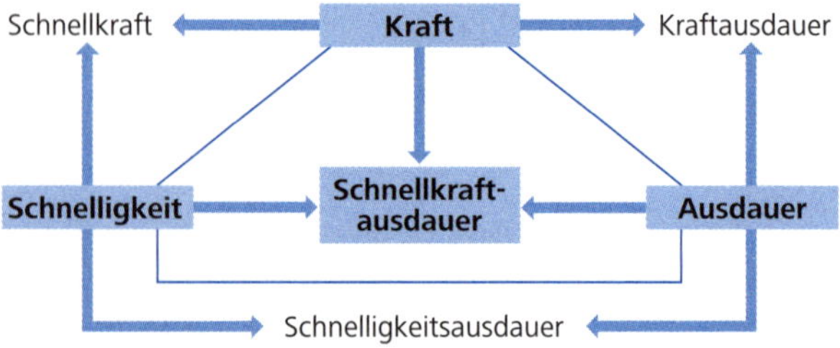

Die konditionellen Fähigkeiten und ihre Mischformen

(Kraftausdauer, Schnellkraft oder Schnellkraftausdauer). Je nachdem, welche sportliche Aufgabe zu realisieren ist, erfolgt ein differenzierter Einsatz von Kraft, Ausdauer und Schnelligkeit. So überwiegt bei Sportarten wie Gewichtheben, Kampfsport und Kraftsport der Maximalkraftanteil, im Skilanglauf und beim Rudern eher Ausdauer und Kraftausdauer.

BEISPIEL Volleyball
In diesem Sportspiel werden viele Fähigkeiten und Fertigkeiten, wie azyklische Schnelligkeit, Reaktionsschnelligkeit, Schnellkraft, azyklische Spielausdauer und ein hohes Maß an Bewegungskoordination gleichzeitig benötigt. Hierbei können, aufgrund der vielfältigen Anforderungen, nicht alle Fähigkeiten und Fertigkeiten maximal ausgeprägt werden.
Es kommt vielmehr auf eine optimale Entwicklung der einzelnen Leistungsfaktoren entsprechend der Leistungsstruktur der Sportart an.

11.1 Kontraktionsformen der Muskulatur

Was versteht man unter einer Muskelkontraktion?
Die Muskelkontraktion ist eine Spannungs- und/oder Längenänderung der Muskulatur, die infolge eines Reizes von motorischen Nervenzellen ausgelöst wird.

Kraft-verhältnis	Arbeitsweise	Spannung und Länge der Muskulatur	Beispiel
innere = äußere Kraft	statisch-haltend	nur Spannungs-änderung	Halten eines Gewichts
innere > äußere Kraft	dynamisch-überwindend (konzentrisch)	Spannungs- und Längenänderung (Verkürzung)	Stoßen/Reißen eines Gewichts
innere < äußere Kraft	dynamisch-nachgebend (exzentrisch)	Spannungs- und Längenänderung (Dehnung)	Absetzen eines Gewichts
wechselnde Kraft-verhältnisse (zunächst äußere > innere Kraft, dann innere > äußere Kraft)	kombinierte Arbeitsweise/ nachgebend überwindend (reaktiv)	Spannungsänderung mit nachfolgendem (möglichst schnellem) Dehnungs-Verkürzungs-Zyklus	Niedersprünge von einem Kleinkasten auf einen vierteiligen Langkasten

Arbeitsweisen der Skelettmuskulatur

Arbeitsweisen der Muskulatur

Die Arbeitsweise der Muskulatur lässt sich in zwei Kontraktionsformen untergliedern: in die dynamische und die statische Form der Muskelkontraktion. Je nach Verhältnis der inneren Kraft (Muskelkraft) zur äußeren Kraft (Gewichte und Schwerkraft) können die beiden Arbeitsweisen der Muskulatur weiter differenziert werden.

Allgemeine und spezielle Kraftfähigkeiten

Im Gesundheitssport geht es hauptsächlich um die Entwicklung eines vielseitigen, allgemeinen Kraftniveaus. Die Ausprägung spezieller, wettkampfspezifischer Kraftfähigkeiten steht innerhalb des Leistungssports im Mittelpunkt des Krafttrainings.
Unter *allgemeinen Kraftfähigkeiten* versteht man grundlegende Maximalkraft-, Schnellkraft- und Kraftausdauerfähigkeiten unspezifischer Muskelgruppen mit optimalem Ausprägungsniveau. Unter *speziellen Kraftfähigkeiten* sind sportartspezifische

Maximal-, Schnellkraft und Kraftausdauerfähigkeiten zu verstehen, die hinsichtlich der Anforderungen in der betriebenen Sportart ein maximales Ausprägungsniveau erreichen sollten.

11.2 Kraftarten

Die Maximalkraft

▶ **MERKE** Die Maximalkraft ist die größtmögliche willkürliche Muskelkontraktionskraft gegen höchste überwindliche und unüberwindliche äußere Widerstände.

Die statische Maximalkraft gegen unüberwindliche Widerstände ist größer als die dynamische Maximalkraft gegen höchste überwindliche Widerstände. In dem Moment, wo die Möglichkeit besteht, einen sehr großen Widerstand mit entsprechend geringer Bewegungsgeschwindigkeit konzentrisch zu bewegen, ist immer noch eine gewisse Kraftreserve im Vergleich zum unüberwindlichen Widerstand bei der statischen Arbeitsweise der Muskulatur vorhanden. Um diese Differenz ist die statische Maximalkraft größer als die dynamische Maximalkraft.
Die Differenz lässt sich durch Muskelkraftmessungen mithilfe eines Dynamometers (Messung der statischen Maximalkraft an einer Kraftmessplatte) und durch die Ermittlung einer konzentrisch bewegten maximalen Last feststellen.

Welche Muskelfasern werden bei Maximalkraftleistungen beansprucht?

In Abhängigkeit von den Kraftanforderungen der jeweiligen sportlichen Bewegung kommen mehr oder weniger motorische Einheiten zum Einsatz.
Während ein lockerer Ausdauerlauf überwiegend durch langsame Einheiten (ST-Fasern) erfolgt, müssen bei steigenden Krafteinsätzen (z. B. höheres Tempo, schwieriges Streckenprofil) sowohl die Anzahl der arbeitenden langsamen Einheiten erhöht

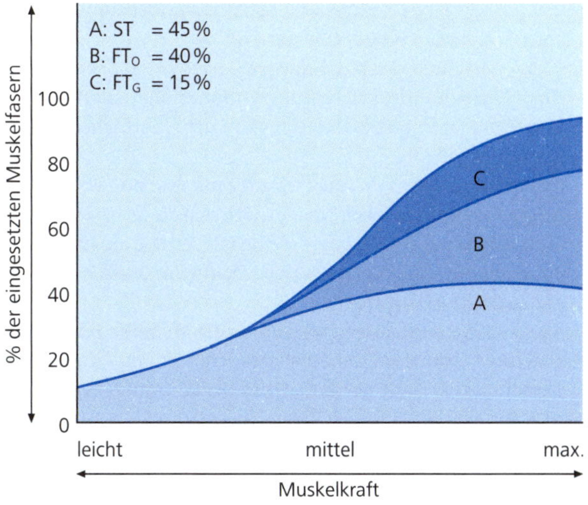

Die rampenartige Rekrutierung (verändert nach Costill u. a.)

und vermehrt schnelle Einheiten (FT-Fasern) in die Muskelarbeit mit einbezogen werden. Dieses Zuschalten von motorischen Einheiten nennt man Rekrutierung. Bei Maximalkraftleistungen kommt es zur Einbeziehung möglichst vieler motorischer Einheiten beider Fasertypen.

Steigert man die Krafteinsätze innerhalb einer Übung (z. B. Ergometerfahren) von geringer bis zu maximaler Intensität, dann erfolgt eine rampenartige *Rekrutierung* der verschiedenen Muskelfasertypen.

Gelangt eine Person in den Grenzbereich ihrer Maximalkraftleistung, deutlich erkennbar durch Muskelzittern, spricht man von zunehmender Synchronisation der motorischen Einheiten. In dieser „Überforderungssituation" werden sehr viele motorische Einheiten aktiviert, die sich jedoch ermüdungsbedingt gleichzeitig wieder „abschalten". Belastungen, bei denen Muskelzittern auftritt, sollten die Ausnahme bleiben.

Welche Faktoren bestimmen die Maximalkraftleistung und wie reagieren diese auf Krafttrainingsreize?

- Der Querschnitt der Muskelfasern:
  Die Größe des Muskelfaserquerschnitts hängt einerseits von den Erbanlagen und andererseits von der (sportlichen) Beanspruchung ab.
  Bei einem großen Faserquerschnitt kann eine höhere Muskelzugspannung entwickelt werden, weil sich die zu bewältigende Gesamtlast auf eine größere Zellmasse verteilt. Je nach Ausprägung des Zwischenzellgewebes kann ein Muskel pro cm^2 bis zu ca. 5 kg bewältigen.
  Das Zwischenzellgewebe wird durch die Methoden des Bodybuildings und des isometrischen Krafttrainings besonders stark entwickelt. (↗ Methoden des Krafttrainings, S. 152)
- Der Anteil der FT-Fasern in der Muskulatur:
  Ein hoher Anteil an FT-Fasern korreliert eng mit größeren Maximal- und Schnellkraftleistungen.
  Die Faserverteilung ist genetisch bedingt und ändert sich nach dem ersten Lebensjahr nicht mehr. Das bedeutet, dass trainingsbedingte Anpassungsreaktionen lediglich hinsichtlich des Stoffwechsels erfolgen können (metabolische Differenzierung, aerob oder anaerob).
  Durch Krafttraining mit Intensitäten über 30 % der isometrischen Maximalkraft erfolgt eine selektive Beanspruchung der FT-Fasern. Diese selektive Beanspruchung führt bei längerfristigem Trainingsaufbau (mindestens 4 bis 6 Wochen) zu einem Dickenwachstum der Muskulatur (Hypertrophie) und zu stoffwechselbedingten Anpassungen (Vergrößerung des Kreatinphosphatspeichers und des Muskelglykogenspeichers).
- Die energiereichen Phosphate und der Muskelglykogenspeicher:
  Ein großer Kreatinphosphat- und Muskelglykogenspeicher gewährleistet, dass ein Trainierter hohe Kraftleistungen über einen längeren Zeitraum energetisch absichern kann als ein

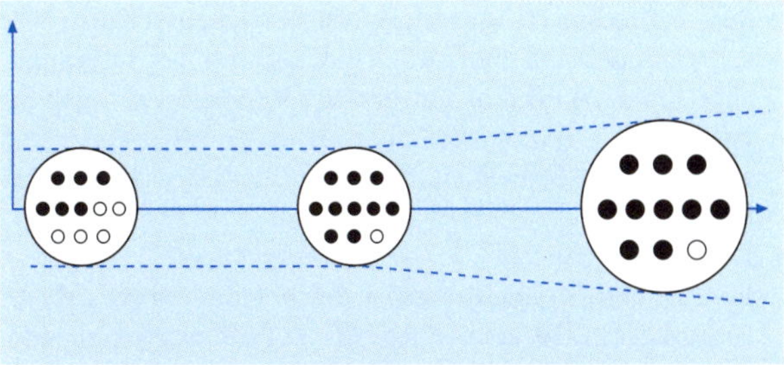

Intramuskuläre Koordination und Hypertrophie (nach Weineck 2003)

Untrainierter. Ein kontinuierliches und akzentuiertes Krafttraining führt zur Erhöhung der Stoffwechselkapazitäten im Bereich der anaerob-alaktaziden (bei wenigen Wiederholungen maximaler Krafteinsätze) und der anaerob-laktaziden Energiebereitstellung (bei submaximalen Krafteinsätzen bis zum Wiederholungsmaximum). Während die Größe des ATP-Speichers durch Training kaum zu beeinflussen ist, kann die Kapazität des Kreatinphosphatspeichers um ca. 20 bis 75 % erhöht werden. (↗ Energiestoffwechsel, S. 16 ff.)

- Die intramuskuläre Koordination:
  Je mehr motorische Einheiten für die willkürliche Muskelarbeit rekrutiert werden können, desto größer ist die Kraftentfaltung des Muskels.
  Eine schnelle Kraftzunahme nach Beginn eines Krafttrainings (nach ca. 2 bis 3 Wochen) basiert primär auf der Verbesserung der intramuskulären Koordination. Eine Vergrößerung des Faserquerschnitts wird erst nach ca. 4 bis 6 Wochen erreicht (Weineck 2003).
- Die intermuskuläre Koordination:
  Bei der intermuskulären Koordination spielen alle an einer Bewegung beteiligten Muskeln, Agonisten und Antagonisten zusammen.
  Die intermuskuläre Koordination spielt lediglich bei der dynamischen Arbeitsweise der Muskulatur eine Rolle. Insbeson-

dere bei technisch anpruchsvollen Bewegungsabläufen, wie z. B. Hammerwerfen und Kugelstoßen, kommt es auf eine gut abgestimmte Koordination der Muskeltätigkeit an, um die hemmende Wirkung der Antagonisten zu minimieren und eine optimale Kraftentwicklung der Agonisten zu gewährleisten.

- Die Motivation:
  Für eine hohe Kraftleistung bzw. die Mobilisation der „letzten Kraftreserven" ist eine sehr große Willensanstrengung notwendig. In Stress- und Ermüdungszuständen, z. B. gegen Ende eines anstrengenden Krafttrainings, fällt es besonders schwer, sich für das restliche Trainingspensum zu motivieren. Aber auch emotionale Zustände, wie Euphorie, Apathie, Angst und Lustlosigkeit, wirken sich auf die Motivation und damit auf die Mobilisation der Kraftreserven aus.

Die Maximalkraft im Verhältnis zum Körpergewicht (relative Kraft)

Die relative Kraft, nicht zu verwechseln mit der Relativkraft (Maximalkraft während des Krafttrainingsprozesses), kennzeichnet das Verhältnis der aufgebrachten Maximalkraft zum eigenen Körpergewicht.

$$RK = \frac{MK}{\text{Körpergewicht}}$$

RK: relative Kraft
MK: Maximalkraft

Dieses Verhältnis hat vor allem in den Sportarten eine besondere Bedeutung, in denen der eigene Körper bewegt wird.

BEISPIELE

Sportspiele:	– alle Lauf- und Sprunghandlungen
Turnen:	– Halten des Körpers im Stütz und Hang
Leichtathletik:	– alle Lauf- und Sprungdisziplinen
Klettern:	– Hochziehen und Halten in der neuen Position

In diesen Disziplinen ist auf eine optimale Relation zwischen Körpergewicht und Maximalkraftniveau zu achten.
Um diese optimale Relation zu erreichen und aufrechtzuerhalten, müssen im Trainingsprozess folgende Aspekte Beachtung finden:

- Es sollte eine zweckmäßige, ballaststoffreiche und abwechslungsreiche Ernährung mit ständiger Gewichtskontrolle erfolgen, um Übergewicht zu vermeiden.
- Das ganzjährig durchzuführende Krafttraining darf keine übermäßige Muskelhypertrophie hervorrufen. (↗ Methoden des Krafttrainings, S. 152)

Eine übermäßige Gewichtsreduktion zur Steigerung der relativen Kraft ist bei austrainierten, normalgewichtigen Personen strikt abzulehnen, weil dadurch die Leistungsfähigkeit und das Wohlbefinden beeinträchtigt werden.
Zur annähernden Ermittlung des individuellen, optimalen Körpergewichts kann man den „Body-Mass-Index" (BMI) heranziehen. Der BMI, der auf empirischen Untersuchungen der Weltgesundheitsorganisation (WHO) beruht, kann folgendermaßen berechnet werden:

Gewichtsbeurteilung	BMI-Frauen	BMI-Männer
Untergewicht	< 19,0	< 20,5
Normalgewicht	19,0 – 25,0	20,5 – 26,0
Leichtes Übergewicht	25,0 – 27,0	26,0 – 27,5
Übergewicht	27,0 – 32,0	27,5 – 31,0
Starkes Übergewicht	> 32,0	> 31,0

Body-Mass-Index (verändert nach Halls)

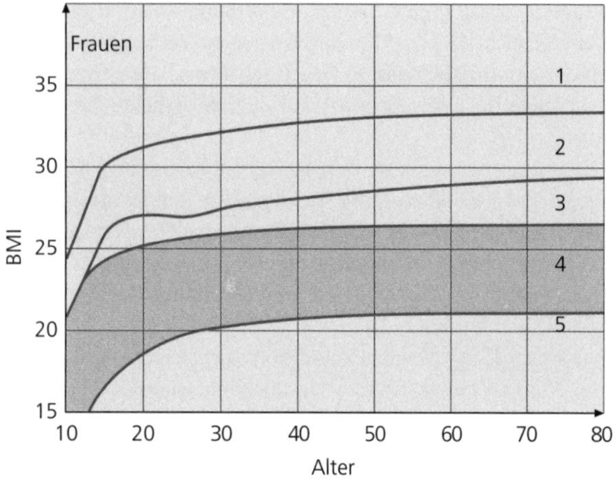

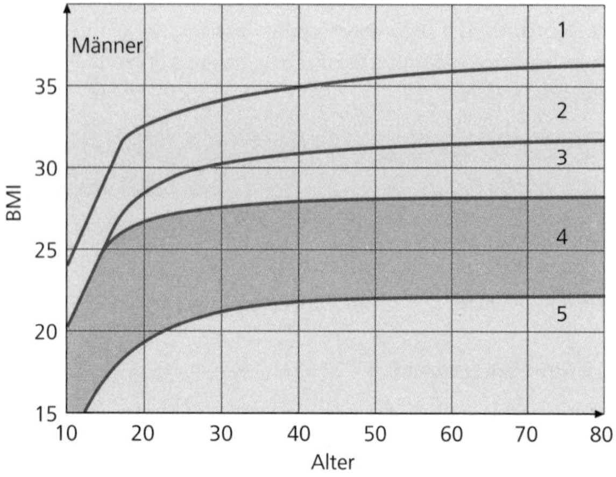

1 starkes Übergewicht, 2 Übergewicht, 3 leichtes Übergewicht, 4 Normalgewicht, 5 Untergewicht

Geschlechtsspezifische und altersbedingte Entwicklung des BMI (nach Halls)

$$\text{BMI} = \frac{\text{Körpergewicht (in kg)}}{\text{Körperhöhe} \times \text{Körperhöhe (in m)}}$$

BEISPIEL Eine weibliche Person mit einem Körpergewicht von 62 kg und einer Körperhöhe von 1,75 m hat einen BMI von 20,2 kg/m². (62 kg : 3,0625 m² = 20,2 kg/m²).
Mit der Tabelle auf S. 143 kann man das eigene Körpergewicht anhand des errechneten BMI geschlechtsspezifisch analysieren. Die Abbildungen auf S. 144 geben Auskunft über die altersabhängige Entwicklung des BMI bei beiden Geschlechtern.

BEACHTE Der BMI charakterisiert muskulöse Menschen oft fälschlich als übergewichtig.

Die Schnellkraft

Schnellkraft ist die Fähigkeit des Nerv-Muskel-Systems, Widerstände mit höchstmöglicher Kontraktionsgeschwindigkeit zu überwinden bzw. den eigenen Körper oder ein Sportgerät maximal zu beschleunigen.
Die konditionelle Fähigkeit Schnellkraft stellt eine „Mischform" aus Schnelligkeit (Kontraktionsschnelligkeit) und Maximalkraft dar. Ein schnellkräftiger Vollzug von sportlichen Bewegungen äußert sich, im Gegensatz zu Maximalkraft und Kraftausdauer, ausschließlich in Form einer dynamischen Arbeitsweise der Muskulatur.

BEISPIELE
- Sprungkraft/Wurfkraft: Handball: Sprungwurf – azyklisch
- Sprungkraft/Schlagkraft: Volleyball: Sprungaufschlag – azyklisch
- Schusskraft: Fußball: Torschuss – azyklisch
- Schlagkraft: Boxen: „Haken" und „Gerade" – azyklisch
- Stoßkraft: Leichtathletik: Kugelstoßen – azyklisch
- Sprintkraft: Leichtathletik: Sprint – zyklisch

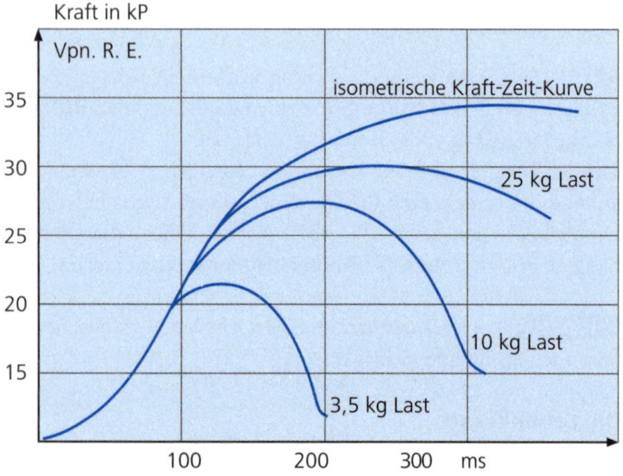

Kraft-Zeit-Kurven bei verschiedenen Lasten (nach Weineck 2003)

Die arbeitenden Muskeln müssen für eine schnellkräftige Bewegung in kürzester Zeit eine maximale Spannung erzeugen.

Zu Beginn einer Beschleunigungsphase ist zur Überwindung der Trägheit des zu beschleunigenden Körpers/Sportgeräts eine sehr hohe Muskelzugspannung erforderlich. Diese Spannung wird auch als Startkraft bezeichnet.

Die Bewegungsgeschwindigkeit ist zunächst noch gering. Im weiteren Verlauf der Beschleunigung nimmt die Bewegungsgeschwindigkeit des Körpers/Sportgeräts zu und die Muskelzugspannung objektiv ab.

Je nachdem, wie groß der zu überwindende Widerstand ist, variiert die Bewegungsgeschwindigkeit. Große Gewichte, wie im Kugelstoßen, kann man mit geringerer Geschwindigkeit bewegen als kleinere Gewichte (z. B. einen Ball in den Sportspielen). Das bedeutet, dass die Maximalkraft im Kugelstoßen eine größere Bedeutung für die Leistung besitzt als bei Spielsportarten.

Das Training von Schnelligkeit (Kontraktionsschnelligkeit) und Maximalkraft muss deshalb innerhalb der verschiedenen Sporttarten und Disziplinen unterschiedlich ausgerichtet werden. Unabhängig von den beschleunigten Lasten haben alle Kraft-Zeit-Kurven den gleichen Kraftanstieg. Die Steilheit des Kraftanstiegs kennzeichnet das Niveau der Explosivkraft.

Die Explosivkraft

Unter Explosivkraft versteht man die Fähigkeit, einen möglichst schnellen Kraftanstieg bzw. eine damit verbundene maximale Beschleunigung in kurzer Zeit zu realisieren.

$$\text{Explosivkraft} = \frac{\Delta F}{\Delta t}$$

Die Explosivkraft ist eine Komponente der Schnellkraft und stellt in den Schnellkraftsportarten eine entscheidende Leistungsvoraussetzung dar.

Welche Faktoren bestimmen die Schnellkraftleistung?

- Die intramuskuläre Koordination zu Bewegungsbeginn:
  Die Rekrutierung vieler motorischer Einheiten zu Beginn der Bewegung gewährleistet eine hohe Anfangskraft (Startkraft). Voraussetzung dafür sind eine optimale mentale Bereitschaft und eine hohe Erregbarkeit des neuromuskulären Systems durch intensive Erwärmung und aktive Pausengestaltung.
- Die Kontraktionsgeschwindigkeit der aktivierten Muskulatur:
  In dieser Hinsicht spielt insbesondere der prozentuale Anteil der FT-Fasern der Muskulatur eine große Rolle. FT-Fasern sind aufgrund ihrer Innervationsmuster in der Lage, in kürzester Zeit hohe Muskelzugspannungen zu entwickeln.
- Das Maximalkraftniveau:
  Die Summe der Kraftentwicklung beider Fasertypen (FT-Fasern und ST-Fasern) kennzeichnet das Maximalkraftniveau, das beim Überwinden hoher Widerstände an Bedeutung gewinnt. Ein hohes Niveau an Maximalkraft ist jedoch allein kein Garant für eine schnellkräftige Arbeitsweise der Muskulatur, sondern es ist lediglich eine unter vielen wichtigen Leistungsvoraussetzungen. Die Maximalkraftfähigkeiten müssen darü-

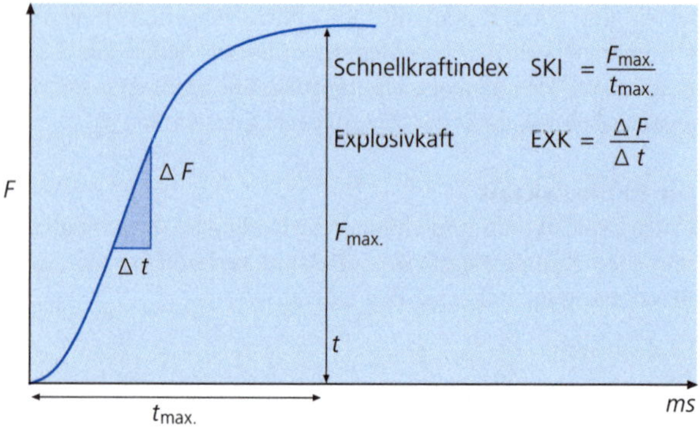

Der Schnellkraftindex SKI (vgl. Schnabel 1983)

ber hinaus durch disziplinspezifisches Schnellkrafttraining transferiert werden.

- Das technische Niveau – intermuskuläre Koordination:
  Die Entwicklung der Schnellkraft steht mit dem Training des spezifischen Bewegungsablaufs in engem Zusammenhang. Nur durch eine gute Bewegungskoordination kann sich die Schnellkraft in Form einer guten sportlichen Leistung niederschlagen. Ein Kugelstoßer, der eine schlechte Technik besitzt, wird seine Schnellkraftfähigkeiten nicht effektiv in Stoßweite umsetzen können.

BEACHTE Schnellkrafttraining ist gleichzeitig Koordinationstraining.

Die Komponenten der Schnellkraft und ihre Bedeutung in der Sportpraxis

- Startkraft:
  Bei Sportarten, die Bewegungen mit sehr hoher Anfangsgeschwindigkeit bei geringen Widerständen verlangen (Boxen, Karate, Fechten), dominiert die Startkraft. Ziel ist es, eine hohe Anfangskraft zu entwickeln.

- Explosivkraft:
  Die Explosivkraft ist bedeutsam bei den meisten Schnellkraftsportarten, die einen schnellen Kraftanstieg gegen hohe Widerstände erfordern (z. B. Sprint und Sprung). Zur Kraftmaximierung wird bei höheren Widerständen ein längerer Krafteinsatz notwendig. Die Beziehung zwischen Maximalkraft ($F_{max.}$) und benötigter Zeit zur Kraftmaximierung ($t_{max.}$) kommt im sogenannten Schnellkraftindex (SKI) zum Ausdruck.
- Maximalkraft:
  Bei Disziplinen, die die Bewältigung sehr hoher Widerstände bzw. Lasten erfordern (z. B. Gewichtheben, Hammerwerfen, Kugelstoßen), dominiert die Maximalkraftfähigkeit.

Die Kraftausdauer

▶ **MERKE** Kraftausdauer ist die Ermüdungswiderstandsfähigkeit des Organismus bei lang anhaltenden oder sich ständig wiederholenden Kraftbelastungen.

Die Kraftausdauer ist eine komplexe konditionelle Fähigkeit, die Komponenten der Maximalkraft und der Ausdauer miteinander verbindet. Während die statische Kraftausdauer nur in wenigen Sportarten, wie z. B. im Turnen, beim alpinen Skilauf und Schießen, eine leistungsentscheidende Bedeutung hat, überwiegt in der Sportpraxis die Kraftausdauerfähigkeit bei dynamischer Arbeitsweise der Muskulatur.

Je nach Leistungsanforderung der Sportart müssen unterschiedlich große Widerstände mehrmals überwunden werden.
Dabei unterscheiden sich die Anforderungen der Krafteinsätze und der Ausdauerbelastung zum Teil in erheblichem Maße.
Letzelter/Letzelter formulieren folgende Kriterien zur Differenzierung der Kraftausdauerbelastung:
- Höhe der Krafteinsätze (Bedeutung der Maximalkraft)
- Schnelligkeit der Krafteinsätze (Bedeutung der Schnellkraft)
- Frequenz der Krafteinsätze (Bedeutung der Belastungsdichte)
- Dauer der Krafteinsätze (Bedeutung der Belastungsdauer)

- Häufigkeit der Krafteinsätze (Belastungsumfang)
  „Das jeweilige Mischungsverhältnis ergibt dann eine spezielle Kraftausdauer, ausgerichtet an den Anforderungen einer Sportart." (Letzelter/Letzelter 1986, S. 118)

BEISPIEL Analyse der Krafteinsätze bei Sprung- und Laufhandlungen im Volleyball – Hochleistungsbereich

- *Höhe der Krafteinsätze:*
  Bei schnellkräftigen Lauf-, Sprung- und Schlaghandlungen mit relativ hohen Krafteinsätzen, insbesondere bei den reaktiven Sprüngen des Angriffs am Netz, wird ein optimal ausgeprägtes Maximalkraftniveau benötigt.
- *Schnelligkeit der Krafteinsätze:*
  Die maximale Kontraktionsschnelligkeit bei Sprung-, Schlag- und vielen Laufhandlungen ist charakteristisch für das Volleyballspiel (max. ausgeprägtes Schnellkraftniveau im Bereich der Sprung- und Schlagkraft).
- *Frequenz der Krafteinsätze:*
  Es werden ca. 70 Sprunghandlungen und 190 Antritte pro Spieler in einer Stunde „reiner Spielzeit" absolviert, dies entspricht durchschnittlich fünf bis sechs Sprunghandlungen pro Netzpassage in 164 sec und ergibt eine durchschnittliche Belastungsdichte von einem Sprung in 31 sec und ca. zehn Antritten in 164 sec (Papageorgiou/Timmer 1990, S. 209).
- *Dauer der Krafteinsätze:*
  Die Belastungsdauer pro Spielzug ist relativ kurz, da die effektive Spielzeit pro Spielzug ca. 8 sec beträgt. Während eines Spielzugs werden schnellkräftige Aktionen und Angriffsschläge, Blocks, Sprungzuspiele, Feldabwehr und Aufschläge miteinander kombiniert.
- *Häufigkeit der Krafteinsätze:*
  Da die Gesamtspieldauer im Volleyball starken Schwankungen unterworfen ist, unterscheidet sich die Häufigkeit der Krafteinsätze teilweise erheblich. Die Gesamtspieldauer variiert zwischen ca. 45 und 120 min.

Die Belastungsdichte erscheint auf den ersten Blick nicht besonders hoch. Wenn man jedoch bedenkt, dass in einem Satz von 25 min jeder Spieler ca. 30 Sprung- und Schlaghandlungen und 80 Antritte über eine durchschnittliche Laufstrecke von 3,2 m mit maximaler Intensität leistet, kommt es im Laufe der Spielzeit zu einer immer größeren Belastungssummation.

Es wird ein hohes Maß an Schnellkraftausdauer benötigt, die sich in den spezifischen Erscheinungsformen Sprungkraft-, Schlagkraft- und „Antrittskraftausdauer" ausdrückt. Die sich ständig wiederholenden, kurzen und hochintensiven Belastungen erfordern eine Energiebereitstellung auf dem anaerob-alaktazidem Weg.

Durch die geringe ATP-Speicherkapazität reichen die kurzen Spielunterbrechungen (Rotation, Auszeiten und Seitenwechsel) für eine weitgehende ATP-Resynthese aus. Mit zunehmender Spieldauer gewinnen die azyklische Spielausdauer und die Grundlagenausdauer jedoch immer mehr an Bedeutung.

Welche Faktoren bestimmen die Kraftausdauerfähigkeit?

Der Einfluss der Faktoren auf die Gesamtleistung hängt von der Intensität und Belastungsdauer ab.

- Aerobe Ausdauerfähigkeit:
  in Sportarten mit langer Belastungsdauer und geringen äußeren Widerständen bedeutsam, wie z. B. Skilanglauf
- Anaerobe Ausdauerfähigkeit:
  in Sportarten mit relativ langer Belastungsdauer und hoher Bewegungsfrequenz bei mittleren bis hohen Widerständen wichtig, wie z. B. Kanurennsport, Rudern
- Maximalkraftfähigkeit:
  in Sportarten mit relativ geringer Belastungsdauer und sehr hohen Widerständen relevant, wie z. B. Ringen, Kraftsport, Tauziehen etc.

- Schnellkraftfähigkeit:
  in Sportarten bedeutsam, in denen sich innerhalb einer langen Belastungsdauer viele schnellkräftige Aktionen summieren, wie z. B. alle Spielsportarten mit Sprungkraft- und Sprintkraftausdauerbelastungen (Handball, Volleyball)
- Intermuskuläre Koordination:
  in Sportarten und Disziplinen relevant, die bei einer anspruchsvollen Bewegungskoordination eine Kraftausdauerleistung verlangen. Hier ist eine gute intermuskuläre Koordination eine wesentliche Voraussetzung für eine hohe Bewegungsökonomie und damit wichtig für einen effektiven Einsatz der „Kraftausdauerreserven“ (z. B. Skatingtechnik im Skilanglauf).
- Mentale Eigenschaften:
  In allen Kraftausdauersportarten kommt es mit zunehmender Belastungsdauer zu einer starken Ausschöpfung der Energiespeicher und damit zu einer physischen und psychischen Ermüdung. Fähigkeiten wie Willenskraft und Säuretoleranz sorgen dafür, eine höhere Belastung zu ertragen.

11.3 Methoden des Krafttrainings

Wichtige Fragen für ein sinnvolles Krafttraining:

- Welche Kraftfähigkeit soll verbessert werden (Maximalkraft, Schnellkraft oder Kraftausdauer)?
- In welchem Umfang und mit welcher Intensität und Spezifik sollte man diese Kraftfähigkeit trainieren?
- Welche Krafttrainingsmethoden sollen zum Einsatz kommen? Soll das Krafttraining einen Hypertrophieeffekt oder die Verbesserung der intramuskulären Koordination bewirken?
- Ein Hypertrophieeffekt ist für Bodybuilding anzustreben. Die intramuskuläre Koordination sollte trainiert werden, wenn es um die Verbesserung der relativen Kraft geht, z. B. beim Turnen oder bei anderen technisch anspruchsvollen Sportarten.

Leider hat sich innerhalb der Sportwissenschaft noch keine einheitliche Terminologie bei den Methoden des Krafttrainings durchgesetzt, sodass es schwierig und zeitaufwändig ist, adäquate Methoden mit unterschiedlicher Bezeichnung sofort richtig einzuordnen. Deshalb soll an dieser Stelle ein vergleichender Überblick über Methoden im Krafttraining gegeben werden.

Methoden des Maximalkrafttrainings

Je nach Ziel des Krafttrainings unterteilt man in Muskelaufbautraining und intramuskuläres Koordinationstraining. Eine Mischform beider Methoden stellt das Pyramidentraining dar. Welche Methoden des Maximalkrafttrainings sind vergleichbar?

1. Muskelaufbau/Hypertrophie (MA-Training)

- Muskelaufbautraining (Ehlenz/Grosser/Zimmermann)
- Methode der wiederholten submaximalen Belastung (Bührle/Schmidtbleicher)
- Methode der wiederholten Krafteinsätze (russische Autoren)
- Wiederholungsmethode (Letzelter/Letzelter)
  Anmerkung:
  Die durch Letzelter/Letzelter charakterisierte Wiederholungsmethode mit Belastungsintensitäten zwischen 70 und 85 % der Maximalkraft führt zu terminologischen Überschneidungen mit der allgemein üblichen Charakterisierung der Wiederholungsmethode. Generell fordert die Wiederholungsmethode nahezu maximale Intensitäten. Eine Intensität von 70 bis 85 % entspricht jedoch einer submaximalen Belastung.

2. Intramuskuläre Koordination (IK-Training)

- Intramuskuläres Koordinationstraining (Ehlenz/Grosser/Zimmermann)
- Methode der maximalen Krafteinsätze (Bührle/Schmidtbleicher)
- Wiederholungsmethode (Letzelter/Letzelter)

3. Kombiniertes Training – Pyramidentraining
(Hypertrophie und intramuskuläre Koordination)

- Pyramidentraining (Ehlenz/Grosser/Zimmermann)
- Methode der progressiv ansteigenden Widerstände (russische Autoren)
- Gemischte Methoden (Bührle/Schmidtbleicher)

Das Muskelaufbautraining/Hypertrophietraining

Kennzeichnung:
- Methode mit wiederholten mittleren bis submaximalen Krafteinsätzen bis zur Erschöpfung (Grundmethode des Maximalkrafttrainings)

Trainingsziel:
- Kraftzunahme durch *Muskelhypertrophie*, die teilweise auch mit einer Gewichtszunahme einhergeht

Zielgruppe:
- primäre Methode in Sportarten, in denen ein großes Körpergewicht bzw. ein großer Muskelumfang leistungsentscheidend ist (z. B. Bodybuilding, Superschwergewicht im Gewichtheben/Kampfsport, Kugelstoßen, Hammerwerfen, Rugby/American Football)

Belastungsintensität:
- 50 bis 85 % der Maximalkraftfähigkeit

Wiederholungszahl:
- ca. 5 bis 12

Serien:
- ca. 4 bis 6

Serienpausen:
- ca. 2 bis 3 min

Bewegungstempo:
- langsam: lange Reizdauer, großer Muskelzuwachs
- zügig: kürzere Reizdauer, geringerer Muskelzuwachs

Organisationsform:
- Stations- oder Satztraining

Körperübungen:
- Übungen mit Zusatzlast: z. B. Hanteltraining
- Übungen mit dem eigenen Körpergewicht: z. B. Klimmzüge

Belastungsempfinden:
- keine hohe psychophysische Belastung, vor allem bei mittleren Belastungsintensitäten

Kraftzuwachs:
- relativ langsamer Kraftzuwachs im Vergleich zur IK-Methode

Nachteil:
- übermäßige Muskelhypertrophie kann sich aufgrund des stark ausgeprägten Zwischenzellgewebes ungünstig auf die Kapillarisierung der Muskelzellen auswirken

Das intramuskuläre Koordinationstraining (IK-Methode)

Kennzeichnung:
- Methode mit sehr hohen bzw. maximalen Krafteinsätzen

Trainingsziel:
- hoher Kraftzuwachs durch Verbesserung der intramuskulären Koordination der motorischen Einheiten ohne wesentliche Zunahme der Muskelmasse

Zielgruppe:
- Sportarten im Leistungs- und Hochleistungsbereich, in denen eine hohe und explosive Kraftentwicklung benötigt wird (z. B. Wurf- und Stoßdisziplinen der Leichtathletik)
- Sportarten, in denen die relative Kraft bedeutsam ist (Turnen)
- Sportarten mit reaktiven Kraftanforderungen (Spielsportarten und Sprungdisziplinen in der Leichtathletik)

Belastungsintensität:
- 90 bis 100 % der konzentrischen Maximalkraftfähigkeit

Wiederholungszahl:
- ca. 1 bis 5

Serien:
- ca. 3 bis 5

Serienpausen:
- ≥ 5 min

Bewegungstempo:
- zügig
  (explosiver Krafteinsatz)

Organisationsform:
- Stations- oder Satztraining

Körperübungen:
- Übungen mit hohen Zusatzgewichten (Hanteltraining)
- Übungen mit dem eigenen Körpergewicht bzw. leichten Zusatzgewichten (Gewichtsmanschetten) in den Sprungdisziplinen und Spielsportarten

Belastungsempfinden:
- aufgrund der sehr hohen Belastungsintensität erfolgt eine starke physische und psychische Belastung

Kraftzuwachs:
- hoher und relativ schneller Kraftzuwachs, insbesondere der relativen Kraft

Pyramidentraining

Kennzeichnung:
- Kombinierte Methode mit wechselnden Krafteinsätzen, die zunächst progressiv steigen und dann wieder abfallen (↗ Abb. S.157)

Trainingsziel:
- Gleichzeitige Steigerung der Maximalkraft durch Hypertrophie und durch verbesserte intramuskuläre Koordination. Bei Akzentuierung der Pyramidenspitze erfolgt eine Verbesserung des IK-Effektes, bei Betonung des Pyramidenstumpfes wird die Kraft durch Hypertrophie gesteigert.

Zielgruppe:
- Leistungs- und Hochleistungssport

Belastungsintensität:
- ca. 60 bis 100 % der konzentrischen Maximalkraftfähigkeit (eine Pyramide besteht aus 4 bis 5 Intensitätsbereichen)

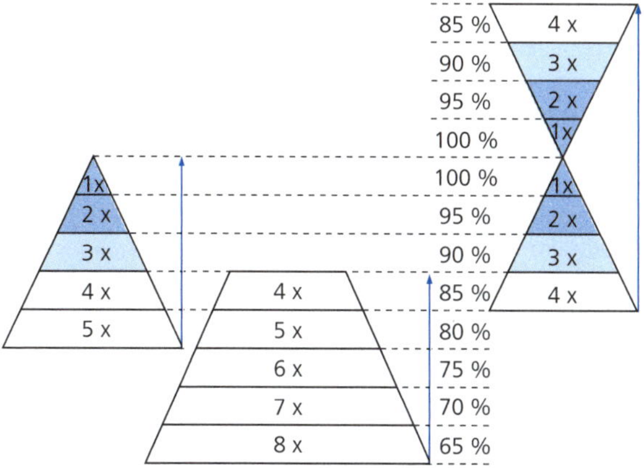

Beispiele zum Pyramidentraining (verändert nach Blum/Friedmann)

Wiederholungszahl:
- ca. 1 bis 8 (z. B. 5 × 80 %; 4 × 85 %; 3 × 90 %; 2 × 95 %, 1 × 100 %)

Serien:
ca. 5 bis 10 (je nach Wahl des Intensitätsbereichs)

Serienpausen:
- 2 bis 6 min

Bewegungstempo:
- langsam und zügig je nach Akzentuierung der Pyramide

Organisationsform:
- Stationstraining

Belastungsempfinden:
- relativ starke physische und psychische Belastung

Kraftzuwachs:
- bei begrenztem Zeitbudget relativ schneller Kraftgewinn durch die kombinierte Wirkung: „Ein 4-wöchiges Pyramidentraining führt zu einem größerem Kraftgewinn als ein separates, jeweils zweiwöchiges MA- bzw. IK- Training.“ (Weineck 2003, S. 298)

11

Methoden des Schnellkrafttrainings

Die Schnellkraftleistung wird im Wesentlichen von vier Faktoren bestimmt:

1. Kontraktionskraft der aktivierten Muskulatur: Die Kontraktionskraft kann man mit der Methode des Muskelaufbautrainings verbessern.
2. Kontraktionsgeschwindigkeit – Anteil der FT-Fasern: Die Kontraktionsgeschwindigkeit steht in engem Zusammenhang mit dem prozentualen Anteil der FT-Fasern der Muskulatur. Die prozentuale Zusammensetzung der FT- und ST-Fasern ist genetisch bedingt. Deshalb lässt sich die Kontraktionsgeschwindigkeit nur im Rahmen der genetischen Veranlagung verbessern.
3. Intramuskuläre Koordination – Zusammenspiel der motorischen Einheiten zu Beginn der Bewegung: Die Verbesserung der intramuskuläre Koordination bedarf der IK-Methode.
4. Intermuskuläre Koordination – Zusammenspiel der Agonisten und Antagonisten: Die intermuskuläre Koordination steht im Mittelpunkt des spezifischen Techniktrainings.

Zusammenfassend ist festzustellen, dass die Maximalkraftfähigkeit, insbesondere die intramuskuläre Koordination, eine entscheidende Leistungsgrundlage für die Steigerung der Schnellkraft bildet. Deshalb sollte zunächst ein Maximalkraftraining (IK-Methode) erfolgen, bevor im disziplinspezifischen Schnellkrafttraining das neue Kraftniveau in eine verbesserte intermuskuläre Koordination bzw. Schnellkraftfähigkeit umgesetzt wird. Das optimale Verhältnis von Maximalkraft- und Schnellkrafttraining hängt von der Größe der zu überwindenden äußeren Widerstände und der Bewegungsgeschwindigkeit ab. Diese Beziehung kommt in der Hill'schen Gleichung zum Ausdruck.

$(P + a) \times (V + b) = \text{konstant}$

P: äußere Kraft

V: maximale Bewegungsgeschwindigkeit

a/b: Konstanten des jeweiligen Muskels, die dessen Wirkungsgrad charakterisieren

„Wenn das Produkt aus P × V konstant ist, kann das Nerv-Muskel-System unabhängig von der Größe der äußeren Kräfte immer dieselbe Leistung hervorbringen, d. h., kleine äußere Kräfte ermöglichen schnelle Muskelkontraktionen, während bei großen äußeren Kräften die Kontraktion entsprechend langsamer verläuft. Für das Schnellkrafttraining ergibt sich daraus die methodische Folgerung, je nach Bedarf den Kraft- bzw. den Schnelligkeitsanteil akzentuiert zu verbessern.“ (Harre 1979, S. 145)

Schnellkraftmethode

Kennzeichnung:
- Methode mit explosiven Krafteinsätzen bei relativ geringer Zusatzlast

Trainingsziel:
- Verbesserung der intermuskulären Koordination

Zielgruppe:
- vorwiegend Leistungssport

Zusatzlast/Widerstand:
- 30 bis 50 % des „Einerwiederholungsmaximums“ der konzentrischen Maximalkraft

Wiederholungszahl:
- ca. 5 bis 10 pro Serie

Serien:
- ca. 4 bis 6

Serienpausen:
- ca. 3 bis 5 min und mehr (vollständige Erholung, aktive Pausengestaltung, keine Dehnübungen)

Bewegungstempo:
- explosiv

Körperübungen:
- allgemeine und spezielle Körperübungen

Organisationsform:
- Stationstraining

Besonderheiten:
- Die Zusatzlasten sind so zu wählen, dass die Bewegungs-

geschwindigkeit bzw. die explosive Kraftentwicklung nicht darunter leidet. Dieses Training sollte niemals in ermüdetem Zustand durchgeführt werden, weil sonst keine optimale Aktivierung der Muskulatur erfolgen kann. Zwischen den einzelnen Trainingseinheiten sollten Zeitabstände von mindestens 48 Std. liegen.

Sonderform:

- „Explosivkraftmethode" (Dobrowolski/Golowin in Schnabel 1983)

  Bei dieser Methode wird die Arbeitsmuskulatur vor der Schnellkraftübung durch eine maximale statische Muskelanspannung aktiviert. Damit wird die Innervation der Muskelfasern erhöht und eine bessere Schnellkraftentwicklung möglich.

Intermuskuläres Koordinationstraining

Kennzeichnung:

- Methode, bei der die Koordination der Wettkampfbewegung unter erleichterten oder leicht erschwerten Bedingungen trainiert wird

Trainingsziel:

- Verbesserung der intermuskulären Koordination
- Vermeidung der Geschwindigkeitsbarriere (↗ Schnelligkeitstraining, S. 182)

Zielgruppe:

- Leistungs- und Hochleistungssport

Zusatzlast/Widerstand:

- +/–20 % des Wettkampfgewichts bzw. der Wettkampfwiderstände

Intensität/Bewegungstempo:

- maximal/explosiv (↗ Abb. S. 157)

Körperübungen:

- Wettkampfübung

  Die Serienumfänge und -pausen entsprechen der Schnellkraftmethode. Hier kommt das Prinzip der dynamischen Übereinstimmung zur Anwendung. Das heißt, dass die ausgewählte Übung hinsichtlich der dynamischen Parameter mit der Wettkampfbewegung übereinstimmen muss!

Reaktives Schnellkrafttraining

Reaktive Schnellkraftleistungen beruhen auf einem schnellen Dehnungs-Verkürzungs-Zyklus der Muskulatur. Dabei wird die nachgebende (exzentrische) mit der überwindenden (konzentrischen) Arbeitsweise der Muskulatur verknüpft. Die reaktive Schnellkraftfähigkeit stellt deshalb eine Sonderform der Schnellkraft dar. In der Sportpraxis kommt das reaktive Schnellkrafttraining überwiegend in Form des „Niedersprungtrainings" zur Anwendung. Damit wird die reaktive Sprungkraftfähigkeit trainiert.

Verlauf und Wirkung des Niedersprungs:

1. Vorinnervation/Vorspannung: Die Arbeitsmuskulatur (Wadenmuskulatur, Oberschenkelvorderseite) wird vor dem Niedersprung mit dem Ziel einer optimalen Muskelaktivität innerviert.
2. Dehnung: Bei der Landung wird die Arbeitsmuskulatur kurzzeitig gedehnt, ohne dass sich die Querbrückenverbindungen zwischen Aktin und Myosin lösen. Dadurch kann kinetische Energie in den elastischen Komponenten der Querbrücken gespeichert werden. Die bei der Dehnung der elastischen Komponenten der Muskulatur und der Sehnen gespeicherte kinetische Energie addiert sich beim Absprung zur Energie der konzentrisch arbeitenden Muskulatur dazu. Hierdurch sind Kraftleistungen über 100 % der konzentrischen Maximalkraft realisierbar.
3. Amortisation/Kontraktion: Aufgrund des Dehnungsreflexes kommt es bei der Landung zur vermehrten Innervation vieler motorischer Einheiten. Dadurch erreicht man eine hohe und schnelle Kraftentwicklung. Diese Kraftentwicklung sollte sich in einem kurzen Bodenkontakt und einer großen Sprunghöhe zeigen.

Reaktives Schnellkrafttraining – Niedersprungtraining

Kennzeichnung:

- spezifische Schnellkraftmethode, die auf einer kombinierten Arbeitsweise der Muskulatur (nachgebend-überwindend) und auf einem schnellen Dehnungs-Verkürzungs-Zyklus basiert

Trainingsziel:

- Verbesserung des reaktiven Sprungkraftverhaltens

Zielgruppe:

- Leistungs- und Hochleistungssport
- aufgrund der hohen Belastungsspitzen keine Anwendung im Fitness- und Nachwuchsleistungssport

Belastungsintensität:

- 100 % der konzentrischen Maximalkraft

Absprunghöhe:

- bis ca. 60 cm je nach Kraftniveau. Die Absprunghöhe ist so zu wählen, dass die Fersen bei der Landung keinen Bodenkontakt haben. Die Absprunghöhe, bei der die Fersen gerade noch nicht den Boden berühren, ist für das Training am effektivsten. Keine Unterlage von dämpfenden Materialien!

Zusatzlast:

- in der Regel keine

Wiederholungszahl pro Sprungserie:

- je nach Absprunghöhe zwischen 5 und 10

Serien:

- 3 bis max. 5

Serienpausen:

- 2 bis 5 min und länger. Die explosiv-reaktive Arbeitsweise muss in jeder Serie bei vollständiger Erholung gewährleistet sein.
- aktive Pausengestaltung ohne Dehnübungen

Bewegungstempo:

- maximal explosiv-reaktiv

Körperübungen:

- einbeinige oder beidbeinige Sprünge und Tiefsprünge in verschiedenen Variationen

Methodische Hinweise zum Schnellkrafttraining:

- Das Schnellkrafttraining ist unmittelbar nach einem intensiven disziplinspezifischen Aufwärmen am Anfang der Trainingseinheit zu platzieren.
- Kein Schnellkrafttraining in ermüdetem Zustand (physisch oder psychisch) oder unter Schmerzen!
- Das Krafttraining der Antagonisten und der Rumpfmuskulatur (Bauch und Rücken) darf nicht vernachlässigt werden und sollte in das Training einfließen.
- Es ist auf eine „saubere" Bewegungstechnik zu achten, um Überlastungen der Muskeln, Sehnen, Bänder und Gelenke zu vermeiden.
- Während langer Serienpausen muss mit gymnastischen Kräftigungs- und Lockerungsübungen die Muskelaktivität aufrechterhalten werden. Eine passive Pausengestaltung führt zu einem Absinken der nervalen Erregung der Muskulatur und damit zu einer ungenügenden Bereitschaft für Schnellkraftbelastungen.

Methoden des Kraftausdauertrainings

In den einzelnen Kraftausdauerdisziplinen variieren die Krafteinsätze und die Belastungsdauer erheblich. Im Leistungssport besteht die Aufgabe, sowohl die Ausdauerfähigkeiten als auch die Kraftfähigkeiten je nach den Anforderungen der Sportart im richtigen Verhältnis zu entwickeln. Dies ist der Gegenstand des spezifischen Kraftausdauertrainings. Im Fitness-, Gesundheits- und Nachwuchssport steht die allgemeine und vielseitig entwickelte Kraftausdauer im Mittelpunkt. Damit wird die allgemeine Belastungsverträglichkeit erhöht.

Allgemeines Kraftausdauertraining

Kennzeichnung:

- Methode mit intervallartigen Belastungen zur Verbesserung der allgemeinen Kraftausdauer möglichst vieler Muskelgruppen (Ganzkörpertraining)

Trainingsziel:
- Steigerung der allgemeinen Fitness durch erhöhte Belastungsverträglichkeit

Zielgruppe:
- Gesundheits- und Fitnesssport
- Schulsport
- Nachwuchsleistungssport

Organisationsform:
- Kreistraining

Belastungsintensität:
- gering bis mittel

Höhe derWiderstände:
- eigenes Körpergewicht oder mit leichten Zusatzgewichten

Anzahl der Stationen:
- 6 bis 12

Belastungszeit:
- 20 bis 40 sec

Pausen zwischen den Stationen:
- 30 bis 45 sec

Rundgänge:
- 2 bis 5

Pausen zwischen den Rundgängen:
- 3 bis 5 min, aktive Pausengestaltung mit Lockerungs- und leichten dynamischen Dehnübungen

Bewegungstempo:
- zügig bis schnell ohne maximale Bewegungsgeschwindigkeit

Körperübungen:
- alle allgemeinen Körperübungen, die koordinativ nicht anspruchsvoll sind

Spezifisches Kraftausdauertraining

Kennzeichnung:
- Methode mit intervallartigen Belastungen zur Verbesserung der speziellen Kraftausdauer spezieller Muskelgruppen bei leicht erhöhten Widerständen bzw. längerer Belastungsdauer

Trainingsziel:
- Verbesserung der wettkampfspezifischen Kraftausdauer

Zielgruppe:
- Leistungs- und Hochleistungssport

Belastungsintensität:
- 30 bis 60 % der konzentrischen Maximalkraft je nach Bedeutung der Maximalkraft für die Gesamtleistung

Wiederholungszahl bzw. Belastungsdauer:
- 50 bis 75 % des Wiederholungsmaximums (bei Intervallbelastung)
- bis zum 3 bis 6-Fachen der Wettkampfdauer (bei Dauerbelastung)

Serien:
- 3 bis 6

Serienpausen:
- 30 sec bis 1 min (unvollständige Erholung)

Bewegungstempo:
- zügig

Körperübungen:
- Wettkampfübung und disziplinspezifische Bewegungsabläufe mit leicht erhöhten Widerständen (z. B. Zugwiderstand oder Strömungswiderstand beim Schwimmen)

11.4 Organisationsformen des Krafttrainings

11

Für das Maximalkrafttraining

- ***Stationstraining:***
  Beim Stationstraining ist jede Übung einer Station zugeordnet und es werden alle Wiederholungen bzw. Serien einer Übung abgeschlossen, bevor an der nächsten Station geübt wird. Die Reihenfolge der Stationen wird festgelegt.
  Die Intensität, die Wiederholungszahl und das Bewegungstempo können entsprechend der Ausrichtung des Krafttrainings variieren.

Vorteil:
optimale Maximalkraftsteigerung großer Muskelgruppen durch exakte Belastungsdosierung

BEISPIEL

Maximalkraft, Muskelaufbau der Beuge- und Streckmuskulatur der Arme und Beine bei dynamischer Arbeitsweise
5 *Stationen:*
- Fersenheben (Waden)
- Beincurling in Bauchlage (Oberschenkelrückseite)
- Bankdrücken (Triceps)
- Kniebeugen (Oberschenkelvorderseite, Gesäßmuskel)
- Armcurls (Biceps) jeweils mit Zusatzlast

Belastungsgefüge:
- pyramidal steigende Intensität bei abnehmender Wiederholungszahl

3 *Serien pro Station: (Prozent der konzentrischen Maximalkraft)*
- 12 × 50 %; 10 × 60 %; 8 × 70 %; 6 × 80 %; 4 × 85 %
  oder: 10 × 50 %; 10 × 60 %; 10 × 70 %; 10 × 80 %
  oder: 10 × 60 %; 8 × 70 %; 6 × 80 %; 8 × 70 %; 10 × 60 %

Serienpausen:
- 2 bis 3 min (aktive Pause)

Anwendung:
- alle Kraft- und Schnellkraftsportarten

Diese Organisationsform ist für Trainingsanfänger, Kinder- und Jugendliche nur bedingt geeignet. Durch einen großen Belastungsumfang bzw. eine hohe Belastungsintensität tritt eine hohe Ermüdungsaufstockung der jeweiligen Muskelgruppen auf. Dies kann für die Trainierenden eine große physische und psychische Belastung darstellen. Deshalb sollte durch ein kraftausdauerorientiertes Kreistraining oder ein Satztraining erst eine höhere Belastungsverträglichkeit erreicht werden, bevor ein intensives Stationstraining zum Einsatz kommt.

- *Satztraining:*
  Beim Satztraining verbindet man zwei bis drei Übungen oder Stationen zu einem „Satz". Die Übungen sprechen unterschiedliche Muskelgruppen an und werden im Wechsel ausgeführt, bis man den vorgesehenen Belastungs- bzw. Serienumfang erreicht hat. Danach erfolgt der nächste Satz mit zwei oder drei anderen Übungen. Die Serienpausen können wegen der abwechselnden Belastung relativ kurz gehalten werden (30 sec bis 2 min). Diese zeitsparende Organisationsform findet vorwiegend in Sportarten mit hohen Anforderungen an die Maximalkraftausdauer Anwendung (Turnen, alpiner Rennsport, Klettern, Ringen). Außerdem bietet sich das Satztraining als Vorbereitung auf ein intensiveres Krafttraining (Stationstraining) an, weil es durch die wechselnde Belastung sehr gut für die Erhöhung der allgemeinen Belastungsverträglichkeit geeignet ist.
  Vorteil:
  effektive Maximalkraftsteigerung durch abwechselnde Belastung

Für das Kraftausdauer-, Schnellkraftausdauer- und Schnellkrafttraining

- *Kreistraining:*
  Das Kreistraining ist charakterisiert durch eine wechselnde und mehrmalige Belastung bestimmter Muskelgruppen innerhalb eines Stationskreislaufs. Es dient überwiegend der Verbesserung der allgemeinen Kraftausdauer.
  Diese Organisationsform führt neben der Ausprägung komplexer Kraftfähigkeiten zu einer starken Beanspruchung des gesamten Atem-, Stoffwechsel- und Herz-Kreislauf-Systems. Deshalb ist es sehr gut geeignet, um eine hohe Belastungsverträglichkeit zu entwickeln.
  Für ein Kreistraining kann man zwischen 5 und 15 Übungen auswählen. Mit einer sternförmigen Anordnung der Stationen gewährleistet man einen optimalen Belastungswechsel der

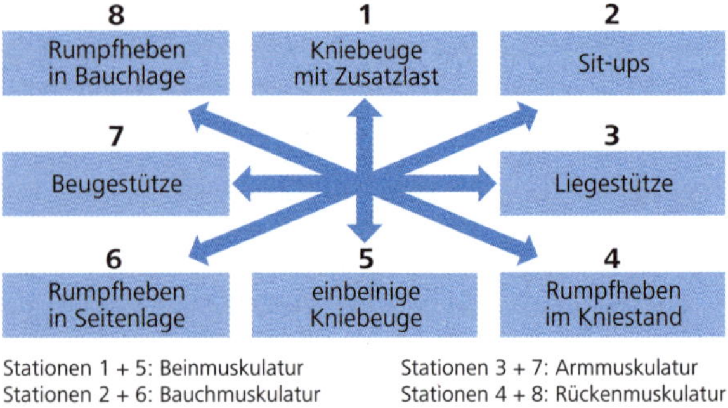

Anordnung der Stationen im Kreistraining

beanspruchten Muskelgruppen. Stationen mit der Beanspruchung gleicher Muskelgruppen liegen diagonal gegenüber. Pro Station wird eine bestimmte Belastungszeit bzw. eine Wiederholungszahl festgelegt. Es werden mehrere Rundgänge absolviert.

11.5 Kontrolle der Kraftfähigkeiten – der sportmotorische Test

Unter einem sportmotorischen Test versteht man ein Prüfverfahren, das durch Lösen von sportlichen Bewegungsaufgaben unter standardisierten Bedingungen charakteristische Ergebnisse erfasst, die zur Einschätzung konditioneller Fähigkeiten oder technischer Fertigkeiten dienen, und die Einordnung der Person in eine Gruppe vergleichbarer Athleten zulässt (nach Schnabel 1980, Blume/Rauchmaul 1984).

Was sind standardisierte Bedingungen?
Hier wird differenziert in standardisierte äußere und innere Bedingungen. Die äußeren Bedingungen, wie Abmessungen, Gewichte und Beschaffenheit der verwendeten Geräte oder Anzahl

von Wertungsversuchen, lassen sich gut standardisieren. Hingegen sind die inneren Bedingungen, Motive und Einstellungen, relativ großen Schwankungen unterworfen.
Zusätzlich muss eine möglichst genaue Bewegungsbeschreibung und -kontrolle der Testübungen erfolgen, um eine standardisierte Ergebniserfassung und damit die Vergleichbarkeit der Messergebnisse zu gewährleisten.
Kontrollen und Tests müssen bestimmte Kriterien, sogenannte Gütekriterien erfüllen, damit die Ergebnisse vergleichbar sind.

Die Gütekriterien sind:
Objektivität:
- Testergebnisse werden unabhängig vom Testleiter erzielt

Reliabilität: (Zuverlässigkeit)
- Grad der Genauigkeit der Prüfergebnisse

Validität: (Gültigkeit)
- Grad der Sicherheit, mit dem der Testleiter die Testergebnisse erfasst

Konditionelle Tests
Ausdauertests:
- Cooper-Test und Dauerlauf-Stufentest (↗ S. 130 ff.)

Maximalkrafttests:
- Klimmziehen
- Kniebeuge mit Hantelgewicht (90° oder Tiefkniebeuge)
- Bankdrücken mit Hantelgewicht
- Bankziehen mit Hantelgewicht
- Stoßen/Reißen von Hantelgewichten

BEISPIEL Klimmziehen aus dem Streckhang
Bewegungsbeschreibung:
Aus dem ruhigen Langhang am Hochreck erfolgt ein gleichzeitiges Beugen der Arme, bis das Kinn bei gerade gehaltenem Kopf die Höhe der Reckstange erreicht. Anschließend werden die Arme vollständig gestreckt.

Fehler:
- Strampeln, Schwingen oder Stoßen mit dem Körper
- kein vollständiges Aushängen
- Pausen zwischen den einzelnen Wiederholungen

Schnellkrafttests:
Sprintkraft:
- Beschleunigung über 20 m mit Zeitmessanlage

Sprungkraft/Sprungweite:
- Schlussweitsprung beidbeinig aus dem Stand mit oder ohne Auftakt, Dreier-Hop einbeinig aus dem Stand

Sprungkraft/Sprunghöhe:
- Jump-and-reach-Test einbeinig/beidbeinig mit/ohne Anlauf

Wurfkraft/Stoßkraft:
- mit Medizinbällen einarmig und beidarmig

BEISPIEL Jump-and-reach-Test beidbeinig ohne Anlauf
Testdurchführung:
Zunächst wird mithilfe einer an der Wand befestigten Messlatte die individuelle einarmige Reichhöhe am oberen Ende des Mittelfingers gemessen. Dabei steht die Versuchsperson mit geschlossener, paralleler Fußstellung (Fersen am Boden) in seitlicher Position zur Wand.
Nach einem Probesprung springt die Versuchsperson dreimal aus dieser seitlichen Ausgangsposition mit Auftaktbewegung so hoch wie möglich und tippt mit dem Finger an die Wand. Die Mittelfingerspitze wird dabei vorher mit Kreide eingestrichen, damit an der Wand die Differenz zwischen Reichhöhe aus dem Stand und Sprunghöhe sicht- und messbar wird.
Diese Differenz entspricht der absoluten Sprunghöhe, die unabhängig von der Körperhöhe erzielt wurde.

Kraftausdauertests:
Kraftausdauertests sind gekennzeichnet durch das Messen einer maximal möglichen Wiederholungszahl bei dynamischer Mus-

kelarbeit oder einer maximalen Haltezeit bei statischer Arbeitsweise oder durch das Absolvieren einer möglichst langen Arbeitszeit bei definierter Belastung. Es sollte entsprechend der geforderten Leistung möglich sein, eine bestimmte Wiederholungszahl (mind. 15 bis 20) bzw. längerdauernde Haltearbeit zu verrichten, damit eine hinreichende Differenzierung der Testergebnisse erfolgen kann.
Wenn z. B. eine konditionell schwache Testgruppe bei einem Liegestütztest nur 5 bis 10 Liegestützen schafft, dann ist dieser Test in seinem Ziel, die Kraftausdauer zu kontrollieren, fehlgeschlagen.
Für diese Gruppe stellte dieser Test eher Maximalkraftanforderungen dar.

Kontrollübungen:
- Armkraft: Liegestützen in verschiedenen Positionen (z. B. Füße auf einer Bank)
- Beinkraft: einbeinige Tiefkniebeuge mit Stabilisationshilfe mit und ohne Partner
- Rückenstrecker: Rumpfheben auf dem Langkasten in die Waagerechte mit leichtem Zusatzgewicht (Medizinball)
- gerade Bauchmuskulatur: Rumpfhalten in einer definierten Position (statisch), Sit-ups mit definierter Bewegungsamplitude (dynamisch)
- Ergometerbelastung mit erhöhtem Bremswiderstand
- Laufbandbelastung in Berglaufposition

BEISPIEL einbeinige Tiefkniebeuge rechts/links ohne Zusatzgewicht
Testdurchführung:
Die Testperson steht mit der vorderen Fußspitze an der Wand und rücklings zu einer Langbank. Der Abstand ergibt sich aus der Summe der Längen des Unterschenkels und des Fußes.
Die Testperson stellt die Zehenspitzen des nicht zu testenden Beines auf eine Langbank, um sich während des Kniebeugens zu

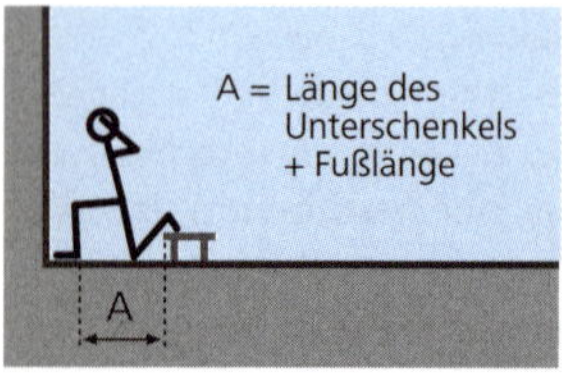

stabilisieren. Die Hände sind in „Kopfhörerposition" an den Ohren. Die Beugung im Kniegelenk muss so weit erfolgen, bis der Oberschenkel die waagerechte Position erreicht. Der Oberkörper bleibt aufrecht. Das Knie wird weder nach innen noch nach außen verdreht. Die Fersen bleiben sowohl während des Beugens als auch beim Strecken am Boden.

11.6 Grundsätze und Gefahren des Krafttrainings

- Das Krafttraining ist im Leistungs- und Fitnesssport ganzjährig durchzuführen. Längere Pausen führen zum Verlust der aufgebauten Kraftfähigkeiten.
- Ein spezifisches Krafttraining bedarf eines gut entwickelten allgemeinen Kraftniveaus aller Hauptmuskelgruppen. Besonderes Augenmerk ist auf das Training der Rumpfmuskulatur (Bauch/Rücken) zu legen.
- Im Nachwuchs- und Fitnesstraining sind hohe Zusatzlasten zu vermeiden. In der Regel reichen das eigene Körpergewicht und leichte Zusatzlasten/Widerstände (Medizinbälle, Therabänder) für die Belastungsdosierung aus.
- Grundsätzlich ist auf einen technisch „sauberen" Bewegungsablauf zu achten. Eine technisch falsch ausgeführte Bewegung kann auf mangelnde Bewegungskoordination, Überforderung durch zu hohe Lasten und/oder Ermüdungserscheinungen zurückzuführen sein.
  Diese Gefahr ist bei geführten Bewegungen an der Kraftmaschine besonders groß.
  Deshalb ist ein mehrgelenkiges Koordinationstraining, mit geringeren Lasten an der freien Hantel, den Übungen an Kraftmaschinen vorzuziehen.

- Die Belastungen der Wirbelsäule sind so gering wie möglich zu halten, indem Rundrücken- und Hohlkreuzpositionen vermieden werden. Den Rücken gerade halten, Schaumgummikeile verwenden und beim Reißen und Stoßen einen Gewichthebergurt anlegen!
- Pressatmung ist wegen der negativen Auswirkungen auf das Herz-Kreislauf-System weitgehend zu vermeiden.
- Schmerzende Muskulatur und Gelenke deuten auf eine Überforderungsituation hin. Das Training ist abzubrechen.

Besonderheiten des Schnellkraft- und Sprungkrafttrainings:

- Sprungkrafttraining erfordert eine hohe mentale Bereitschaft und ist deshalb immer an den Beginn der Trainingseinheit zu legen.
- Beim Niedersprungtraining ist die Absprunghöhe so zu wählen, dass die Fersen bei der Landung nicht den Boden berühren (Landung auf dem Fußballen). Bei falscher Landetechnik können Belastungsspitzen bis zum Zehnfachen des eigenen Körpergewichts entstehen.
- Im explosiv-reaktiven Sprungkrafttraining ist prinzipiell auf eine kurze Bodenkontaktzeit zu achten. „Stell dir vor, dass du auf eine glühende Herdplatte springst."
- Sprungkrafttraining mit Zusatzlasten findet ausschließlich im Hochleistungstraining Anwendung.

11.7 Doping mit dem Ziel der Kraftsteigerung

In allen Sportarten, in denen hohe Maximalkraftfähigkeiten eine leistungsbestimmende Rolle spielen, wird immer wieder versucht, mit verbotenen Mitteln die Leistung zu steigern.
1989 wurde durch den Europarat erstmals eine Anti-Doping-Konvention und durch das IOC ein Dopingkatalog mit allen verbotenen Dopingsubstanzen und -methoden herausgegeben. Auch wenn mittlerweile von den internationalen Sportverbän-

den und Regierungen ein „Welt-Anti-Doping-Code" verabschiedet wurde, der bei Doping-Erstvergehen eine Zwei-Jahres-Regelsperre vorsieht, wird es noch ein langer Weg zu einem dopingfreien Sport sein.
Nicht nur im Leistungssport, wo Dopingkontrollen mittlerweile Alltag sind, wird mit verbotenen Mitteln und Substanzen gearbeitet. Auch im Bodybuilding und fitnessorientierten Kraftsport kommen muskelaufbauende Präparate zum Einsatz. Da es hier keine sportmedizinischen Kontrollen gibt, ist diese Personengruppe noch größeren gesundheitlichen Risiken ausgesetzt als Leistungssportler. Zur Steigerung des Muskelwachstums werden seit den 50er-Jahren eiweißanabole Wirkstoffe eingesetzt.

Anabole Substanzen
(androgene-anabole Steroide und Beta-2-Agonisten)
Alle Verbindungen, die mit dem männlichen Keimdrüsenhormon Testosteron vergleichbar sind, führen in Verbindung mit einer gesteigerten, eiweißreichen Nahrungsaufnahme zu einer überdurchschnittlichen Verstärkung des Muskelzuwachses. Der Effekt des Krafttrainings erhöht sich. Diese Wirkstoffe können auch synthetisch hergestellt werden und stellen ein zentrales Problem innerhalb des Dopings dar. Obwohl schon seit den Olympischen Spielen 1960 in Rom mit Anabolika gedopt wurde, gab es erstmals 1967 Dopingkontrollen. Der Nachweis des Dopings mit anabolen Substanzen gelingt mithilfe verschiedener analytischer Verfahren recht gut.

Gesundheitliche Risiken:

- Behinderung des Längenwachstums bei Jugendlichen durch vorzeitigen Verschluss der Wachstumsfugen
- Entwicklungsstörung der nichtausgereiften weiblichen Sexualorgane
- Leberschädigungen bis hin zum Leberkrebs
- Störung des Fett- und Eiweißstoffwechsels, Gefahr von Arteriosklerose und Gefäßverschlüssen

- Störungen der hormonellen Regulation bei Mann und Frau
- Überforderungsschäden im Binde- und Stützgewebe: Durch den enormen Kraftzuwachs der Muskulatur können die Anpassungserscheinungen des Binde- und Stützgewebes nicht Schritt halten. Deshalb gehören auch die Beta-2-Agonisten, die anabole (aufbauende) Wirkung hinsichtlich der Eiweißsynthese haben, zu den verbotenen Substanzen. Diese werden auch missbräuchlich in der Tiermast eingesetzt.
- psychische Störungen mit Veränderung der Persönlichkeit

12 Schnelligkeit

▶ MERKE Schnelligkeit ist die Fähigkeit des Nerv-Muskel-Systems, motorische Aktionen unter den gegebenen Bedingungen innerhalb eines minimalen Zeitabschnitts zu vollziehen.

Schnell agieren und reagieren sind komplexe Fähigkeiten des Nerv-Muskel-Systems, die man in vielen Sportarten benötigt. Dabei ist es wichtig, welche Reize und Signale verarbeitet werden müssen, in welcher Art und Weise die Reaktion auf diese Reize erfolgen soll, ob ein Gegner vorhanden ist, der die Aktionen stört, und wie lange die Leistung erbracht werden muss.

BEISPIELE Eine Sprinterin reagiert auf ein bekanntes akustisches Signal mit einer genau festgelegten einfachen Reaktion. Sie versucht, maximal zu beschleunigen und eine möglichst hohe Geschwindigkeit bis ins Ziel zu halten. Sie braucht weder über die Reaktion auf das Startsignal noch über die nachfolgenden schnellen zyklischen Bewegungsabläufe „nachzudenken“, weil sie den ständig wiederkehrenden Ablauf in vielen Trainings- und Wettkampfsituationen automatisiert hat. Sie kann sich auf ihre Muskelarbeit konzentrieren.
Die Sportspieler und Kampfsportler reagieren auf ständig wechselnde optische, akustische und taktile Signale mit unterschiedlichen azyklischen Bewegungsabläufen oder ganzen Bewegungskomplexen. Es müssen laufend neue Handlungsprogram-me erstellt werden. Teilweise steuern die höheren Ebenen des ZNS die Bewegungsabläufe kognitiv.

Diese beiden Beispiele verdeutlichen, dass in der Sportpraxis nicht nur eine Form der „Schnelligkeit“ existiert.

12.1 Erscheinungsformen der Schnelligkeit

Die zyklische Schnelligkeit

Die zyklische Schnelligkeit ist die Fähigkeit, sich nach erfolgter Beschleunigung, bei zyklischen Bewegungsabläufen mit höchstmöglicher Geschwindigkeit fortzubewegen. Dies ist bei Sportarten und Disziplinen wie z. B. Sprint, Radsprint, Eisschnelllauf von großer Relevanz. Diese Fähigkeit wird auch als lokomotorische Schnelligkeit, Grundschnelligkeit oder Schnellkoordination bezeichnet.

Die azyklische Schnelligkeit

Die azyklische Schnelligkeit ist die Fähigkeit, einen azyklischen Bewegungsablauf so schnell wie möglich zu vollziehen (Starts, Beschleunigung, Würfe, Sprünge).
Diese Fähigkeit ist auch in Sportarten mit zyklischen Bewegungsabläufen beim Start und in den Beschleunigungsphasen von großer Bedeutung. Die azyklische Schnelligkeit hängt in starkem Maß von der Ausprägung der Schnellkraft ab. (↗ Schnellkraft, S. 145)

Welche Faktoren beeinflussen die Schnelligkeitsleistung?

- Muskelfaserstruktur – der Anteil der FT-Fasern und die Innervationsgeschwindigkeit der Muskulatur
- Maximalkraft- und Schnellkraftniveau der Arbeitsmuskulatur
- intramuskuläre Koordination
- intermuskuläre Koordination
- technische Fertigkeiten
- Dehn- und Entspannungsfähigkeit der Muskulatur
- anaerobe Stoffwechselkapazitäten (anaerob-alaktazid und anaerob-laktazid)
- Leistungsbereitschaft, Motivation
- anthropometrische Messgrößen (z. B. Länge der Extremitäten, Körpergröße, Körpergewicht)

12.2 Komponenten der Schnelligkeit

In der Fachliteratur bestehen hinsichtlich einer einheitlichen Klassifikation der Komponenten der Schnelligkeit erhebliche Differenzen.

- Die Reaktionsschnelligkeit wird von einigen Sportwissenschaftlern als Reaktionsfähigkeit in die koordinativen Fähigkeiten eingeordnet.
- Die Aktionsschnelligkeit, zum Teil untergliedert in zyklische und azyklische Aktionsschnelligkeit, bezeichnet man auch als Schnellkoordination, als lokomotorische Schnelligkeit oder Grundschnelligkeit. Die lokomotorische Schnelligkeit entspricht der zyklischen Aktionsschnelligkeit.
- Die Schnelligkeitsausdauer wird je nach Auffassung zeitlich verschieden eingeordnet (7 bis 25 sec, 7 bis 35 sec, 7 sec bis 2 min).

Die Reaktionsschnelligkeit

▶ MERKE Die Reaktionsschnelligkeit ist die Fähigkeit, auf akustische, optische und taktile Reize schnell und aufgabenbezogen zu reagieren.

Die Reaktionszeit ist die Zeitspanne, die vom Auftreten eines Reizes bis zu einer sichtbaren Reaktion vergeht.
Bei einer einfachen Reaktion auf akustische Signale (z. B. beim Sprintstart) variiert die Reaktionszeit zwischen 0,1 und 0,2 sec. Die Reaktionszeit ist sehr stark anlagebedingt und lässt sich bei einfachen Reaktionen durch Training um ca. 10 % verbessern. Die Reaktion auf optische Signale ist in der Regel etwas langsamer als auf akustische. Bei komplexen Reaktionen bzw. Auswahlreaktionen in den Sportspielen und im Kampfsport kann die Reaktionszeit um bis zu ca. 30 % verbessert werden.

BEACHTE Es besteht kein direkter Zusammenhang zwischen der Reaktionszeit und der Bewegungsschnelligkeit.

Eine Weltklassesprinterin kann eine schlechte Reaktionsschnelligkeit aufweisen und trotzdem ihre Konkurrentinnen beherrschen, weil sie vielleicht besser beschleunigen, schneller laufen und/oder ihre maximale Geschwindigkeit länger halten kann. Eine maximal ausgeprägte Reaktionsschnelligkeit, Bewegungsschnelligkeit und Schnelligkeitsausdauer wären natürlich optimal. Prozentual gesehen hat die Reaktionsschnelligkeit den geringsten Einfluss auf das Gesamtergebnis der Sprintleistung. In Sportarten mit azyklischen Schnelligkeitsanforderungen unter Gegnereinwirkung ist die Reaktionsschnelligkeit in stärkerem Maß leistungsbeeinflussend.
Selbst durch eine extrem schnelle Aktion kann ein Defizit der Reaktionsfähigkeit nicht ausgeglichen werden.

BEACHTE Ein Handballspieler, der im Angriff zu spät die Lücke in der gegnerischen Abwehr erkennt, wird auch mit einem schnellkräftigen Sprungwurf keinen Torerfolg erzielen, da sich die Deckung in dieser Zeit neu positionieren konnte.

Die Beschleunigungsfähigkeit

▶ **MERKE** Die Beschleunigungsfähigkeit ist die Fähigkeit, aus einer Ruheposition/Startposition oder einem geringen Bewegungstempo seinen Körper oder ein Sportgerät maximal zu beschleunigen.

Die Beschleunigungsfähigkeit bezieht sich nicht nur auf die Beschleunigung beim Sprint, weil Beschleunigungsleistungen in der Sportpraxis in sehr vielfältiger Weise erbracht werden.
Der Antritt beim Radsprint, die Beschleunigung des Bobs aus der Ruheposition oder der Tempogegenstoß beim Handball erfordern eine hohe Beschleunigung.
Die Beschleunigungsfähigkeit setzt voraus:

- ein hohes Schnellkraftniveau mit guter intramuskulärer Koordination
- ein optimales Maximalkraftniveau

- hohe Mobilisationsfähigkeit hinsichtlich Motivation und Leistungsbereitschaft

Im Beschleunigungsabschnitt zyklischer Sportarten und bei allen azyklischen Schnelligkeitsanforderungen spielt die Schnellkraftfähigkeit eine besondere Rolle. So besteht ein enger Zusammenhang zwischen dem Sprungkraftniveau und der Antrittsschnelligkeit beim Sprint.

Die Aktionsschnelligkeit

▶ **MERKE** Die Aktionsschnelligkeit ist die Fähigkeit, zyklische und azyklische Bewegungsabläufe höchster Geschwindigkeit zu koordinieren.

Die Aktionsschnelligkeit wird auch als motorische Ablaufschnelligkeit bei zyklischen und azyklischen Bewegungsabläufen bezeichnet. Man spricht von einer zyklischen und azyklischen Aktionsschnelligkeit.

BEACHTE Sprint nach der Beschleunigungsphase (zyklisch), Sprungwurf beim Handball (azyklisch). Die Aktionsschnelligkeit hängt im Wesentlichen von folgenden Faktoren ab:

- Innervationsgeschwindigkeit der Muskulatur (FT-Faser-Anteil)
- intra- und intermuskuläre Koordination
- Dehn- und Entspannungsfähigkeit der Muskulatur
- technisches Niveau des Bewegungsablaufs

Ein gutes Zusammenspiel des Nerv-Muskel-Systems zeigt sich darin, dass durch Nervenzellen hohe Impulsfrequenzen mit einem schnellen Wechsel von Kontraktion und Erschlaffung der Muskulatur erzeugt werden. Dadurch wird eine hohe Zuckungsgeschwindigkeit der Muskulatur erreicht. Eine gute intermuskuläre Koordination liegt vor, wenn Agonisten und Antagonisten bei geringer Antagonistenhemmung in einem optimalen Wechsel zusammenarbeiten. Eine gute intermuskuläre Koordination ist eine grundlegende Voraussetzung für eine gute Technik, eine hohe Bewegungsfrequenz und damit für eine maximale Bewegungsgeschwindigkeit.

Schnelligkeitsausdauer

(7 bis 35 sec)

Die Schnelligkeitsausdauer ist die Fähigkeit, einem ermüdungsbedingten Abfallen:

a. der maximalen zyklischen Bewegungsgeschwindigkeit, z. B. 200-m-Lauf, Eisschnelllaufsprint,
b. der Kontraktionsgeschwindigkeit bei wiederholten azyklischen Bewegungsabläufen (Boxen, Sportspiele) entgegenzuwirken.

BEACHTE Aufgrund der unterschiedlichen zeitlichen Einordnung der Schnelligkeitsausdauer kommt es in der Fachliteratur zu Überschneidungen mit der Kurzzeitausdauer (35 sec bis 2 min). Da ein maximales Bewegungstempo nicht länger als ca. 25 bis 35 sec aufrechterhalten werden kann, sollte man zyklische Belastungen über 35 sec der Kurzzeitausdauer zuordnen.

Welche Faktoren beeinflussen das Niveau der Schnelligkeitsausdauer?

- Die anaerob-alaktazide und anaerob-laktazide Stoffwechselkapazität:
  Eine höhere anaerob-alaktazide Kapazität (vergrößerte Kreatinphosphatspeicher) kann zu einer zeitlichen Verzögerung der anaerob-laktaziden Phase führen.
  Dadurch zögert sich der ermüdungsbedingte Leistungsabfall durch Übersäuerung hinaus. Bei intensivsten Belastungen über 7 bis 10 sec gewinnt die anaerob-laktazide Energiegewinnung zunehmend an Bedeutung. Auf diesem Stoffwechselweg kann relativ schnell viel ATP-Energie aus Kohlenhydraten gewonnen werden. Dies führt jedoch zu einer starken Laktatanhäufung im Organismus.

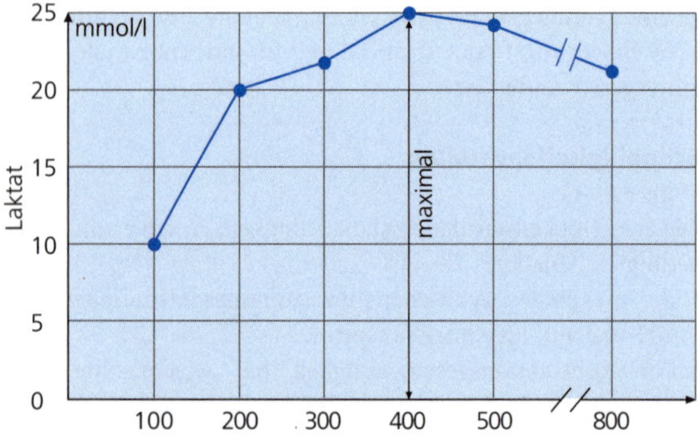

Der Laktatspiegel bei Laufbelastungen bis 800 m
(verändert nach Blum/Friedmann)

- Leistungsbereitschaft, Motivation:
  Eine ausdauernde Schnelligkeitsleistung führt zu erheblichen zentralnervalen Ermüdungen. Die Frequenz der Nervenimpulse, und damit auch die Bewegungsfrequenz, fällt mit zunehmender Belastungsdauer ab.
  Eine hohe Leistungsbereitschaft und Motivation kann dazu beitragen, dass die Schnelligkeitsausdauerleistung länger aufrechterhalten werden kann.
- Die Säuretoleranz:
  Da bei hochintensiven Belastungen bis 35 sec schon relativ hohe Laktatmengen anfallen (15 mmol/l und mehr), spielt ab einer Belastungsdauer von 20 sec die Säuretoleranz eine wichtige Rolle.

12.3 Methoden des Schnelligkeitstrainings

„Ein effektives Schnelligkeitstraining führt zu strukturellen und funktionellen Anpassungsreaktionen des neuromuskulären Funktionssystems, wobei die biologisch wirksamen Zeiträume für eine Adaptation bei ca. sechs bis acht Wochen liegen." (Badtke 1988, S. 374)

Trainierbarkeit der Schnelligkeit

Da die Schnelligkeit hauptsächlich von anlagebedingten Faktoren abhängt, ist eine trainingsbedingte Leistungssteigerung nur in einem geringen Umfang möglich.

Man spricht nicht umsonst vom „geborenen Sprinter". Dieser besitzt wegen seiner Muskelfaserverteilung gegenüber dem „Ausdauertyp" einen entscheidenden Leistungsvorteil bei schnellen Aktionen. (↗ S. 25 ff.)

Das Schnelligkeitstraining erfolgt als spezifisches Training, d. h., in unmittelbarer Verbindung mit der Wettkampfbewegung.

Im Kinder- und Jugendtraining lassen sich die Komponenten der Schnelligkeit (Reaktionsschnelligkeit, Beschleunigungsfähigkeit, Aktionsschnelligkeit und Schnelligkeitsausdauer) auch mit allgemeinen Körperübungen trainieren. Diese können sowohl separat als auch komplex geschult werden.

Im Schnelligkeitstraining kommt überwiegend die Wiederholungsmethode zur Anwendung.

Sprintschnelligkeit

Für die Sprintschnelligkeit benannte Ballreich vier Komponenten mit unterschiedlicher Leistungsrelevanz.

Die Prozentangaben kennzeichnen den Anteil an der Gesamtleistung.

- Sprintbeschleunigung + Sprintschnelligkeit (zyklisch) > 85 %
- Sprintausdauer (Schnelligkeitsausdauer) ca. 10 %
- Reaktionsschnelligkeit < 5 %

  Während Sprintbeschleunigung und Sprintschnelligkeit den größten Anteil an der Sprintleistung haben, spielt die Reaktionsschnelligkeit eher eine untergeordnete Rolle.

Das Training muss spezifisch auf die einzelnen Komponenten ausgerichtet sein, da sie unterschiedliche Anforderungen an die Athleten stellen und sich nicht gegenseitig beeinflussen (Weineck 2009, S. 219).

Training der Beschleunigungsfähigkeit

Trainingsziel:
- die Fähigkeit, möglichst hoch und lang beschleunigen können

Voraussetzungen:
- gutes Schnellkraft- und Maximalkraftniveau
- Dehn- und Entspannungsfähigkeit der Muskulatur
- gute Bewegungskoordination/Technik

Zielgruppe:
- Kinder- und Jugendsport (günstige Phase: 10 bis 13 Jahre)
- Leistungssport

Trainingsmethode:
- überwiegend Wiederholungsmethode (Serienprinzip)
- im Leistungssport auch die Wettkampfmethode
- bei größeren Belastungsumfängen auch die intensive Intervallmethode

Belastungsintensität:
- maximale und submaximale Bewegungsgeschwindigkeiten in Abhängigkeit von einer korrekten Bewegungstechnik
  Die Bewegungstechnik muss bei ansteigendem Geschwindigkeitsniveau gefestigt werden.

Streckenlängen:
- bis maximal zum Ende der Beschleunigungsphase (zwischen 10 und 50 m). Leistungssportler benötigen einen längeren Streckenabschnitt, um ihre Höchstgeschwindigkeit zu erreichen. Sie sind in der Lage, länger und höher zu beschleunigen.

Serienprinzip:
- 3 bis 4 Serien

Anzahl der Wiederholungen:
- ca. 2 bis 3 Wiederholungen pro Serie

Pausen zwischen den Wiederholungen:
- vollständige Erholung bei aktiver Pausengestaltung mit Lockerungs- und Entspannungsübungen (4 bis 6 min)

Körperübungen im Sprinttraining:
- Hoch- und Tiefstarts, Beschleunigungen bergauf, Sprung-ABC, Abläufe nach dem Stabwechsel beim Staffellauf

in den Spielsportarten:
- kleine Spiele mit oder ohne Ball, in denen Beschleunigungsphasen mit oder ohne Richtungswechsel auf kleinen Spielfeldern oder Laufstrecken verlangt werden (Staffelspiele, Fangspiele, Zuspiele mit Erlaufen von Bällen)

organisatorische Hinweise:
- Im Kinder- und Jugendtraining emfehlen sich für ein freudebetontes Üben besonders Wettbewerbsformen. Dabei sollte das Training der Bewegungstechnik nicht vernachlässigt werden, um das „Einschleifen" falscher Bewegungsmuster zu vermeiden.

Training der Aktionsschnelligkeit

Trainingsziel:
- die Fähigkeit, maximale Bewegungsgeschwindigkeiten zu realisieren

Voraussetzungen:
- Leistungsfähigkeit des Nerv-Muskelsystems (Muskelfaserstruktur, Innervation, Kraftentwicklung)
- intra- und intermuskuläre Koordination
- Dehn- und Entspannungsfähigkeit der Muskulatur

Zielgruppe:
- Kinder- und Jugendsport (günstige Phase: 10 bis 13 Jahre)
- Leistungssport

Trainingsmethode:
- Wiederholungsmethode
- im Leistungssport auch die Wettkampfmethode
- intensive Intervallmethode beim Sprint-ABC über kurze Distanzen mit Training verschiedener Bewegungsfrequenzen

Belastungsintensität:
- submaximale und maximale Bewegungsgeschwindigkeiten in Abhängigkeit von der technischen Bewegungsausführung und in einem optimalen Verhältnis von Bewegungsfrequenz (Schrittfrequenz) und Bewegungsamplitude (Schrittlänge)
- Belastungen mit leicht erhöhten oder leicht verringerten Widerständen

  Dabei muss die Bewegungsstruktur erhalten bleiben.

Streckenlängen:
- je nach Fähigkeitsniveau zwischen ca. 20 bis 80 m (Leistungssportler ab ca. 45 m, Anfänger ca. 20 bis 40 m)
- Die Streckenlänge muss so gewählt werden, dass die individuell maximale Bewegungsgeschwindigkeit erreicht und über eine gewisse Zeit gehalten werden kann.

BEISPIEL

Wiederholungsprinzip:
- Dieses Prinzip kommt bei längerer Belastungszeit/Laufstrecken zum Einsatz (ab ca. 50 m).

Anzahl der Wiederholungen:
- 3 bis 5

Pausen:
- vollständige Wiederherstellung
- optimale Pausengestaltung mit Wechsel von passiver und aktiver Erholung, damit gegen Ende der Pause das Erregbarkeitsniveau des Nerv-Muskel-Systems nicht zu stark absinkt

Körperübungen:
- Sprint: fliegende Sprints, Steigerungsläufe, Wettkampfläufe
- Spielsportarten: Sprintübungen und Übungs-, Spiel- und Wettbewerbsformen mit Ball (Ballstaffeln, Wettdribbling)

organisatorisch-methodische Hinweise:
- Es ist auf ein abwechslungsreiches Schnelligkeitstraining zu achten (kombiniertes Maximal- und Schnellkrafttraining, Training mit leicht erhöhten oder leicht verringerten Widerständen, Variation der Körperübungen).

Durch vielfältige Variationen im Schnelligkeitstraining wird vermieden, dass eine Geschwindigkeitsbarriere auftritt.

BEACHTE Unter einer Geschwindigkeitsbarriere versteht man eine unerwünschte Stabilisierung der Schnelligkeitsleistung aufgrund der Ausbildung eines motorischen Stereotyps.
Das Bewegungsmuster im Sprint kann sich hinsichtlich Schrittfrequenz und Schrittlänge im ZNS so verfestigen, dass es zu keiner weiteren Leistungssteigerung kommt. Die Geschwindigkeitsbarriere entsteht durch monotone Reize (Anwendung gleicher Trainingsinhalte und Belastungsverfahren).
Das Aufbrechen der Geschwindigkeitsbarriere erfordert zunächst die Verbesserung aller leistungsrelevanten Faktoren:
- Maximalkraft
- Schnellkraft
- intra- und intermuskuläre Koordination
- Bewegungstechnik/Lauftechnik
- Dehn- und Entspannungsfähigkeit der Muskulatur

Anschließend sind die verbesserten konditionellen und koordinativen Fähigkeiten in eine höhere Bewegungsgeschwindigkeit zu transformieren.
Hierbei kommt dem Üben unter erleichterten Bedingungen eine besondere Bedeutung bei der Überwindung der Geschwindigkeitsbarriere zu. Durch die verringerten Bewegungswiderstände ist es möglich, eine höhere Bewegungsfrequenz zu realisieren.

Training der Schnelligkeitsausdauer

Trainingsziel:
- die Widerstandsfähigkeit entwickeln, dem ermüdungsbedingten Geschwindigkeitsabfall entgegenzuwirken. Bei zyklischen Bewegungen wird diese Fähigkeit auch als „Stehvermögen“ bezeichnet.

Voraussetzungen:
- hohe anaerobe Ausdauerfähigkeiten (alaktazid und laktazid)
- hohe Motivation

- Pufferkapazität und Säuretoleranz
- eine anforderungsbedingte Grundlagenausdauer (entsprechend einem Gesundheitssportler)

Zielgruppe:
- ambitionierte Freizeitsportler
- Nachwuchsleistungssport, Aufbautraining (14 bis 17 Jahre)
- Leistungssport

Trainingsmethode:
- Wiederholungsmethode (Wiederholungs- und Serienprinzip) und intensive Intervallmethode

Belastungsintensität:
- submaximale Geschwindigkeit beim Serienprinzip und bei der intensiven Intervallarbeit
- maximale Bewegungsgeschwindigkeit bei der Wiederholungsmethode

Streckenlängen:
- 10 bis 20 % über der Wettkampfstrecke mit maximaler Geschwindigkeit
- bis zur doppelten Länge der Wettkampfstrecke mit submaximaler Geschwindigkeit

BEISPIEL

Wiederholungsprinzip:
- Überdistanzläufe: 4 × 120 m (für einen-100-m-Sprinter) mit maximaler Intensität

Anzahl der Wiederholungen:
- 3 bis 5

Pausen:
- relativ lange Pausen für den notwendigen Laktatabbau mit fast vollständiger Erholung (bis 10 min)
- ein Teil der Pause sollte aktiv gestaltet werden

Körperübungen:
- Sprint und Sportspiele: Tempoläufe, Überdistanzläufe, Tempowechselläufe, Handikap- und Vorgabeläufe, Paarlaufen, Endlosstaffelläufe, Umlaufstaffeln

Training der Reaktionsschnelligkeit

Trainingsziel:

- Verbesserung und Stabilisierung der Fähigkeit, auf einen Reiz in kürzester Zeit mit einer einfachen oder einer Auswahlreaktion zu reagieren

Voraussetzungen:

- hohes Konzentrationsvermögen und optimale Leistungsbereitschaft
- gutes Antizipationsvermögen in den Sportspielen und Kampfsportarten
- Geschwindigkeit der Erregungsleitung (Latenzzeit)

Zielgruppe:

- alle Leistungsbereiche in den Sportspielen, im Kampfsport und in den Sprintdisziplinen

Trainingsmethode:

- Wiederholungsmethode (Reaktionsschnelligkeit wird komplex in Verbindung mit Starts/Antritten und kurzen Beschleunigungen/Spielhandlungen trainiert)

Belastungsintensität:

- maximale Bewegungsschnelligkeit

Belastungsdauer/Streckenlänge:

- sehr kurz, 4 bis 10 m

Pausen:

- vollständige Erholung mit aktiver Pausengestaltung

Körperübungen:

- einfache Reaktion: Auf ein bekanntes Signal erfolgt ein genau festgelegter Bewegungsablauf (z. B. Start beim Schwimmen nach dem Signalton).

  Auswahlreaktion: Auf unterschiedliche Signale oder ganze Signalkomplexe muss wiederholt variabel reagiert werden (z. B. Angriffskombination im Volleyball: Informationsaufnahme und -verarbeitung optischer Signale der Ballflugkurve, der Position des eigenen Zuspielers und des gegnerischen Blocks mit der Auswahl einer situationsbedingten Angriffsaktion durch einen Lob oder einen harten Angriffsschlag.

Methodischer Hinweis:
- Je komplexer die Reize und die damit verbundenen Reaktionen sind, desto mehr müssen die Übungen der Reaktionsschnelligkeit variiert werden.

12.4 Grundsätze des Schnelligkeitstrainings

- *Erwärmung:*
  Eine intensive Erwärmung erhöht die Körpertemperatur, verringert die innere Reibung der Muskulatur (Viskosität) und beschleunigt den Ablauf biochemischer Reaktionen (Steigerung der Enzymaktivität).
- *Beweglichkeit:*
  Eine gute Dehn- und Entspannungsfähigkeit der Muskulatur ist grundlegende Leistungsvoraussetzung für alle Schnelligkeitsleistungen, deshalb darf das Beweglichkeitstraining nicht vernachlässigt werden.
- *Intensität:*
  Schnelligkeit wird mit ansteigender Intensität im submaximalen und maximalen Geschwindigkeitsbereich zusammen mit einem technisch einwandfreien Bewegungsablauf trainiert.
- *Ermüdung/Pausen:*
  Kein Schnelligkeitstraining in ermüdetem Zustand! Die Pausen müssen zu einer vollständigen Erholung führen.
- *Trainingsbeginn:*
  Schnelligkeit ist schon im Kindesalter mit zunächst allgemeinen, vielseitigen und freudebetonten Trainingsinhalten zu entwickeln. Besonders hohe Zuwachsraten der Schnelligkeitsleistung lassen sich im Alter von 8 bis 14 Jahren erzielen. Dies gilt nicht für die Schnelligkeitsausdauer.
- *Bewegungstechnik:*
  Kein Schnelligkeitstraining mit einer falschen Bewegungsausführung! Das Erlernen und Stabilisieren des Bewegungsablaufs erfolgt bei ansteigendem Geschwindigkeitsniveau.

- *Kraftfähigkeiten:*
  Schnelligkeit steht in engem Zusammenhang mit Schnellkraft- und Maximalkraftfähigkeiten.
  Schnellkraft- und später auch Maximalkraftübungen sind wesentliche Bestandteile eines Schnelligkeitstrainings. Ein spezifisches Maximalkrafttraining kann ab dem Alter von ca. 14 Jahren durchgeführt werden.

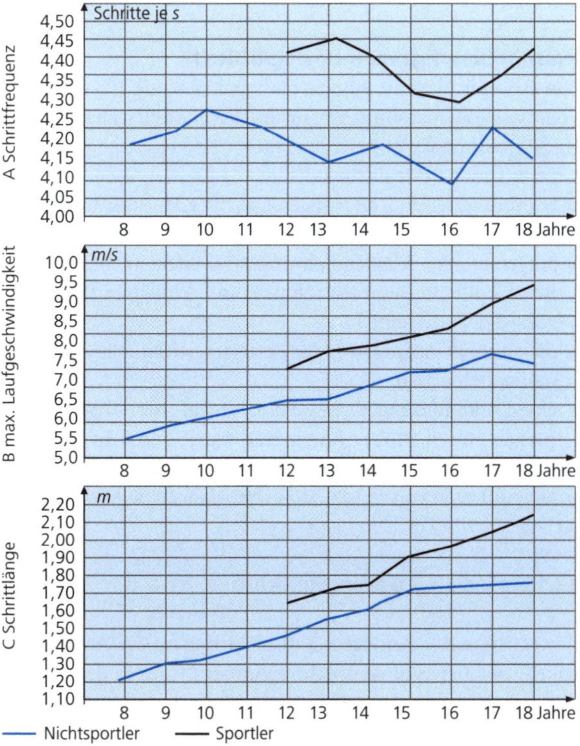

Altersbedingte Veränderung wichtiger Parameter der Schnelligkeit (vgl. Schnabel 1983)

13 Beweglichkeit

Beweglichkeit ist die Fähigkeit, Bewegungen mit einer großen Schwingungsweite bzw. Bewegungsamplitude auszuführen.

Warum benötigt man Beweglichkeit?

Die Beweglichkeit ist eine Grundvoraussetzung für das kraftvolle, schnelle, ökonomische, ausdrucksvolle und technisch richtige Ausführen vieler Bewegungen.

Ungenügende Beweglichkeit kann:

- bei verkürzter und/oder abgeschwächter Muskulatur eine optimale Kraftentfaltung verhindern,
- aufgrund einer kleinen Schwingungsweite keinen optimalen Beschleunigungsweg für schnelle und schnellkräftige Bewegung gewährleisten,
- die optimale Ausprägung der Bewegungstechnik und Koordination behindern,
- einen ökonomischen Bewegungsablauf bei Ausdauerleistungen stören (hoher Energieverbrauch durch mangelhafte Technik und Bewegungskoordination),
- das Auftreten von muskulären Dysbalancen begünstigen.

13.1 Arten der Beweglichkeit

Beweglichkeit (Gelenkigkeit) ist nicht nur für die Ausführung sportlicher Bewegungen wichtig, sondern kann in der Alltagsmotorik die Lebensqualität beeinflussen (z. B. Schuhe binden). Während im Fitnesssport die Entwicklung einer allgemeinen Beweglichkeit genügt, muss im Leistungstraining der einzelnen Sportarten eine spezielle Beweglichkeit ausgeprägt werden.

- Allgemeine Beweglichkeit:
  Beweglichkeit in den wichtigsten Gelenksystemen (Schulter-, Hüftgelenk und Wirbelsäule)
- Spezielle Beweglichkeit:
  Beweglichkeit eines speziellen Gelenks oder Gelenksystems, das für die Realisierung der jeweiligen sportlichen Bewegung wichtig ist (z. B. Hüftgelenk bei der Gymnastik, Schultergelenk beim Speerwurf)

Aktive und passive Beweglichkeit

- Aktive Beweglichkeit:
  ist die größtmögliche Bewegungsamplitude, die eine Person mit eigener Muskelkraft realisieren kann.
- Passive Beweglichkeit:
  ist die größtmögliche Bewegungsamplitude, die eine Person mithilfe äußerer Kräfte (Partnerhilfe oder Geräte) erreichen kann. Die erreichte Bewegungsamplitude beim aktiven Dehnen lässt Rückschlüsse auf die Kraftfähigkeiten der Agonisten und die Dehnfähigkeit der Antagonisten zu. Die passive Beweglichkeit ist stets größer als die aktive Beweglichkeit.

BEACHTE Der Begriff „passive Beweglichkeit" ist umstritten, weil die Entspannungsfähigkeit der Muskulatur eine aktive Komponente bei der Dehnung darstellt.

Der Sportwissenschaftler Wydra wählt deshalb eine andere Klassifikation:

„Prinzipiell ist zu unterscheiden, ob sich ein Sportler selbst dehnt oder ob er gedehnt wird. Wir schlagen hierfür die Begriffe Eigen- und Fremddehnung vor.

Bei einer Eigendehnung hat der Sportler über kinästhetische Rückmeldungen (z. B. über Spannungsverhältnisse der Muskulatur und die Raumlage der Extremitäten) aus der gedehnten und der zur Dehnung eingesetzten Muskulatur die direkte und uneingeschränkte Möglichkeit der Handlungsregulation (insbesondere bezüglich der Intensität der Dehnung). Dies ist der Normalfall der Muskeldehnung im Sport. Bei einer Fremddehnung ist lediglich eine indirekte Möglichkeit der Handlungsregulation gegeben." (Wydra 2000, S. 1)

Dynamische und statische Beweglichkeit

- Dynamische Beweglichkeit:
  ist die größtmögliche Schwingungsweite, die eine Person dynamisch durch wechselnde Gelenkwinkelstellungen (z. B. durch Federn und Wippen) erreichen kann.
- Statische Beweglichkeit:
  ist die größtmögliche Schwingungsweite, die eine Person über einen gewissen Zeitraum statisch halten kann.

BEACHTE Bei dynamischer Dehnung ist die Bewegungsamplitude stets größer als bei der statischen Dehnung. Die Differenz zwischen dynamischer und statischer Beweglichkeit wird als „Bewegungsreserve" bezeichnet.

Was passiert bei einer Muskeldehnung?

Bei einer Muskeldehnung bewirken die auftretenden Zugkräfte ein Auseinandergleiten der kontraktilen Elemente Aktin und Myosin. Die Überlappungsfläche von Aktin und Myosin nimmt mit zunehmender Dehnung ab. Gleichzeitig setzen die Titinfilamente, bei minimalem Überlappungsgrad von Aktin und Myosin, die bindegewebigen Anteile der Muskulatur und die Sehnen der Dehnung Widerstandskräfte entgegen.

Je weiter die Dehnung in Richtung eines maximalen Gelenkausschlages fortgesetzt wird, umso mehr vergrößert sich der gesamte Dehnungswiderstand des Muskels.

Dies ist eine Art Schutzreaktion, um einer physiologischen Überdehnung des Muskels entgegenzuwirken. Insbesondere die Titinfilamente wirken hierbei wie eine Art Sicherheitsgurt. Sie ziehen den Muskel nach der Dehnung auf seine Ausgangslänge zurück. Es ist ein Unterschied, ob langsam und kontinuierlich oder abrupt und kurzzeitig gedehnt wird. Bei einer langsamen,

	nach der Nachtruhe		Bedingungen			
	früh	mittags	10 min Aufenthalt bei 10 °C mit entblößtem Körper	10 min Verweilen in einem heißen Bad von 40 °C	Nach 20 min Auflockerung	Nach ermüdendem Training
Uhrzeit Ergebnisse	8.00 – 15	12.00 + 35	12.00 – 36	12.00 + 78	12.00 + 89	12.00 – 35

Veränderung der Beweglichkeit unter verschiedenen Bedingungen in mm (nach Osolin)

kontinuierlichen Dehnung richten sich die elastischen Strukturen linear in Zugrichtung aus, wodurch eine Zunahme der Längenänderung erfolgt, die sich nach der Dehnung relativ langsam zurückbildet. Wiederholte, längerfristige Dehnungen bewirken eine Vermehrung der in Serie geschalteten Sarkomere. Es kommt zu einer Längenzu- und Tonusabnahme des Muskels. Bei einer abrupten, kurzzeitigen Dehnung erfolgt eine reflektorische Aktivierung des gedehnten Muskels. Die Muskulatur kontrahiert, um einer möglichen Schädigung durch Überdehnung vorzubeugen. Je intensiver die Dehnung erfolgt, desto kräftiger kontrahiert die Muskulatur reflektorisch auf diese Längenänderung.

BEISPIEL Dieses Phänomen der reflektorischen Aktivierung ist vor allem bei explosiv-reaktiven Sprüngen zu beobachten (Niedersprungtraining).
Nur bei optimaler Absprunghöhe ist die Muskulatur in der Lage, nach der Landung eine hohe Kontraktionskraft zu entwickeln.

- Absprunghöhe zu niedrig (zu geringe Vordehnung): geringe reflektorische Aktivierung der Muskulatur
- Absprunghöhe zu hoch (zu große Vordehnung): Überforderung der Muskulatur bei der Landung und damit Hemmung des reaktiven Absprungs
- Absprunghöhe optimal (optimale Vordehnung): starke reflektorische Aktivierung der Muskulatur verbunden mit einer explosiven Kraftentwicklung beim Absprung

13.2 Muskuläre Dysbalancen

Was sind muskuläre Dysbalancen, und wie entstehen sie?

Unter muskulärer Dysbalance versteht man ein Ungleichgewicht zwischen verschiedenen Muskeln bzw. Muskelgruppen (Agonisten und Antagonisten) bezüglich der Kraftentwicklung und der Dehn- und Entspannungsfähigkeit. Das bedeutet, dass verkürzte Muskeln beim Dehnen eine hohe Spannung entwickeln und abgeschwächte Muskeln eine unzureichende Kraftentwicklung aufweisen.

Muskuläre Dysbalancen äußern sich in Haltungs- und Bewegungsabweichungen und stellen für den Nerv-Muskel-Gelenkmechanismus eine „zweckmäßige" Anpassungsreaktion auf die Lebensumstände des Individuums dar. Diese Anpassungsreaktionen sind reversibel, d. h., man muss überprüfen, ob durch Dehnung und Kräftigung auf die Anpassung reagiert werden sollte. Muskuläre Dysbalancen können aus Fehlbelastungen oder Verletzungen des Nerv-Muskel-Gelenksystems resultieren und bedürfen einer sportmedizinischen Untersuchung.

Die Muskeln und Muskelgruppen des Bewegungsapparates haben vorwiegend zwei Funktionen zu erfüllen:

- eine Haltefunktion (Stützmotorik) durch Stabilisierung des passiven Bewegungsapparates (z. B. die aufrechte Körperhaltung)

- eine Bewegungsfunktion (Zielmotorik) durch Realisierung von vielfältigen motorischen Aktionen (z. B. Laufen, Springen, Werfen)

  Die Muskelfaserstruktur und die Art der Beanspruchung der jeweiligen Muskelgruppen können das muskuläre Gleichgewicht beeinflussen.

  Muskeln mit überwiegendem Anteil an FT-Fasern werden als *phasische Muskeln* bezeichnet. Sie neigen bei mangelhafter Beanspruchung zu einer Tonusminderung und damit zur Abschwächung (Reduzierung der Kraft- und Schnellkraftfähigkeit). Muskeln mit überwiegenden ST-Faser-Anteilen neigen zur Tonuserhöhung und damit zur Verkürzung. Sie hemmen ihre phasischen Antagonisten. Man bezeichnet sie als tonische oder *posturale Muskeln.*

Muskeln, die zur Abschwächung (–) tendieren:
- vorderer Schienbeinmuskel
- großer Gesäßmuskel
- mittlerer Gesäßmuskel
- gerader Bauchmuskel
- Rückenstrecker (oberer Anteil)
- innerer Anteil des Schenkelstreckers (Oberschenkelvorderseite)
- Halsbeuger

Muskeln, die zur Verkürzung (x) tendieren:
- Halsstrecker
- großer Brustmuskel
- Hüftbeuger
- Schenkelanzieher (Adduktoren)
- gerader Schenkelstrecker
- Beuger der Hand und der Finger
- Wadenmuskulatur (Zwillingswadenmuskel, Schollenmuskel)
- Kniegelenksbeuger
- tiefe Rückenstreckmuskulatur (unterer Anteil)

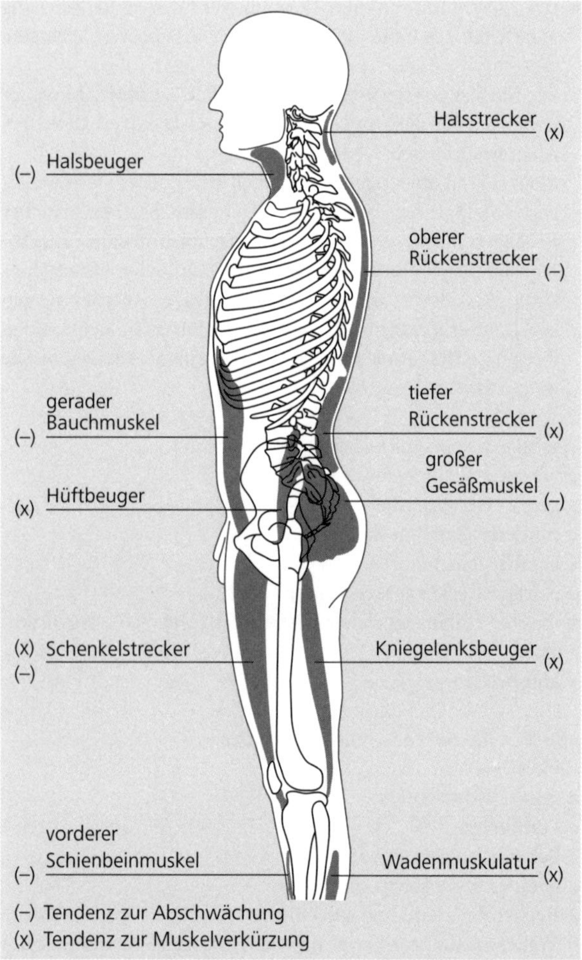

Muskelgruppen mit Verkürzungs- bzw. Abschwächungstendenz (verändert nach Kremer)

BEACHTE Die zur Abschwächung neigende Muskulatur sollte prinzipiell gekräftigt werden. Die Annahme, dass man zur Verkürzung neigende Muskeln ausschließlich dehnen sollte, ist falsch. Gerade stark verkürzte Muskeln sind wegen der damit verbundenen Bewegungseinschränkung zusätzlich abgeschwächt. Man spricht hier von einer „Verkürzungsschwäche".

In der Regel müssen diese Muskeln auch gekräftigt werden, um eine gute Balance im Bereich des Gelenks zu erzielen. Wydra erläutert dies am Beispiel der zur Verkürzung neigenden Hüftbeugemuskulatur. Er widerspricht der These der Funktionsgymnastik, dass Klappmesser und Sit-ups die Hüftbeuger einseitig kräftigen und dadurch die Bauchmuskulatur hemmen würden: „Die einseitige Kräftigung der Bauchmuskulatur bei gleichzeitiger Nichtkräftigung der Hüftbeuger macht trainingsmethodisch keinen Sinn. Im Gegenteil: Durch das einseitige Training können unter Umständen muskuläre Dysbalancen mit noch nicht bekannten Wirkmechanismen antrainiert werden. In eigenen Studien konnten wir zeigen, dass durch erschöpfende Sit-ups bzw. Klappmesser die Bauch- und Hüftbeugemuskulatur in gleichem Maße beansprucht werden, d. h., bei einem Training ist mit gleichen Zuwachsraten in beiden Muskelgruppen zu rechnen." (Wydra 2000, S. 129)
Für eine Übungsauswahl muss allerdings geprüft werden, für welchen Personenkreis welche Übungen geeignet sind, um eine optimale muskuläre Balance zu erreichen. Dass Wirbelsäulenpatienten nicht unbedingt Klappmesser auf einem harten Hallenboden ausführen sollten, ist einleuchtend. Ob jedoch gesunde Sportler ausschließlich mit Übungen der Funktionsgymnastik ihre Muskulatur optimal auf die dynamischen Anforderungen des Alltags und Sports vorbereiten können, ist zu bezweifeln.
Die funktionelle Übungsauswahl hängt also in erster Linie von den konditionellen und koordinativen Fähigkeiten, den Bewegungsfertigkeiten, der Konstitution und den Anforderungen des (sportlichen) Alltags ab.

13.3 Muskelfunktionsprüfung

Wie erkennt man muskuläre Dysbalancen?

In der Sportwissenschaft gibt es leider noch kein objektives Testverfahren zur Beurteilung der Dehnfähigkeit der Muskulatur. Deshalb muss man sich mit subjektiven Messungen behelfen.

Um die Beweglichkeit beurteilen zu können, müssen folgende Faktoren berücksichtigt werden:

- individuelle Kraftfähigkeiten einzelner Muskelgruppen (Trainingszustand von Agonisten und Antagonisten)
- Muskelfaserzusammensetzung von FT- und ST-Fasern in einer bestimmten Muskelgruppe (durch Muskelbiopsie feststellbar)
- Beschaffenheit des Bindegewebes („Bindegewebsschwächlinge" haben eine überdurchschnittliche Beweglichkeit)
- anatomische Besonderheiten, Alter und Geschlecht
- die Anforderungen des Alltags und der betriebenen Sportart (Gymnastinnen benötigen ein höheres Maß an Beweglichkeit als Skilangläufer)
- Muskel- und Gelenkverletzungen

Durch Muskelfunktionstests lassen sich grobe Aussagen über das muskuläre Gleichgewicht treffen. Je nach sportartspezifischer Anforderung ergeben sich unterschiedliche Maßgaben für die Beweglichkeit. Der Muskelfunktionstest sollte auf die Anforderungen der Sportart ausgerichtet sein. Im Folgenden werden einige einfache Testübungen für Muskelgruppen vorgestellt, die beim Volleyball zur Verkürzung neigen. Sie sind in der Sportpraxis ohne großen gerätetechnischen Aufwand zu realisieren.

1. Test der Wadenmuskulatur

(Sprungbelastung beim Angriff und Block)

- *Testübung:*
  Mit geschlossenen Beinen aus dem aufrechten Stand mit maximaler Kniebeugung in die tiefe Hocke gehen, ohne dass sich die Fersen vom Boden abheben.

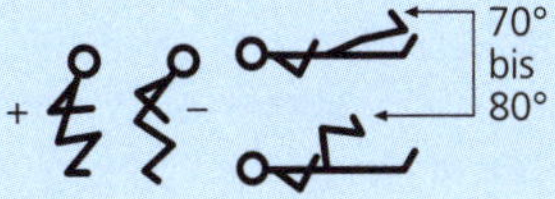

Testübung 1

- *Beurteilung:*
  Heben sich die Fersen vom Boden ab oder fällt der Proband nach hinten, ist die Wadenmuskulatur verkürzt.

2. Test der Oberschenkelrückseite

(bei allen Abwehrtechniken, wie z. B. „Hechtbagger")

- *Testübung:*
  Ausgestreckt auf einer geraden Unterlage liegen und das rechte/linke Bein, ohne Zuhilfenahme der Arme, bis zur Senkrechten mit leichter Beugung im Kniegelenk heben. Das andere Bein darf sich nur leicht vom Boden lösen und sollte weitgehend gestreckt bleiben.
- *Beurteilung:*
  Eine „normale" Beweglichkeit liegt vor, wenn ein Hüftwinkel von ca. 90° erreicht wird.

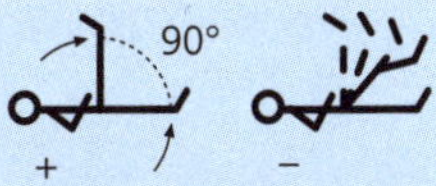

Testübung 2

3. Test der Hüftbeuger

(schnelle frontale und seitliche Antritte)

und der Oberschenkelvorderseite

(alle Sprünge und Landungen)

- *Testübung:*
  Man liegt rücklings auf einem Langkasten. Die Hüfte befindet sich in Höhe des Kastenendes, sodass die Beine herabhängen. Beide Hände umfassen das rechte bzw. linke Knie und ziehen es so weit wie möglich zur Brust.

- *Beurteilung der Hüftbeuger:*
  Der herabhängende Oberschenkel darf sich nicht über die Horizontale bewegen.
- *Beurteilung der Oberschenkelvorderseite:*
  Die Beugung im Kniegelenk des herabhängenden Beines sollte 90° oder mehr betragen, sonst liegt eine Verkürzung des Hüftbeugers vor.

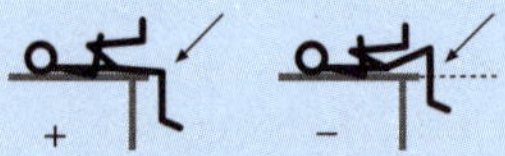

Testübung 3

4. Test der Adduktoren

(Verteidigungstechniken mit seitlichem Ausfallschritt)

- *Testübung:*
  In gestreckter Rückenlage wird das rechte bzw. linke Bein maximal seitlich abgespreizt.
- *Beurteilung:*
  Das abgespreizte Bein sollte mit der Körperlängsachse mindestens einen Winkel von 45 ° erreichen. Ist dies nicht mög-lich, muss das Bein ca. 90 ° im Kniegelenk gewinkelt werden, um zu prüfen, ob weiter abgespreizt werden kann.

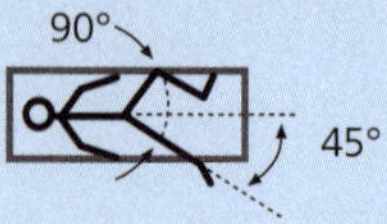

Testübung 4

5. Test der langen Rückenstreckmuskulatur (unterer Rücken)

(Aufbau der Bogenspannung bei Angriff und Sprungaufschlag)

- *Testübung:*
  Man sitzt auf einem Langkasten oder einer Massageliege, so-

dass die gesamte Oberschenkelrückseite aufliegt. Der Oberkörper wird so weit es möglich ist nach vorn gebeugt und beide Arme hängen dabei senkrecht am Kastenende herunter.

- *Beurteilung:*
  Hebt sich beim Vorbeugen des Oberkörpers das Gesäß deutlich vom Kasten ab, so liegt eine Verkürzung der unteren Rückenmuskulatur vor.

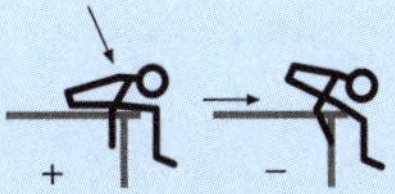

Testübung 5

6. Test des großen Brustmuskels
(alle Schlagbewegungen, Angriff und Aufschlag, und bei der Armarbeit des Blocks)

- *Testübung:*
  Man liegt rücklings auf einem Kasten, die Schultern befinden sich auf Höhe des Kastenendes. Beide Beine werden in Knie- und Hüftgelenk so stark gebeugt (Knie zur Brust ziehen und Fersen zum Gesäß bewegen), dass der Rücken vollständig auf der Kastenoberfläche aufliegt. Nun werden die Arme nach hinten gestreckt.
- *Beurteilung:*
  Können die gestreckten Arme nicht in die verlängerte Linie der Körperlängsachse (parallel zur Kastenoberfläche) gebracht werden, liegt eine Verkürzung des Brustmuskels vor. Diese Verkürzung taucht vor allem bei Menschen auf, die einen „Rundrücken" haben.

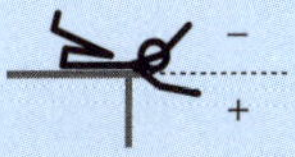

Testübung 6

7. Test der Hand- und Fingerbeuger
(oberes Zuspiel, Pritschen und Annahme)

- *Testübung*:
  Die Handflächen werden gegeneinander gepresst, zuerst mit den Fingern nach unten, dann nach oben.
- *Beurteilung*:
  Zwischen Handrücken und Unterarm sollte bei der „Finger-unten-Position" ein Winkel von 90 ° erreichbar sein. Bei der „Finger-oben-Position" müsste zwischen Unterarm und Körperlängsachse ein Winkel von ca. 90 ° erreicht werden.

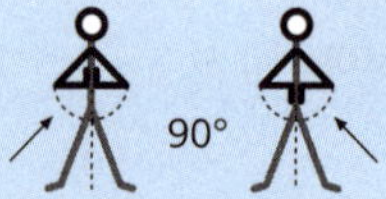

Testübung 7

13.4 Methoden des Beweglichkeitstrainings

Wiederholungen sind im Beweglichkeitstraining wichtig. Dabei sollte man jeweils zwischen 3 und 5 Serien mit 10 bis 15 Wiederholungen absolvieren. Einzelne Dehnungsübungen sind allenfalls für einen kurzen „Dehnungscheck" geeignet, jedoch nicht für die langfristige Verbesserung der Beweglichkeit. Nur durch wiederholte Dehnungsreize lässt sich eine Verlängerung des Muskels und eine Sollwertverstellung der Dehnungsrezeptoren in den Muskeln, Sehnen und Gelenkkapseln und damit die Tolerierung einer höheren Dehnungsspannung erreichen. Dehnungsübungen sind grundsätzlich mit Lockerungs- und Kräftigungsübungen zu kombinieren. Es lassen sich vier Methoden des Beweglichkeitstrainings unterscheiden:

- dynamisches Dehnen
- statisches Dehnen (Stretching)
- kombiniertes Dehnen
- Anspannungs-Entspannungs-Dehnen

Dynamisches Dehnen (aktiv und passiv)

Kennzeichnung:

- Durch wiederholtes, kontrolliertes, koordiniertes und behutsames Federn und Schwingen bis an die subjektive Schmerzgrenze soll eine Vergrößerung der Schwingungsweite erfolgen.

BEACHTE Ein ruckartiges Zerren, Üben unter Schmerzen und Bewegungen an der Gelenkendstellung sind zu vermeiden!

aktiv:

- Eigendehnung der Muskulatur durch eigene Muskelarbeit

passiv:

- Fremddehnung der Muskulatur durch äußere Kräfte, wie z. B. Partnerhilfe oder Geräte

Vorteil:

- gleichzeitige Kräftigung der Muskulatur
- Aktiv-dynamische Dehnungen bewirken in der Aufwärmphase eine bessere Vorbereitung des Nerv-Muskel-Gelenkmechanismus auf dynamische Belastungen.
- Zusammenwirken kompletter Muskelketten wird geschult.
- besserer Aufwärmeffekt durch aktive Muskelarbeit
- hohe Effektivität durch Kombination von Dehnung, Kräftigung und Koordination

Nachteil:

- Für Trainingsanfänger mit schlechter Koordination und Personen mit Gelenkverletzungen/-erkrankungen kann diese Methode ungeeignet sein (Verletzungsgefahr durch mangelnde Bewegungskoordination und Überlastung geschädigter Gelenkstrukturen).

Statisches Dehnen – Stretching (aktiv und passiv)

Kennzeichnung:

Durch langsames Einnehmen einer Dehnposition, die ca. 10 bis 30 sec gehalten wird, versucht man, die Schwingungsweite zu vergrößern.

aktiv:
- Die Dehnposition wird durch die eigene Muskelkraft erreicht und gehalten.

Vorteil:
- Kräftigung der Muskulatur

Nachteil:
- geringer Dehneffekt, da die Kontraktionskraft der Muskulatur in der Regel nicht ausreicht, um die Schwingungsweite des Gelenks wirkungsvoll zu vergrößern

passiv:
- Die Dehnposition wird durch passives „Ausziehen" mithilfe äußerer Kräfte bzw. Widerständen eingenommen (Wand, Boden, Partner, Maschine).
  Es wird differenziert in „easy-stretch" und in „development-stretch". Beim „easy-stretch" wird die anfangs eingenommene Dehnposition lediglich gehalten. Beim „development-stretch" dehnt man nach ca. 10 bis 20 sec nach und hält die Position noch einmal gleich lang.

Vorteil:
- größere Effektivität bezüglich der zu erreichenden Schwingungsweite gegenüber dem aktiv-statischen Dehnen

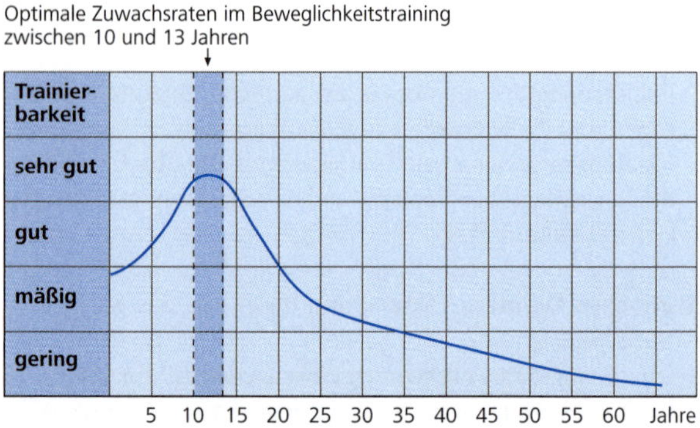

Trainierbarkeit der Beweglichkeit in Abhängigkeit vom Lebensalter

Nachteil
- Bei Partnerübungen ist die Intensitätssteuerung bzw. das Herantasten an die Schmerzgrenze schwierig.

Kombinierte Methode (dynamisch und statisch)
Kennzeichnung:
- Nach mehrmaligen federnden Bewegungen wird die erreichte maximale Dehnposition für einige Sekunden statisch gehalten.

Vorteil:
- Neben einer Verbesserung der Beweglichkeit kommt es infolge der länger dauernden, kombinierten Muskelarbeit (zunächst überwindend-nachgebend und danach statisch-haltend) zu einer Kräftigung der beanspruchten Muskulatur.

Nachteil:
- Es ist schwierig, die maximale Dehnposition zu fixieren.

Anspannungs-Entspannungs-Dehnen
Kennzeichnung:
- Der Muskel wird unmittelbar vor der Dehnung ca. 5 bis 10 sec maximal isometrisch angespannt und sofort anschließend ca. 10 bis 20 sec statisch gedehnt.

Vorteil:
- Die vorgeschaltete maximale isometrische Muskelkontraktion löst eine reflektorische Dehnung aus. Somit kommt es zu einer kurzzeitigen verstärkten Entspannung der beanspruchten Muskulatur, sodass bei der unmittelbar nachfolgenden Dehnung größere Schwingungsweiten zu erreichen sind. Der Dehnungsreflex dient dem Muskel als Schutz vor Selbstzerreißung.

Nachteil:
- Der Dehnungsreflex ist sehr kurz, sodass sofort nach der isometrischen Anpassung gedehnt werden muss.
- Für Kinder, Untrainierte und Personen mit Bluthochdruck ist diese Methode ungeeignet.

13.5 Grundsätze des Beweglichkeitstrainings

- Vor dem Beweglichkeitstraining stets gründlich aufwärmen und vorbelasten.
- Langsam an die individuelle Beweglichkeitsgrenze herantasten.
- Nicht über die Schmerzgrenze hinaus üben! Nur das sportartspezifisch notwendige Maß an Beweglichkeit herausbilden und Überdehnungen vermeiden (Gefahr der Gelenkinstabilität).
- Beweglichkeitstraining mit Lockerungs- und Entspannungsübungen und leichter Kräftigung kombinieren.
- Die Beweglichkeit muss systematisch und planmäßig ausgebildet werden (serienmäßige Wiederholungen in mehreren Trainingseinheiten über Wochen/Monate).
- Die Beweglichkeit sollte schon im Kindes- und Jugendalter ausgeprägt und erhalten werden. Mit zunehmendem Alter muss man einen ungleich größeren Aufwand für die Entwicklung bzw. Erhaltung dieser Fähigkeit betreiben.
- Das Beweglichkeitstraining ist an den Anfang der Trainingseinheit zu platzieren. Kein Beweglichkeitstraining in ermüdetem Zustand nach starker körperlicher Belastung, intensivem Kraft- oder Ausdauertraining.
- Das dynamische Beweglichkeitstraining ist in der Aufwärmphase vor Maximal- und Schnellkraftleistungen der statischen Methode (Stretching) vorzuziehen.
  Statisches Dehnen führt zum Absinken des Muskeltonus und damit zu einer verminderten Maximal- und Schnellkraftleistung. Beim dynamischen Dehnen wird zusätzlich die intermuskuläre Koordination geschult.

Begründung:

„Die Alltags- und Sportmotorik zeichnet sich durch vorwiegend aktiv-dynamische Bewegungsprozesse aus, bei denen intermuskulär-koordinative Abläufe sowie die ‚reziproke

Innervation‘ (Antagonistenhemmung) der Muskulatur eine wichtige Rolle spielen.
Derartige nervale Qualitäten werden bei passiv-statischen Übungen weder angesprochen noch geschult. Hier zeigen sich deutlich die Vorteile einer aktiv-dynamischen Dehnarbeit.“ (Hoster 2002, S. 6)

14 Erwärmung und Entmüdung

14.1 Erwärmung (Warm-up)

Definition:

- allgemeine und spezielle, physische und psychische Vorbereitung des gesamten Organismus auf den Wettkampf bzw. das Training durch ansteigende Belastungsanforderungen

Ziel:

- Erreichen einer optimalen Leistungsfähigkeit und Leistungsbereitschaft

Aufgaben:

- Verbesserung der allgemeinen organischen Leistungsbereitschaft
  - Schutz vor Verletzungen
  - Erhöhung der Körpertemperatur (begünstigt den Ablauf der Stoffwechselprozesse)
  - Steigerung der Durchblutung und damit der Elastizität bzw. Dehnfähigkeit der Arbeitsmuskulatur
  - Steigerung der Durchsaftung des Binde- und Stützgewebes
- Verbesserung der koordinativen Leistungsbereitschaft
  - Steigerung des Reaktionsvermögens und der Bewegungspräzision durch erhöhte Nervenleitgeschwindigkeit
- Verbesserung der psychischen Leistungsbereitschaft
  - mentale Vorbereitung auf die anstehenden Belastungsanforderungen während der Aufwärmzeit

Wie sollte eine Erwärmung inhaltlich aufgebaut sein?

Folgende Prinzipien sollten beachtet werden:

- Mit fortschreitender Erwärmung folgen nach allgemeinen Übungen sportartspezifische Bewegungsabläufe.

- Form, Zeitdauer und Intensität des Aufwärmens werden bestimmt von der Sportart, dem Trainingszustand, den klimatischen Bedingungen und der vorangegangenen Belastung. Ein Hochleistungssportler benötigt ein umfangreicheres und intensiveres Aufwärmprogramm als ein Hobbysportler, da er aufgrund seines höheren Leistungsniveaus eine höhere Reizschwelle besitzt.
- Beim Aufwärmen sollte die Intensität so ansteigen, dass gegen Ende der Aufwärmphase kurzzeitig maximale Belastungen gefordert werden können.
  Eine Erwärmung ist nach folgendem Schema aufzubauen:
  - Den Organismus aktiv durch dynamische Ganzkörperbewegungen (Laufen, Schwimmen, Radfahren, Gymnastik) auf „Betriebstemperatur“ bringen!
  - Die Muskulatur vorrangig mit dynamischen Übungen aktivieren, kräftigen und eventuell kurz dehnen.
    Vor Schnellkraft- und Maximalkraftbelastungen hat ein intensives statisches Dehnen zu unterbleiben, damit der Muskeltonus nicht zu stark absinkt.
  - Nach der Aktivierung der Muskulatur erfolgt eine kurzzeitige intensive Belastung.
    Diese intensive körperliche Belastung kann in Verbindung mit koordinativen und kognitiven Beanspruchungen erfolgen (z. B. Sprints, intensive Sprungkoordination, kleine Spiele etc.).
  - Durchführung von Lockerungsübungen (Konzentrationsphase für Wettkampf oder Hauptteil der Trainingseinheit).

14.2 Entmüdung (Cool-down)

Definition:
- allgemeine physische und psychische Entmüdung des Organismus am Ende der Wettkampf- oder Trainingsbelastung durch abnehmende Belastungsintensität

Ziel:

- Beschleunigung der Regenerationsprozesse (Laktatabbau, Auffüllen der Energiespeicher, Senkung des erhöhten Muskeltonus)

Aufgaben:

- Unterstützung der physischen und psychischen Entmüdung des Organismus nach erfolgter Belastung
- Erhöhung der Leistungsbereitschaft bei nachfolgender Belastung

Wie sollte eine Entmüdung inhaltlich aufgebaut sein?

Das „Cool-down" ähnelt vom Aufbau her einem Aufwärmprogramm, mit dem Unterschied, dass die intensive Beanspruchung fehlt.

- Den Organismus durch variable, lockere Ganzkörperbelastung über eine Belastungsdauer von 5 bis 8 min mit anfänglicher Pulsbelastung von ca. 130 Schlägen pro min, beanspruchen. Die Pulsfrequenz kann nach 3 bis 4 min auf ca. 100 Schläge/Minute absinken (z. B. Barfußlaufen mit Lauf-ABC).

Wirkung:

- schneller Abtransport der Stoffwechselendprodukte aus dem Gewebe und Beschleunigung der Wiederherstellungsprozesse

- Die Muskulatur durch gymnastische Lockerungsübungen geschmeidig machen. Hochlagern der Extremitäten, verbunden mit leichten Schüttel- bzw. Vibrationsbewegungen (mit und ohne Partnerhilfe) lockert die Muskulatur und mobilisiert die Gelenke und Gelenkstrukturen der Arme und Beine. Mobilisation der Wirbelsäule durch Wechsel zwischen „Katzenbuckel" und Hohlkreuzposition in der Bankstellung.
- physische und psychische Entspannung

- bewusstes Anspannen und Entspannen bestimmter Muskelgruppen
- mentale Entspannung durch autogenes Training oder formelhafte Vorsatzbildung

- Wechselduschen, Bäder
  - 1 bis 2 min warm im Wechsel mit 10 bis 20 sec kalt, das Wechselduschen mit einem kalten Guss beenden
  - oder ein 20-minütiges Entmüdungsbad mit ca. 38 bis 39° Wassertemperatur

BEACHTE

- Für das gesamte Cool-down-Programm mindestens 15 bis 20 min Zeit nehmen (ohne Duschen).
- Während der Übungen darf der Körper nicht auskühlen (verschwitzte Kleidung wechseln bzw. Trainingsanzug überziehen).
- Schuhe ausziehen und einengende Bandagen oder Tapeverbände lösen.
- Nach Beendigung der Belastung ausreichend Flüssigkeit zuführen, um die Flüssigkeits- und Elektrolytverluste auszugleichen.

Bewegungslehre

Die Bewegungslehre befasst sich mit allen Aspekten, die für das Zustandekommen menschlicher und sportlicher Bewegungen bedeutsam sind. Sie untersucht z. B. die motorische Entwicklung von der Geburt bis ins hohe Alter, die Bewegungskoordination und den motorischen Lernprozess.

15 Gegenstand der Bewegungslehre

Die Bewegungslehre des Sports beschäftigt sich mit allen Aspekten der sportlichen Bewegung des Menschen. Sie untersucht z. B. die motorische Entwicklung von der Geburt bis ins hohe Alter, die Bewegungskoordination und den motorischen Lernprozess. Die Bewegungslehre ist eine komplexe Wissenschaft, die Informationen von anderen Wissenschaftsdisziplinen in den eigenen Erkenntnisprozess einbezieht, u. a. von der Morphologie, der funktionellen Anatomie, der Sensomotorik, der Psychomotorik und der Biomechanik.
Die Biomechanik ist in der Bewegungslehre sehr bedeutsam. Aus diesem Grund nimmt die biomechanische Betrachtungsweise im Weiteren einen zentralen Stellenwert ein.
Die Biomechanik des Sports untersucht die körperliche (sportliche) Bewegung unter mechanischen Gesichtspunkten. Man kann sie als eine eigenständige Teildisziplin der Biophysik zuordnen. Die Biophysik beschäftigt sich mit den lebenden Systemen hinsichtlich der physikalischen Analyse biologischer Strukturen.

15.1 Sportliche Bewegungen beobachten, beschreiben und darstellen

Was verstehen wir unter sportlicher Bewegung? Die sportliche Bewegung des Menschen ist ein komplexer und komplizierter Vorgang. Er beinhaltet anatomische, biomechanische, biochemische, neuromuskuläre und psychische Gesichtspunkte. Die sportliche Bewegung lässt sich durch eine feststellbare Ortsveränderung des Körper bzw. der Körperteile kennzeichnen.

Bei sportlichen Bewegungen gelten mechanische Gesetze. Die menschliche Bewegung lässt sich aufgrund ihrer Komplexität aber nicht auf eine mechanische Betrachtungsweise reduzieren. Denn nicht alles, was mechanisch möglich ist, kann auch biologisch realisiert werden. Gesetzesaussagen, die in der Mechanik auf eindeutigen kausalen Zusammenhängen beruhen (z. B. wenn auf einen Körper eine Kraft einwirkt, dann ändert er seinen Bewegungszustand je nach Betrag und Richtung der Kraft), sind im Sport nur bedingt möglich, da die biologischen Besonderheiten des Körpers berücksichtigt werden müssen.
Die hohen Bewegungsmöglichkeiten (Freiheitsgrade) innerhalb des menschlichen Bewegungssystems, die Elastizität der Muskulatur und die Kraftentwicklung aus dem eigenen Körper heraus stehen beispielhaft für die Komplexität von sportlichen Bewegungen. Um dennoch Aussagen über Ursachen und Wirkungsweisen treffen zu können, arbeitet man nicht wie in der Mechanik mit eindeutigen Gesetzesaussagen, sondern mit den sogenannten biomechanischen Prinzipien (↗ Biomechanische Prinzipien, S. 241 ff.). Sie treffen „weichere" Aussagen, z. B. „wenn *a*, dann höchstwahrscheinlich *b*".

BEISPIEL Im Weitsprung sind Anlaufgeschwindigkeit, Sprungkraft und Sprungtechnik die entscheidenden Faktoren für die Sprungweite. „*Wenn* ein Weitspringer länger beschleunigt, damit seine Anlaufgeschwindigkeit erhöht und die Anlauflänge optimal wählt, *dann* wird er höchstwahrscheinlich weiter springen, sofern sein Absprungverhalten und seine Technik dies zulassen."
Diese Aussage gilt unter der Voraussetzung, dass die höhere Anlaufgeschwindigkeit am Absprungbalken umgesetzt werden kann, d. h. die horizontale Beschleunigung des Körpers in den optimalen Abflugwinkel umgelenkt wird. Sonst könnte die Sprungweite auch kürzer ausfallen als mit geringerer Anlaufgeschwindigkeit.

Bewegungsabläufe lassen sich mit quantitativen und qualitativen

Bewegungsmerkmalen beschreiben. Diese objektiven Informationen sind nötig, um sportliche Bewegungen bewerten, beurteilen und lehren zu können.

Quantitative Bewegungsmerkmale:
- kinematische Merkmale: Orts- und Lageveränderung des Körpers – auch mit Sportgerät, zeitliche Dauer bestimmter Bewegungsphasen und Lagebeziehungen zwischen verschiedenen Körperteilen
- dynamische Merkmale: beschreiben die Ursache für die Orts- und Lageveränderung

Die Kinematik ist die Lehre von der Bewegung beschrieben durch die Zusammenhänge zwischen den Größen Weg, Geschwindigkeit und Beschleunigung. Die Dynamik beschäftigt sich mit den Ursachen der Bewegung, also mit den auf den Körper einwirkenden Kräften.

Qualitative Bewegungsmerkmale:
- Bewegungsfluss
- Bewegungsrhythmus
- Bewegungsharmonie
- Bewegungsgenauigkeit

Diese sogenannten Ablaufmerkmale einer Bewegung dienen vorrangig dazu, sportliche Bewegungen zu bewerten.

Beobachtung sportlicher Bewegungen

Der äußerlich sichtbare Teil einer Bewegung wird mit der morphologischen (phänographischen) Betrachtungsweise untersucht. Damit ist das Ziel verbunden, wesentliche Informationen für die Beschreibung, Anleitung, Korrektur und Bewertung von Bewegungsausführungen zu erhalten.
Bei der Beobachtung sportlicher Bewegungen gewinnt der Betrachter visuelle Eindrücke, die lediglich subjektive Aussagen

Oberes Zuspiel (Pritschen)	Unteres Zuspiel (Baggern)
Bewegung hinter den Ball ist nicht abgeschlossen	KSP zu hoch
Schrittstellung oder zu breite Grätschstellung der Beine	Schrittstellung der Beine oder zu breite Grätschstellung
Zuspiel erfolgt nicht vor der Stirn	Handschluss falsch oder fehlt gänzlich
Daumen zeigen nach vorn	Treff-Fläche nicht auf dem Unterarm
Zuspiel erfolgt ohne Fingerspannung	Spannung in der Arm- und Schultermuskulatur fehlt
Handstellung nicht symmetrisch	Koordination in der Bewegung gegen den Ball fehlt

Beobachtungsraster zur Fehleranalyse im Volleyball

über die Qualität von Bewegungsmerkmalen zulassen.
Das Beobachten und Bewerten sportlicher Bewegungen erfordert die Kenntnis der Strukturmerkmale der sportlichen Technik und ein Beobachtungsraster für die sogenannten Knotenpunkte bzw. Schlüsselstellen (s. o.).
Die beobachteten und erfassten Knotenpunkte vergleicht man mit dem Technikleitbild und zieht qualitative Rückschlüsse zu dem beobachteten Bewegungsablauf.
Auch erfahrene Beobachter, wie Trainer und Kampfrichter, kommen nicht umhin, Film- und Videoaufnahmen als Hilfsmittel hinzuzuziehen, um Bewegungen präzise zu analysieren.

Beschreibung sportlicher Bewegungen

Sportliche Bewegungen lassen sich nach verschiedenen Kriterien beschreiben:

- nach Bewegungsphasen
- nach räumlichen Kriterien
- nach zeitlichen Kriterien
- nach funktionalen Aspekten
- nach subjektivem Empfinden

- nach Bewegungsschaltstellen (dort, wo sich das Bewegungsverhalten sichtbar ändert)

Innerhalb der Sportwissenschaft gibt es keine einheitliche Position, mit welchen dieser Strukturierungskriterien sportliche Bewegungen beschrieben werden. Die Entscheidung hängt von der Auffassung des Sportwissenschaftlers ab.

Zwei Modelle, die in der Sportpraxis oft genutzt werden, sind das *Phasenmodell* (Meinel) und das *Funktionsmodell* (Göhner). Im Weiteren werden diese Modelle vorgestellt.

Modell der Bewegungsphasen (nach Meinel)

Diese Art der Bewegungsbeschreibung gliedert alle sportlichen Bewegungen in drei Phasen:

- Vorbereitungsphase
- Hauptphase
- Endphase

Die Vorbereitungsphase leitet die Bewegung ein. In ihr werden möglichst günstige Voraussetzungen für die nachfolgende Hauptphase geschaffen. In der Hauptphase selbst soll die gestellte Bewegungsaufgabe gelöst werden. Die Endphase stellt den Ausklang der Bewegung dar, in der der Körper wieder in einen Gleichgewichtszustand gelangt.

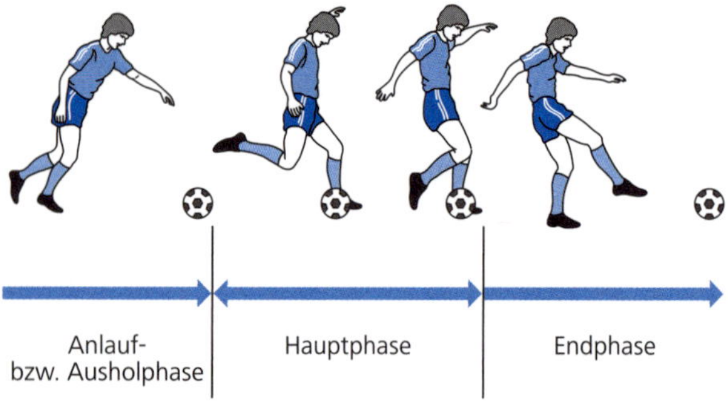

Bewegungsphasen (nach Meinel)

Diese dreigliedrige Phasenstruktur gilt für alle *azyklischen Bewegungen* (z. B. Sprünge, Würfe, Torschüsse, Schlagbewegungen).
Bei *zyklischen Bewegungen* (z. B. Laufen, Radfahren, Schwimmen) gehen die Phasen ineinander über. Es erfolgt eine „Phasenverschmelzung“ zwischen der Endphase der vorangegangenen Bewegung und der Vorbereitungsphase der nachfolgenden Bewegung. Dies bedeutet, dass in diesen Sportarten lediglich eine zweigliedrige Phasenstruktur vorzufinden ist.

BEISPIELE

Azyklische Bewegung (drei Phasen):
Weitsprung
- Vorbereitungsphase: Anlauf mit den letzten drei Schritten (kurz – lang – kurz)
- Hauptphase: Absprung
- Endphase: Flugphase mit Landung

Handstützüberschlag vorwärts am Boden
- Vorbereitungsphase: Anlauf mit Hopser und das Aufsetzen der Hände
- Hauptphase: Abdruck vom Boden mit anschließender Überschlagbewegung
- Endphase: Landung

Zyklische Bewegung (zwei Phasen):
Innerhalb des Skilanglaufs existieren zwei Grundtechniken, die klassische Technik mit paralleler Skiführung und die Freistiltechnik des Skatings. Während bei der klassischen Technik des Diagonalschritts die Arme und Beine wechselseitig zum Vortrieb des Körpers genutzt werden, kommt beim Skating ein nahezu synchroner Stockeinsatz (geringfügig zeitlich versetzt) bei wechselseitigem Beinabdruck vor. Bei beiden Techniken stellen Stockabstoß, Beinabdruck und Gleiten die Hauptphase der Gesamtbewegung dar.

In der klassischen Technik des Diagonalschritts kennzeichnet das Auspendeln und anschließende Vorschwingen des Arms und des diagonalen Beins gleichzeitig Endphase und Vorbereitungsphase eines Bewegungszyklus. In der Skatingtechnik pendeln beide Arme nahezu synchron aus und schwingen im gleichen Rhythmus wieder nach vorn.

Modell der Funktionsanalyse (nach Göhner)
Für jede Bewegungsaufgabe müssen bestimmte Aktionen realisiert werden, die in der Summe die gesamte Bewegung darstellen. Solche Aktionen wären z. B. für die Floptechnik im Hochsprung: Anlaufen – Unterlaufen – Abspringen – Steigen – Floppen – Landen.
Diese Grobeinteilung der nacheinander zu vollziehenden Bewegungen nennt man *Aktionsskizze*. Fügt man diesen Aktionen jeweils die Art und Weise hinzu, wie die Aktion verläuft (Aktionsmodalitäten) erhält man eine Verlaufsbeschreibung.

Aktionsmodalitäten beinhalten u. a.:
- räumliche, zeitliche und dynamische Parameter
- die Bewegungsrichtung
- integrierte Teilkörperbewegungen
- Angabe der agierenden Körperteile
- Ausgangsposition zu Beginn der Aktionen
- Endposition nach den Aktionen

Die Verlaufsbeschreibung einer sportlichen Technik dient Sportlern und Trainer im Prozess des Bewegungslernens als Technikleitbild. Anhand dieses Leitbildes, das aus Techniken von verschiedenen Spitzenathleten ermittelt wird, muss im Prozess des motorischen Lernens ein ständiger Soll-Ist-Vergleich vollzogen werden. In diesem Vergleich wird die Bewegungstechnik auf ihre Zweckmäßigkeit hin analysiert. Bei technisch-kompositorischen Sportarten (z. B. Rhythmische Sportgymnastik, Eiskunstlaufen) steht die Formung bzw. Ausdrucksstärke im Zentrum der Analyse.

Innerhalb dieses Technikleitbildes gibt es bestimmte Bewegungsspielräume, die zum gleichen Resultat führen können. In der Leichtathletik sind es unterschiedliche Techniken z. B.

Kugelstoßen:
Angleit- und Drehstoßtechnik
Weitsprung:
Schrittsprung- und Laufsprungtechnik

Aber auch innerhalb einer bestimmten Technik treten unterschiedliche individuelle Ausführungen der Bewegungsphasen bzw. Aktionen auf, die nicht als fehlerhaft angesehen werden müssen. Göhner schreibt dazu: „Wie in der technischen Welt so ist auch im Sport die Möglichkeit vorhanden, einzelne Aktionen in einem Bewegungsablauf zu ändern bzw. durch andere zu ersetzen, und zwar genau dann, wenn mit den neuen Aktionen dieselbe Funktion erreichbar ist, also Funktionsäquivalenz vorliegt.“ (Göhner 2004, S. 60)

Die Funktionsanalyse der Biomechanik beschränkt sich darauf, die Zweckmäßigkeit einer Bewegung zu prüfen, indem sie mechanische Gesetzmäßigkeiten und die körperlichen Leistungsvoraussetzungen beachtet. Die qualitativen Bewegungsmerkmale spielen eine untergeordnete Rolle.

Zusammenfassend lässt sich feststellen, dass Göhner bei seiner Funktionsanalyse zweistufig vorgeht:

1. Für alle Aktionen und Aktionsmodalitäten werden zunächst die Funktionen bestimmt.
2. Für alle Aktionen und Aktionsmodalitäten werden dann die Bewegungsspielräume geprüft.

BEISPIEL

Aktionen, Aktionsmodalitäten und Funktionen der Floptechnik im Hochsprung

Aktionen:
Anlaufen – Unterlaufen – Abspringen – Steigen – Floppen – Landen

Aktionsmodalität	Funktionen
Die gegen Ende des Abspringens erreichte Körperposition wird kurz beibehalten, um ...	nicht schon beim Hochfliegen die Latte mit einem Körperteil zu reißen,
und nach kurzer Fixierung das Schwungbein fallengelassen, um ...	besser in das nachfolgende Floppen übergehen zu können.

Aktionsmodalität und Funktion: beispielhafte Darstellung für das „Steigen"

Darstellung sportlicher Bewegungen
Die bildliche Darstellung von sportlichen Bewegungen umfasst handgezeichnete Einzelbild- oder Reihenbilddarstellungen, bis hin zu digitalen Videoaufnahmen und Aufnahmen mit Hochgeschwindigkeitskameras, die ca. 100 Bilder pro Sekunde ermöglichen.
Durch Bildbearbeitungsprogramme ist es auch für Laien relativ leicht möglich, digitale Videoaufnahmen auszuwerten und zu bearbeiten.

15.2 Steuerung und Regelung der sportlichen Bewegung

Der Mensch ist in der Lage, die eigenen Körperbewegungen während des Bewegungsvollzugs zu analysieren und zu korrigieren. Hierfür verfügt der menschliche Organismus über verschiedene Analysatoren zur Steuerung und Regelung einer Bewegung und ganzer Bewegungskomplexe.
Die Qualität der Steuerung und Regelung hängt entscheidend vom Leistungsstand und von der Bewegungserfahrung des Sportlers ab.

Bewegungsanalysatoren

- Der *kinästhetische Analysator* wird auch als „bewegungsempfindender" Analysator bezeichnet, weil seine Rezeptoren unmittelbar im Bewegungsapparat (Muskeln, Sehnen, Gelenke) lokalisiert sind. Dadurch ist dieser Analysator für eine effektive Bewegungskontrolle besonders geeignet.
- Der *optische Analysator* verarbeitet alle visuellen Signale von Eigenbewegungen, Fremdbewegungen und der Umwelt/Sportstätte (z. B. Stellung zum Ball, Ausholphase, Trefffläche des Fußes/der Hand, Bewegungen des Gegners, Entfernung zum Tor).
- Der *akustische Analysator* verarbeitet akustische und verbale Signale von Sport- und Spielgeräten, des eigenen Bewegungsvollzugs, von Mit- und Gegenspielern sowie des Trainers.
- Der *taktile Analysator* verarbeitet alle Kontaktreize mit der Umwelt über die Hautrezeptoren und gibt Aufschluss über Art, Form und Beschaffenheit von Materialien (z. B. Reckstange oder Bodenmatte). Es können aber auch verschiedene Widerstände analysiert werden, wie z. B. der Wasserwiderstand beim Schwimmen.
- Der *vestibulare Analysator* (auch *statico-dynamischer Analysator*) analysiert ständig Lage und Bewegung des Kopfes im Raum. Er ist insbesondere bei allen akrobatischen Elementen von großer Bedeutung, wie z. B. im Turnen, Trampolinspringen und Wasserspringen. Dieser Analysator erhält seine Informationen über das Gleichgewichtsorgan im Innenohr.

15.3 Körperschwerpunkt (KSP)

Der Schwerpunkt eines Körpers wird als Körperschwerpunkt (KSP) bezeichnet. Er ist der Punkt, an dem äußere Kräfte angreifen, wie z. B. die Gewichtskraft, die Normalkraft, die Hangabtriebskraft, die Zentrifugalkraft und die Zentripetalkraft.

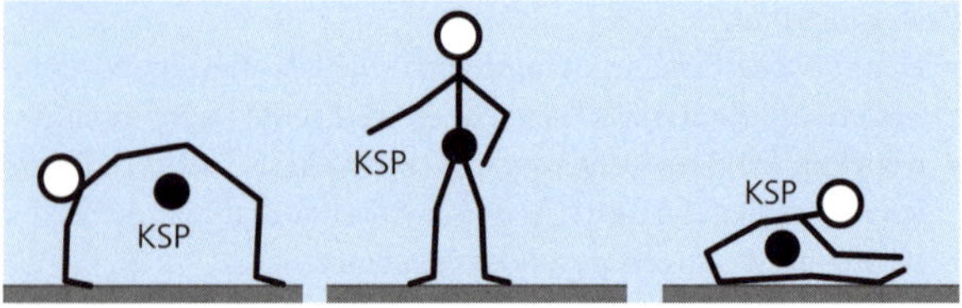

Körperschwerpunkte bei verschiedenen Körperlagen

Der KSP ist kein fester Punkt, sondern ändert je nach Körperhaltung seine Position. Durch Veränderung der Lage bestimmter Körperteile erfolgt auch eine Verlagerung des KSP.

15.4 Grundgesetze der Mechanik

Trägheitsgesetz (1. Newton'sches Gesetz)

Nach diesem Gesetz verharrt ein Körper aufgrund seiner Trägheit in Ruhe oder in geradlinig gleichförmiger Bewegung, solange die auf ihn einwirkenden Kräfte $F = 0$ sind.

Im Gegensatz zu leblosen Körpern kann der Mensch durch die Muskulatur innere Kräfte entwickeln. Dadurch ist er in der Lage, seine Körperposition und seinen Bewegungszustand willkürlich zu verändern.

Zu den inneren Kräften zählen außerdem:

- die Reibungskräfte in den Gelenkkapseln,
- die Widerstandskräfte des Bindegewebes,
- die Trägheitskräfte von Körperteilen.

▶MERKE Innere Kräfte treten entweder als Aktionskraft oder als Gegenkraft zu äußeren Kräften auf. Sie wirken nur in Verbindung mit äußeren Kräften auf den KSP ein.

Dynamisches Grundgesetz (2. Newton'sches Gesetz)

Dieses Gesetz beschreibt den Zusammenhang zwischen der einwirkenden Kraft und einer Bewegungsänderung.

Wenn eine Kraft auf einen ruhenden oder sich in Bewegung befindenden Körper einwirkt, ändert sich dessen Geschwindigkeit in Form einer Beschleunigung oder Verzögerung (dynamische Wirkung der Kraft). Die Beschleunigung a ist der wirkenden Kraft F proportional.
Es kann aber auch zu einer Verformung von Körpern kommen (statische Wirkung der Kraft).
In welcher Art und Weise sich der Bewegungszustand oder der Grad der Verformung eines Körpers ändert, hängt von *Betrag* und *Richtung* der einwirkenden Kräfte ab.

BEISPIEL Angriff im Volleyball
Auf einer sehr kurzen Strecke von 3 bis 5 Metern muss der Körper aus dem Stand heraus beschleunigt werden. Die Beinmuskulatur übt hierbei eine große Kraft auf den Hallenboden aus, die Gegenkraft liefert die entsprechende Beschleunigung. Beim letzten Schritt vor dem Absprung, dem sogenannten Stemmschritt, wird die horizontale Geschwindigkeit kurz abgebremst (Verzögerung!) und danach sofort in vertikale Richtung umgelenkt. Bei dieser Verzögerung ist die Kraftwirkungsrichtung der ursprünglichen Bewegungsrichtung entgegengesetzt. Hierbei erfolgt ein leichtes Nachgeben in den Fuß-, Knie-, und Hüftgelenken, das mit dem explosiven Absprung in vertikale Richtung verbunden ist. In Superzeitlupe lässt sich beim Schlag auf den Ball sehr gut die verformende Wirkung der Kraft erkennen. Dass Bälle beim Flug (z. B. Zuspiel) eine gekrümmte Flugbahn beschreiben, hängt mit der permanenten Einwirkung der Gewichtskraft des Balles während des freien Fluges zusammen.

Wechselwirkungsgesetz (3. Newton'sches Gesetz)

Wenn ein Körper A mit einer Kraft F_A (actio) auf einen Körper B einwirkt, dann wirkt dieser mit einer Gegenkraft F_R (reactio) in umgekehrter Richtung und gleichem Betrag auf Körper A ein. Kraft und Gegenkraft wirken an verschiedenen Körpern.
actio = reactio

BEISPIEL Tiefstart beim Sprint
Die Aktionskraft (actio), die ein Sprinter beim Start mit dem Strecken der Beine auf die Startblöcke ausübt, wird nur in Form der Bodenreaktionskraft F_B (reactio), nämlich dem Startvorgang, sichtbar. Die Masse der Erde ist zu groß, um eine erdgerichtete Wirkung zu erzielen.
Wären die Startblöcke nicht am Boden fixiert, würde lediglich die Aktionskraft (actio) durch die wegrutschenden Blöcke ersichtlich sein. Die Masse der Startblöcke ist im Vergleich zur durchschnittlichen Körpermasse eines Menschen zu klein, um ein entsprechendes Widerlager für den Startvorgang zu bilden.

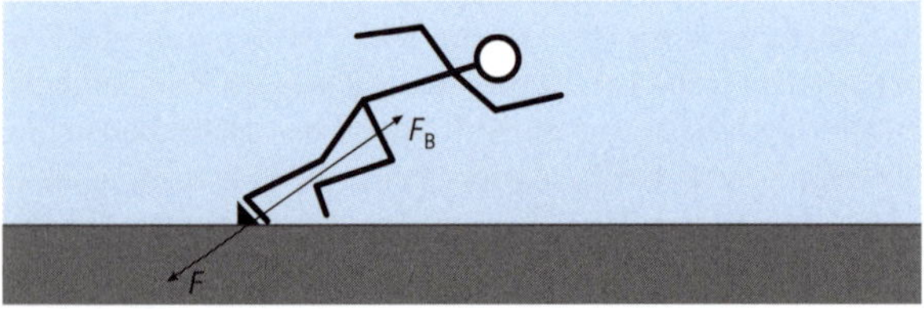

Kraftwirkungsrichtungen von actio und reactio beim Tiefstart

15.5 Relevante Kräfte bei sportlichen Bewegungen

Die Gewichtskraft

Die Gewichtskraft F_G entspricht derjenigen Kraft, mit der die Erde Körper anzieht (Schwerkraft wirkt „nach unten“). Für einige Sportarten ist die Gewichtskraft Ursache einer beschleunigten Bewegung. Bei der Skiabfahrt lässt sich dieser Zusammenhang besonders gut verdeutlichen. In der Startposition des Skiabfahrtslaufs auf einer horizontalen Ebene entspricht die Gewichtskraft F_G der Normalkraft F_N ($F_G = F_N$). Der Körper ist in Ruhe.

▶**MERKE** Die Normalkraft wirkt *immer* rechtwinklig zum Untergrund.

In unserem Beispiel bewirkt die Normalkraft ein Anpressen des Körpers an den Untergrund, sowohl in der Ruheposition am Start als auch während der Abfahrt.
Die Gewichtskraft wirkt während der gesamten Abfahrt als beschleunigende Kraft, die allerdings vom Neigungswinkel der Rennstrecke abhängig ist. Die parallel zur Gleitbahn gerichtete Komponente der Gewichtskraft wird als Hangabtriebskraft F_H (auch Abtriebskraft) bezeichnet. Der Hangabtriebskraft wirken der Luftwiderstand und die Gleitreibung zwischen Ski und Schnee entgegen. Diese sind in der Abbildung unten mit F_W gekennzeichnet.

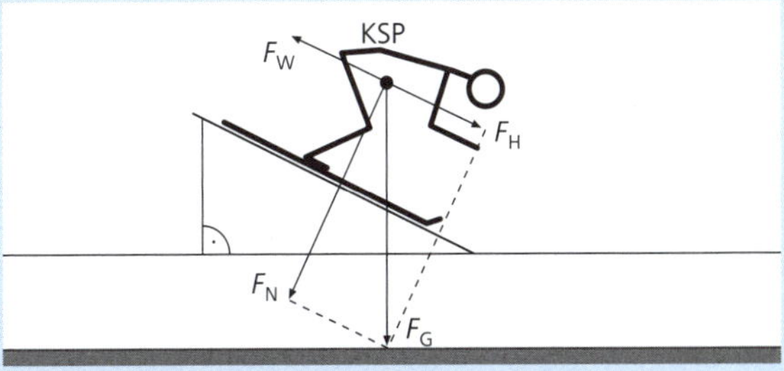

F_N Normalkraft (rechtwinklig zum Untergrund orientierte Komponente der Gewichtskraft)
F_G Gewichtskraft des Skifahrers (Schwerkraft)
F_H Hangabtriebskraft
F_W Widerstandskräfte (Luftwiderstand und Gleitreibung zwischen Ski und Schnee)

Kraftvektoren im Skiabfahrtslauf

Reibungskräfte

Reibungskräfte sind der Bewegungskraft prinzipiell entgegengerichtet. Dabei ist die Normalkraft F_N hauptsächlich für die mechanischen Reibungskräfte zwischen zwei gleitenden Körpern verantwortlich. Eine Rolle spielt auch der Reibungskoeffizient f (Reibzahl), der von der Art und Beschaffenheit der sich berührenden Oberflächen und dem Verschmutzungsgrad abhängig ist. 15

MERKE Die Reibungskraft F_R verhält sich proportional zur Normalkraft F_N.

Der Reibungskoeffizient f wird durch eine Zahl ohne Maßeinheit gekennzeichnet und ist für viele Materialarten in Tabellen erfasst. Eine andere Möglichkeit der Ermittlung von f wäre die experimentelle Berechnung durch den Quotienten.
$f = F_R/F_N$
Zwei wesentliche Reibungskräfte im Skisport sind die *Haftreibung* und die *Gleitreibung.*
Die Haftreibung F_R tritt im alpinen Rennsport beim Start auf, wenn der ruhende Ski auf dem Schnee in eine Gleitbewegung versetzt werden muss. Ist die Haftreibung durch den kräftigen Stockeinsatz überwunden, wirkt nun die Gleitreibung der beschleunigenden Kraft entgegen. In allen Skidisziplinen versucht man, die Gleitreibung zu minimieren.
Die Haftreibung spielt eher in der klassischen Technik des Skilanglaufs eine bedeutende Rolle. Während der Abdruckphase sollte man eine möglichst hohe Haftreibung unter der Bindung haben, um nicht nach hinten wegzurutschen. Andererseits muss ein Langlaufski auch gute Gleiteigenschaften aufweisen. Deshalb wird unter der Bindung ein sogenanntes Steigwachs und im Bereich der restlichen Laufsohle ein Gleitwachs aufgebracht. Durch den Einsatz moderner Materialien im Bereich der Laufsohle und des Wachsens versucht man im Skisport die Gleit- und Steigeigenschaften zu optimieren.

Widerstandskräfte
Besonders im Skiabfahrtslauf und beim Radrennen spielt der Luftwiderstand eine große Rolle. Man versucht eine günstige Körperposition einzunehmen, um dem Medium möglichst wenig Angriffsfläche des Körpers zu bieten, denn der Widerstand wächst proportional zur angeströmten Fläche.
Bei Speedskirennen oder beim Radrennen-Zeitfahren trägt man sogar spezielle, spitz nach hinten zulaufende Helme, um die Wir-

belbildung einzuschränken. Diese Wirbel können die Widerstandskraft entgegen der Bewegungsrichtung erheblich vergrößern. Der Einsatz moderner Kunstfasern bei den Rennanzügen trägt ebenfalls zur Verringerung der Widerstandskräfte bei.

Zentripetal- und Zentrifugalkraft

Die Zentripetalkraft F_{ZP} erteilt einem Körper der Masse m ständig eine Zentripetalbeschleunigung in Richtung der Drehachse (bei Rotationen) bzw. in Richtung des Krümmungsmittelpunkts (bei krummlinigen Bewegungen) und zwingt diesen auf eine Kreis- bzw. gekrümmte Bahn.

Fährt ein Skifahrer mit perfekter Carvingtechnik kleine Kurvenradien, kann man sich leicht vorstellen, welche enormen Kräfte der Carver amortisieren muss, um auf der stark gekrümmten Bahn zu bleiben. Die Kurvenlage des Sportlers sollte eine solche Neigung haben, dass die Resultierende aus der Gewichtskraft und einer Reaktionskraft, die der Untergrund auf die Körperlängsachse ausübt, die erforderliche Zentripetalkraft liefert.

Fährt jemand eine derartige Carvingtechnik, so verspürt derjenige eine vom Krümmungsmittelpunkt „nach außen" gerichtete Kraft. Diese Trägheitskraft nennt man Zentrifugalkraft F_{ZF} (Fliehkraft). Der Skifahrer muss sich so in die Kurve „legen", dass die Resultierende aus Zentrifugalkraft und Gewichtskraft entsprechend seiner Längsachse nach unten wirkt. Damit befindet sich der Carver im Kräftegleichgewicht.

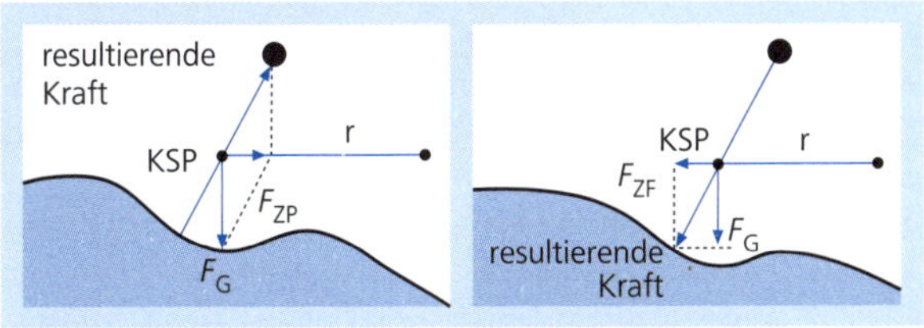

Wirkung der Zentripetalkraft bei einem Carver, Skilaufen (links)
Wirkung der Zentrifugalkraft auf einen Carver, Skilaufen (rechts)

Zentripetal- und Zentrifugalkraft haben den gleichen Betrag, wirken jedoch in entgegengesetzte Richtungen.

▶**MERKE** Die Zentripetalkraft ist nicht die Gegenkraft zur Zentrifugalkraft. Beide Kräfte gehören zu zwei verschiedenen Bezugssystemen und dürfen deshalb nicht innerhalb einer Skizze gekennzeichnet werden. Nur der mitbewegte Beobachter (der Skifahrer selbst) verspürt die Zentrifugalkraft und beschreibt deshalb die erlebte Bewegung in Bezug auf das mitbewegte Bezugssystem. Im Gegensatz dazu erkennt der ruhende Beobachter, dass eine Kraft – die Zentripetalkraft – den Skifahrer auf einer bogenförmigen Bahn hält.

Muskelkraft

Durch die Muskelkraft ist der Mensch in der Lage, seine Statik aufrechtzuerhalten und Positionen einzelner Körperteile, wie z. B. Kopf, Rumpf, obere und untere Extremitäten, zueinander zu verändern.
Die Muskelkraft entwickelt außerdem statische und dynamische Kräfte auf Sportgeräte und die Sportstätte, um Körperpositionen zu halten (z. B. Kreuzhang an den Ringen), Körperpositionen zu verändern (z. B. Schwung in den Handstand am Barren) oder eine Orts- bzw. Geschwindigkeitsänderung des gesamten Körpers zu erreichen.
(↗ Kraftfähigkeiten, S. 135 ff.)

Kraftwirkungen im Wasser

Zur Analyse der Bewegungen im Wasser sind spezifische Kenntnisse über die Wirkungsweise aller im Wasser wirkenden Kräfte notwendig.
Im Gegensatz zu einer Bewegung an „Land“ werden im Wasser sehr viel kleinere Kräfte für Abstoß- und Abdruckbewegungen erreicht, da das Medium Wasser kein festes Widerlager bietet. Dafür gibt es weitere relevante Kraftwirkungen, die die Bewegung im Wasser beeinflussen.

Auftriebskräfte

Statischer Auftrieb

Der statische Auftrieb wird durch das Eintauchen eines Körpers in eine Flüssigkeit erzeugt. Er entspricht dem Betrag der Gewichtskraft der vom Körper verdrängten Flüssigkeit.
Der statische Auftrieb ist eine Kraft, die am Volumenmittelpunkt V_M eines Körpers angreift und in vertikale Richtung nach oben wirkt.

BEACHTE Durch das Verändern der Körperhaltung verlagert sich der Volumenmittelpunkt. Liegt der V_M nicht auf derselben Wirkungslinie wie der KSP, so kommt es zum Abkippen des Körpers (Erzeugung eines Drehmoments).

Dynamischer Auftrieb

Ein dynamischer Auftrieb entsteht, wenn ein Körper in einer Flüssigkeit bewegt wird. Der Auftrieb ist abhängig von der Form des Körpers und von dessen Anstellwinkel.
Dieses Phänomen lässt sich besonders gut bei Schnellbooten und beim Wasserskifahren beobachten. Durch den Anstellwinkel des Körpers (optimal sind ca. 15 bis 20 Grad) verringert sich die Strömungsgeschwindigkeit an der angeströmten Körperunterseite. Gleichzeitig nimmt der statische Druck in diesem Bereich zu. Das Ansteigen des statischen Drucks unter dynamischen Bedingungen bewirkt den dynamischen Auftrieb.

Abtriebskräfte

Die Gewichtskraft des Körpers bewirkt unter Ruhebedingungen einen statischen Abtrieb. Der dynamische Abtrieb tritt bei untergetauchten (vom Wasser umströmten) Körpern auf, wenn ein negativer Anstellwinkel eingenommen wird, z. B. beim Tauchen.

Antriebskräfte

Das Medium Wasser bietet den Krafteinwirkungen des Schwimmers kein festes Widerlager für den Antrieb. Das Wasser weicht gewissermaßen den Krafteinwirkungen des Athleten aus. Deshalb kann ein effektiver Antrieb nicht ausschließlich auf dem Wechselwirkungsgesetz actio = reactio beruhen. Im Schwimmsport sind neben dem klassischen Antriebskonzept (actio = reactio) deshalb der Propellerantrieb (hydrodynamischer Lift) und der Schwanzflossenantrieb (Vortexprinzip) von Bedeutung.

Klassisches Antriebskonzept (actio = reactio)
Alle rückwärts gegen die Schwimmrichtung wirkenden Kräfte bewirken einen Antrieb des Körpers. Wassermassen werden beschleunigt. Aufgrund des nachgebenden Widerlagers versucht man durch s-förmige Bewegungen immer wieder ruhende Wassermassen zu finden, um ein besseres Widerlager für den Abdruck zu erreichen.

Propellerantrieb (hydrodynamischer Lift)
Als hydrodynamischen Lift bezeichnet man die Bewegung einer Antriebsfläche (z. B. Hand), die nicht nur Antrieb erzeugt, wenn sie entgegen der Schwimmrichtung verläuft, sondern insbesondere wenn sie quer zur Schwimmrichtung erfolgt.
Diese Antriebsart ist bei seitlichen und vertikalen Bewegungen der Extremitäten sinnvoll, z. B. beim Brustschwimmen. Hier geht es darum, den Arm- und Handeinsatz optimal für den Antrieb zu nutzen.

Schwanzflossenantrieb (Vortexprinzip)
Bei Schwimmarten mit einer wellenförmigen Ganzkörperbewegung, z. B. beim Delfinschwimmen, kommt diese Antriebsart zum Einsatz.
Dieser Antrieb beruht auf einer besonderen Art und Weise der Wirbelbildung. Durch die wellenförmige Körperbewegung bilden sich sogenannte Wirbelkerne an der Körperperipherie. Es gilt, diese durch eine schnelle Bewegungsumkehr der unteren Extremitäten „abzuschlagen“, um einen Antrieb in Schwimmrichtung zu erzeugen.

Wasserwiderstand FW

Der Wasserwiderstand resultiert aus der Bewegung im Wasser. Er ist der Bewegungsrichtung entgegengerichtet und behindert deshalb die Bewegung im Wasser. Beim Wasserwiderstand wirken folgende Widerstandskomponenten:

- Reibungs- und Wirbelwiderstand
- Stirnwiderstand
- Formwiderstand
- Wellenwiderstand

Reibungs- und Wirbelwiderstand

Während des Schwimmens werden körpernahe Wasserteilchen durch die Körperoberfläche „mitgerissen". Durch das Geschwindigkeitsgefälle zwischen der am Körper beschleunigten Wasserschicht und der weiter entfernteren ruhenden Schicht entsteht Reibung. Diese Reibung wird auch als *innere Reibung* des Wassers bezeichnet.

Bei einer Erhöhung der Schwimmgeschwindigkeit erhöht sich die innere Reibung und damit die Wirbelbildung auf beiden Seiten des Körpers. Die bremsende Wirkung der Wasserwirbel verstärkt sich durch die Sogwirkung der entgegengesetzt drehenden Wirbel hinter dem Körper.

Durch sogenannte Haifischanzüge versucht man das Strömungsverhalten der Schwimmer zu optimieren. Die Oberflächenstruktur der Anzüge besteht aus winzigen v-förmigen Spoilern, die das Wasser besser abgleiten lassen und so den Strömungswiderstand um ca. 8 % reduzieren.

Stirnwiderstand

Der Stirnwiderstand entspricht der an der Vorderseite des Körpers angeströmten Fläche. Hier entsteht ein großer hydrostatischer Druck, da sich die Wasserteilchen in diesem Bereich stauen. Der Stirnwiderstand vergrößert sich mit der Erhöhung der Schwimmgeschwindigkeit, nimmt die Geschwindigkeit ab, verringert sich auch der Widerstand.

Formwiderstand c_W-Wert
Der Formwiderstand wird bestimmt durch die Form eines Körpers, in unserem Beispiel durch die Form des Schwimmers. Der Formwiderstand des menschlichen Körpers verändert sich während sportlicher Bewegung ständig. Selbst bei Einnahme einer günstigen hydrodynamischen Position (z. B. gestreckte Körperlage in Ruhe) soll er noch einen c_W-Wert von 0,5 aufweisen (Gordon 1968).

Wellenwiderstand
Die in Oberflächenwellen gespeicherte Energie stellt einen erheblichen Widerstand für das Schwimmen dar.
Auf den Außenbahnen ist der Wellenwiderstand durch die unmittelbare Reflektion an der Beckenwand am größten. Am günstigsten ist es daher, in unmittelbarer Beckenmitte zu schwimmen.
Durch den Einsatz wellenbrechender Überlaufrinnen und Bahnbegrenzungsleinen versucht man den Wellenwiderstand zu reduzieren.

Biomechanische Prinzipien für Bewegungen im Wasser (nach Göhner)

Prinzip des minimalen Wasserwiderstands
Eine schnellere Geschwindigkeit im Wasser kann stets erreicht werden, wenn der Wasserwiderstand verkleinert wird, der gegen die Bewegung gerichtet ist.

Prinzip der optimalen Beschleunigung im Wassersport
Ein effektiver Vortrieb im Schwimmen wird erreicht, wenn man möglichst alle Vortriebsarten nutzt.

Prinzip der minimalen Geschwindigkeitsschwankung
Eine höhrere Durchschnittsgeschwindigkeit lässt sich erzielen, wenn Geschwindigkeitsschwankungen im Bewegungszyklus minimiert werden.

15.6 Impuls, Drehimpuls und Impulserhaltung

Impuls/Drehimpuls

Impuls und Drehimpuls sind Zustandsgrößen. Sie erfassen den Bewegungs- bzw. Drehzustand eines Körpers. Sie berechnen sich bei der Translation aus dem Produkt der Masse *m* und seiner Geschwindigkeit *v*, bei der Rotation aus dem Produkt von Trägheitsmoment und Winkelgeschwindigkeit.
Das Ziel fast aller sportlichen Betätigungen ist, einem Sportgerät oder seinem eigenen Körper eine Impulsänderung zuzuführen. Dies erfolgt mit einem Kraftstoß.

▶MERKE Jeder Kraftstoß bewirkt eine Impulsänderung. Die Impulsänderung ist abhängig vom Betrag und der von Dauer des einwirkenden Kraftstoßes. Da der Betrag der Kraft während der Einwirkzeit fast nie konstant ist, muss dieser über das Zeitintegral der Kraft (Summe aller Kraftstöße) berechnet werden. Dazu benutzt man Kraft-Zeit-Kurven.

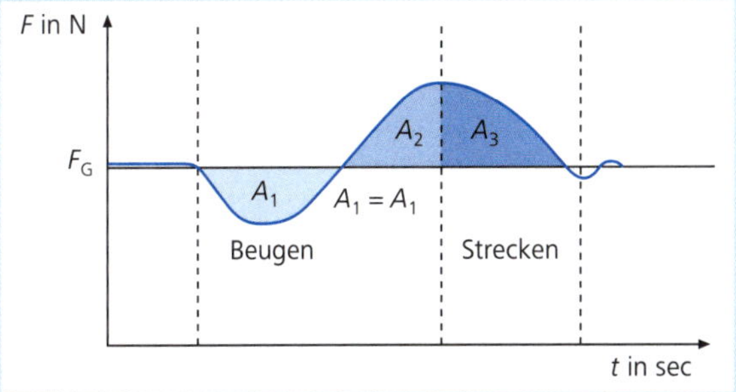

A_1 = Abwärtsbeschleunigung
A_2 = Bremsstoß der Abwärtsbeschleunigung
A_3 = Aufwärtsbeschleunigung
F_G = Gewichtskraft

Kraft-Zeit-Kurve einer Kniebeuge mit Umkehrbewegung

Impulserhaltungssatz
Wirken auf ein abgeschlossenes System (z.B. auf den menschlichen Körper) keine äußeren Kräfte, so ist der Gesamtimpuls konstant. Kräfte, die nur innerhalb des Systems wirken, können den Gesamtimpuls nicht ändern.

BEISPIEL Nach dem Absprung zu einem Salto kann eine Turnerin den durch die Bodenreaktionskraft erhaltenen Impuls während der Flugphase nicht mehr verändern. Man kann aber die Drehgeschwindigkeit durch Veränderung des Trägheitsmoments beeinflussen. Werden Arme und Beine durch Anhocken und Anlegen näher zum KSP gebracht, verkleinert sich das Trägheitsmoment des Körpers und die Drehgeschwindigkeit steigt. Werden Arme und Beine gestreckt, vergrößert sich das Trägheitsmoment und die Drehgeschwindigkeit nimmt ab.

Impuls- und Drehimpulsübertragung
Innerhalb eines abgeschlossenen Systems (des menschlichen Körpers) kann es jedoch zu Impulsübertragungen durch einzelne Körperteile kommen, indem diese ihren Bewegungszustand durch innere Kräfte übertragen.

BEISPIELE
- Impulsübertragung durch Armschwünge, z.B. beim Hochsprung und Weitsprung
- Drehimpulsübertragung durch entsprechende Armschwungbewegung beim Salto vorwärts und rückwärts

Den entscheidenden Kraftstoß für die Absprungbewegungen der o.g. Beispiele liefern die Beine. Die Impulsübertragung der Arme auf den Körper unterstützt den Absprungimpuls der Beine. Bei allen Impulsübertragungen ist auf ein abruptes Abstoppen der Schwungbewegung zu achten, ganz gleich ob diese durch Arme oder Beine erfolgen. Nur so ist eine wirksame Übertragung des Einzelimpulses auf andere Körperteile möglich.

15.7 Die mechanischen Grundbewegungen Translation und Rotation

Translation

Eine Translation ist eine Bewegung, bei der alle Punkte des bewegten Körpers deckungsgleiche Bahnen durchlaufen (gerade, parabel- oder S-förmig).

▶**MERKE** Ursache einer translatorischen Bewegung ist ein zentrischer Kraftstoß, d. h., die Wirkungslinie der Kraft geht durch den Körperschwerpunkt (KSP).

BEISPIEL Beim Hockstrecksprung soll der Kraftstoß durch den KSP erfolgen, damit ein möglichst großer Translationsimpuls nach oben erreicht wird.

Rotation

Bei Rotationen drehen alle Körperpunkte um eine gemeinsame Drehachse.

▶**MERKE** Ursache einer Rotation ist ein exzentrischer Kraftstoß; die Wirkungslinie der Kraft verläuft außerhalb des KSP.

BEISPIEL Beim Absprung zum Salto vorwärts liegt die Krafteinwirkung hinter dem KSP, sodass eine Vorwärtsrotation eingeleitet wird.
Je größer die Körpervorlage beim Absprung zum Salto vorwärts, desto größer ist der Rotationsimpuls bei abnehmender Translation. Eine typische Rotationsbewegung stellt der Riesenfelgumschwung am Reck dar. Die Drehachse entspricht der Reckstange. Die Körperpunkte beschreiben Kreisbahnen mit unterschiedlichen Radien. Je weiter die Körperpunkte von der Drehachse entfernt sind, desto größer ist die durchlaufene Wegstrecke pro Zeiteinheit und damit die Bewegungsgeschwindigkeit der entsprechenden Körperteile.

Wenig Körpervorlage = mehr Translation

Mehr Körpervorlage = mehr Rotation

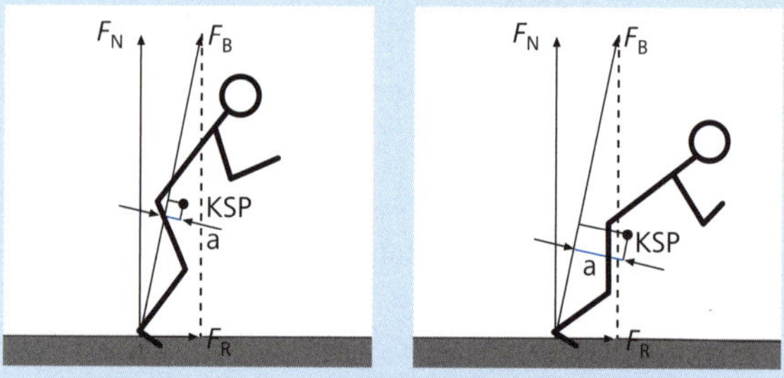

F_N	Normalkraft:	wirkt rechtwinklig zum Untergrund
F_R	Haftreibungskraft:	wirkt bei allen Absprüngen aus dem Anlauf bzw. mit Vor- und Rücklage
F_B	Bodenreaktionskraft:	wirkt vom Untergrund auf den Springer
a	Kraftarm:	rechtwinkliger Abstand zwischen F_B und KSP. Das Produkt aus F_B und a ergibt das Drehmoment.

Absprünge aus unterschiedlichen Körpervorlagen

Reine Translations- und Rotationsbewegungen kommen im Sport selten vor. Meist überlagern sich translatorische und rotatorische Bewegungen. Selbst beim Skiabfahrtslauf, grob betrachtet eine reine Translation, kann man bei der „ruhigen" Abfahrtshocke immer wieder ein leichtes Ausgleichen der Geländeunebenheiten durch Teilrotationen in den Hüft- und Kniegelenken beobachten.

Bei der Kraftübertragung durch die Muskeln entsteht eine Hebelwirkung auf die Ober- und Unterschenkelknochen („Hebelfunktion") der Muskulatur. Durch die Kontraktion der Beuge- und Streckmuskulatur der Beine werden Drehmomente erzeugt, die für die Teilrotationen der Ober- und Unterschenkel im Hüft- und Kniegelenk verantwortlich sind. Die Kraftwirkungslinie verläuft hierbei stets außerhalb der Gelenkachse (Drehachse).

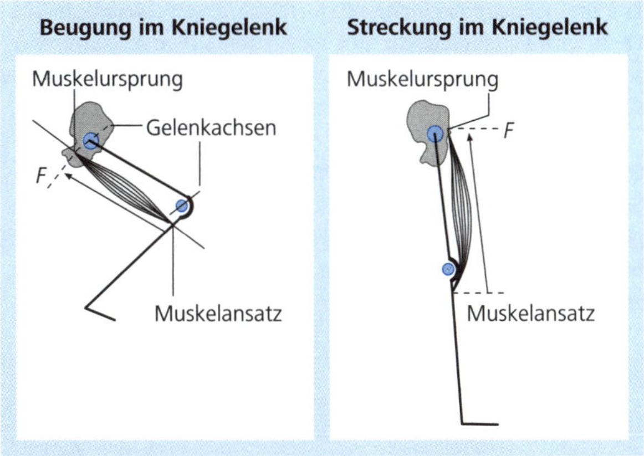

Hebelfunktion der Muskulatur beim Beugen und Strecken im Kniegelenk

BEACHTE Entscheidend für das Beobachten und Analysieren sportlicher Bewegungen ist das Bezugssystem.
Das Bezugssystem ist eine starre Anordnung von Körpern mit einem Koordinatensystem. Dort werden räumliche und zeitliche Parameter gemessen. Aus der Wahl des Bezugssystems ergibt sich die Relativität der Bewegung.
Ein Körper befindet sich in Bewegung, wenn dieser im Bezugssystem eine Ortsveränderung erfährt. Findet keine Ortsveränderung innerhalb dieses Bezugssystems statt, befindet er sich in Ruhe. In einem anderen Bezugssystem kann sich der gleiche Körper jedoch in Bewegung befinden.

15.8 Biomechanische Prinzipien

Biomechanische Prinzipien sind auf Gesetzesaussagen (u. a. der Mechanik und der funktionellen Anatomie) basierende Erkenntnisse und damit potenzielle Handlungsaufforderungen zur zweckmäßigen Realisierung sportlicher Bewegungen. 15

Der Biomechaniker Hochmuth formulierte verschiedene biomechanische Prinzipien, die mit fortschreitendem Erkenntnisgewinn weiterentwickelt wurden. Andere Sportwissenschaftler, wie Göhner und Wiemann, erarbeiteten ergänzende Prinzipien.

Prinzip der Anfangskraft (nach Hochmuth)
Soll bei einer sportlichen Bewegung ein Sportler oder ein Sportgerät eine hohe Endgeschwindigkeit erreichen, so ist die Hauptbewegung durch eine entgegengesetzt gerichtete Bewegung einzuleiten.

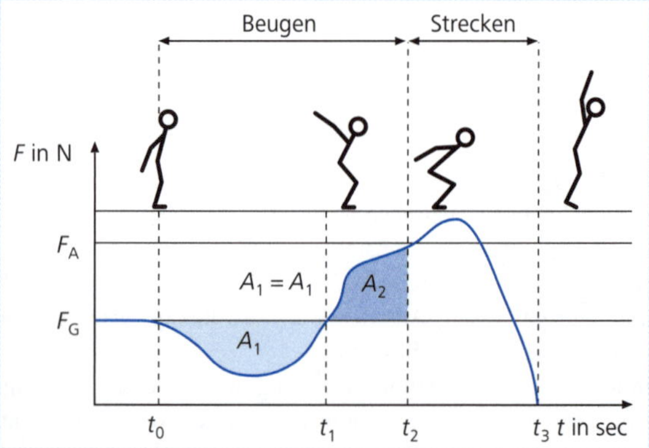

F_B = Bodenreaktionskraft
F_A = Anfangskraft (Kraftgewinn durch die Auftaktbewegung)
F_G = Gewichtskraft
t_0 = ruhiger Stand ($F_G = F_B$)
$t_0 - t_2$ = Abwärtsbewegung
t_1 = $F_G = F_B$
t_2 = Bewegungsumkehr ($F_B > F_G$)
t_3 = Verlassen des Bodens ($F_B = 0$)

Kraft-Zeit-Diagramm eines Strecksprungs mit Auftaktbewegung

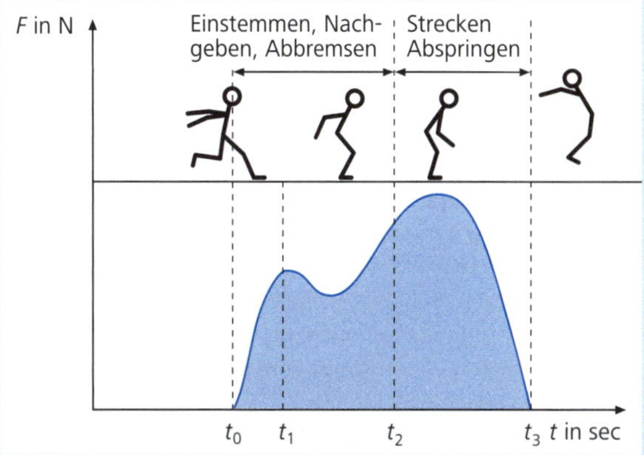

$t_0 - t_1$ = Stemmschritt mit Fersenaufsatz
t_1 = passive Kraftspitze, verursacht durch das Einstemmen der Fersen
$t_1 - t_2$ = geringfügiges Nachgeben in Hüft-, Knie- und Fußgelenken – nachfolgendes Abbremsen
$t_2 - t_3$ = Absprung mit Streckung in Hüft-, Knie- und Fußgelenken
ab t_3 = Flugphase

Vertikal wirkende Kräfte eines explosiv-reaktiven Absprung (Angriff im Volleyball)

Folgende Ausführungsmodalitäten sind dabei zu bebachten:

- Die einleitende Bewegung muss fließend in die Hauptbewegung überführt werden.
- Die aufzubringende Kraft für das Abbremsen (Bremskraftstoß) der Gegenbewegung darf nicht größer sein als die Kraft für das Beschleunigen (Beschleunigungskraftstoß) der Hauptbewegung.
- Bei explosiv-reaktiven Sprüngen (prellende Sprünge) kann sich das Verhältnis zwischen Brems- und Beschleunigungskraftstoß in Richtung 1 : 1 verändern, ohne dass die Absprunghöhe darunter leidet (zur Wirkungsweise ↗ S. 161 ff.).

Prinzip des optimalen Beschleunigungsweges (nach Hochmuth)

Soll bei einer sportlichen Bewegung ein Sportler oder ein Sportgerät eine hohe Endgeschwindigkeit erreichen, so ist auf einen optimalen Beschleunigungsweg zu achten.

Folgende Ausführungsmodalitäten sind dabei zu beachten:

- Die Länge des optimalen Beschleunigungsweges hängt wesentlich von den individuellen Kraft- und Schnellkraftfähigkeiten, den Hebelverhältnissen der Extremitäten und der Beweglichkeit in den großen Gelenken ab.
- Der Beschleunigungsverlauf sollte geradlinig oder stetig gekrümmt (nicht wellenförmig) sein. Er ist aus dem Kraft-Zeit-Diagramm ersichtlich.
- Bei sportlichen Bewegungen mit Auftaktbewegung verkürzt sich der optimale Beschleunigungsweg, wenn der Bremskraftstoß zunimmt.

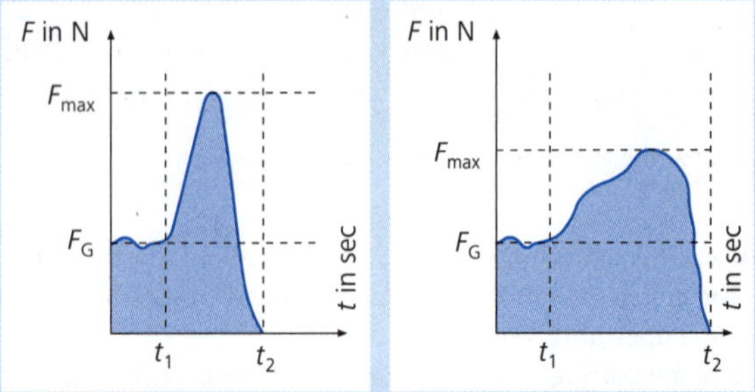

a)
- geringer Beschleunigungsweg
- kurze Einwirkungsdauer der Kraft
- höhere Kraftspitze

b)
- langer Beschleunigungsweg
- lange Einwirkungsdauer der Kraft
- geringere Kraftspitze
- nicht optimaler Beschleunigungsverlauf (wellenförmig)

Absprünge ohne Auftaktbewegung aus a) geringer Kniebeugeposition und b) aus der tiefen Kniebeuge

Ergänzendes Prinzip der optimalen Tendenz im Beschleunigungsverlauf (nach Hochmuth)

Bei Sportarten, bei denen ein Beschleunigungsweg in kürzester Zeit zurückgelegt werden soll, müssen die größten Beschleunigungskräfte am Anfang der Beschleunigungsphase wirksam werden (z. B. Boxen). Die Tendenz des Beschleunigungsverlaufs ist abfallend. Umgekehrt gilt bei Sportarten, in denen eine möglichst hohe Endgeschwindigkeit erreicht werden soll, dass die größten Beschleunigungskräfte am Ende der Beschleunigungsphase liegen müssen (z. B. leichtathletische Wurf- und Stoßdisziplinen). Die Tendenz des Beschleunigungsverlaufs ist ansteigend.

Prinzip der Koordination von Einzelimpulsen (nach Hochmuth)

Soll ein Sportler oder ein Sportgerät eine hohe Endgeschwindigkeit erreichen, müssen die Teilaktionen zeitlich so aufeinander abgestimmt sein, dass ihre Geschwindigkeiten zu unterschiedlichen Zeiten ihr Maximum erreichen.

Das ursprünglich erarbeitete Prinzip sagte aus, dass alle an der Bewegung beteiligten Körperteile zum gleichen Zeitpunkt ihr Geschwindigkeitsmaximum erreichen müssen, um einen effektiven Gesamtimpuls zu erhalten.

Das überarbeitete Prinzip geht davon aus, dass die beteiligten Körperteile zu unterschiedlichen Zeiten beschleunigt und abgebremst werden sollen, d. h. dass sie zu verschiedenen Zeitpunkten ihr Geschwindigkeitsmaximum erreichen.

Damit soll erreicht werden, dass die Energie, die durch das Abbremsen eines Körperteils entsteht, für die Beschleunigungsphase der nachfolgenden Aktion nutzbar wird.

BEISPIEL Angriffsschlag Volleyball

Beim Absprung zum Angriffsschlag im Volleyball bremst man den unterstützenden Doppelarmschwung vor dem Beenden der

Beinstreckphase ab. Durch den erzeugten Bremskraftstoß ist es möglich, die Beinstreckung zu unterstützen. Es findet eine Impulsübertragung statt. Dadurch lässt sich eine große Absprunghöhe erreichen. Bei der nachfolgenden Aktion, dem Angriffsschlag (Hauptphase der Bewegung), ist es das Ziel, eine große Schlagkraft des Schlagarms zu entwickeln. Dies erreicht man durch zeitlich versetzte Beschleunigungs- und Verzögerungsphasen einzelner Körperteile. So beginnen Rumpf, Oberarm, Unterarm und Hand zu unterschiedlichen Zeitpunkten ihre Bewegungen zu beschleunigen und wieder abzubremsen.
Wann genau sollte man die vorangegangenen Teilbewegungen abbremsen und zu welchem Zeitpunkt die nachfolgenden Teilbewegungen beschleunigen? Sollten diese nacheinander oder überlagert erfolgen? Hochmuth traf dazu folgende Aussage:
„... (eine) optimale Koordination liegt dann vor, wenn der Beschleunigungsstoß z. B. der Arme früher beendet wird als derjenige der Beine und zwar so, dass etwa 70 % des Bremsstoßes der Arme die Beschleunigung der Beinstreckung unterstützen." (Hochmuth in Göhner 1996, S. 29)
Dazu erarbeitete der Tübinger Sportwissenschaftler Göhner ein weiteres biomechanisches Prinzip, das „Go-and-Stop-Prinzip". Bei seinen Untersuchungen beschränkt er sich auf Bewegungen, bei denen Sportgeräte eine hohe Endgeschwindigkeit erreichen sollen, z. B. Bälle, Wurf- und Stoßgeräte.

Go- and-Stop-Prinzip (nach Göhner)
Hat ein Sportler einem Objekt (Sportgerät) durch seine Extremitäten eine hohe Endgeschwindigkeit zu erteilen, dann sind die zur Beschleunigung eingesetzten Körperteile stets so zu bewegen, dass zum Objekt hin ein sukzessives Beschleunigen und Abstoppen stattfindet.
Objektfernere Körperteile werden nacheinander in der gewünschten Bewegungsrichtung beschleunigt und in der gleichen Form abgestoppt.

BEISPIEL Angriffsschlag Volleyball
Nach dem Absprung werden mit der Einnahme der Bogenspannung des Körpers und dem Nach-oben-hinten-Führen des Schlagarms die vorbereitenden Aktionen beendet. Damit sind die günstigen Voraussetzungen für die eigentliche Bewegungsaufgabe, dem Angriffsschlag, geschaffen. In der Hauptphase der Bewegung drängt zunächst die Hüfte nach vorn, um die Bogenspannung aufzulösen, bevor Oberkörper, Schulter, Oberarm, Unterarm und Schlaghand nachfolgen. Jeweils unmittelbar mit dem Abstoppen der Bewegung des vorher beschleunigten Körperteils beginnt das Beschleunigen des nachfolgenden Körperteils.
Göhner veranschaulichte und untermauerte seine Untersuchungsergebnisse anhand eines Radschleudermodells:

Radschleuderversuch nach Göhner

Ergänzendes Prinzip der Kinetion und Modulation (nach Wiemann)
Bei sportlichen Bewegungen in aufrechter Körperhaltung wird die kinetische Energie (Kinetion) der großen Muskelgruppen der Bein- und Rumpfmuskulatur auf die relativ schwachen Muskeln der Arme übertragen, die die Bewegung modulieren (Modulation).
Das Prinzip kommt bei sportlichen Bewegungen zum Tragen, bei denen vorrangig die Bewegungspräzision und nicht die hohe Endgeschwindigkeit entscheidend ist. Hier ist insbesondere die Feinkoordination der Hand- und Armmuskulatur ausschlaggebend (z.B. Basketball: Korbwurf, Korbleger; Volleyball: Prit-

schen, Baggern, Angriffsschlag; Gymnastik: Bewegungen mit Band, Ball und Reifen).

Fraglich ist jedoch, ob dieses Prinzip bei derartigen Bewegungen uneingeschränkte Gültigkeit besitzt. Die relativ schwachen Muskeln der Arme sind bei gut trainierten Athleten auch ohne kinetische Energie des Rumpfes in der Lage, über größere Entfernungen einen Volleyball präzise zu pritschen, einen Freiwurf im Basketball ohne Auftaktbewegung zu „versenken“ oder gymnastische Übungen mit Handgerät nur aus dem Arm heraus zu steuern. Daher ergänzt dieses Prinzip das o. g. Prinzip der Koordination der Einzelimpulse (↗ S. 245 f.). Es ist bei einigen spezifischen Ganzkörperbewegungen in aufrechter Körperhaltung bedeutsam.

Prinzip der Gegenwirkung und des Drehrückstoßes (nach Hochmuth)

Grundlage dieses Prinzips ist das Wechselwirkungsgesetz actio = reactio. Es bezieht sich allerdings auf die stützlosen Phasen der sportlichen Bewegung (z. B. alle Flugphasen, auch nach Absprüngen und Abdrücken beim Laufen). Man spricht dann vom „frei bewegten System“.

Zu einer Wirkung einer Kraft mit einem bestimmten Betrag und einer Richtung besteht immer eine Gegenwirkung dieser Kraft mit gleichem Betrag und entgegengesetzter Richtung.

Bewegt sich ein Körperteil innerhalb eines frei bewegten Systems, dann erfolgt eine Gegenbewegung durch ein anderes Körperteil.

BEISPIEL Hat ein Skispringer oder ein Weitspringer bei einem fehlerhaften Absprung seinem Körper zu viel Vorwärtsrotation erteilt, so kann durch Armkreisen vorwärts (actio) ein rückwärts gerichteter Drehimpuls auf den Körper (reactio) übertragen werden, um eine sichere Landung zu gewährleisten.

Quellen

Badtke: Lehrbuch der Sportmedizin. 4. Auflage. Georg Thieme Verlag. Stuttgart 1999

Badtke: Sportmedizinische Grundlagen der Körpererziehung und des sportlichen Trainings. 2. Aufl. J. A. Barth Verlag. Leipzig 1995

Bahr/Bauersfeld/Berger/Harre/Lotz: Trainingsbelastung/Kondition. Lehrheft der DHfK Leipzig 1983, vergriffen

Bauersfeld/Schröter: Grundlagen der Leichtathletik. 5. Aufl. Sportverlag Berlin. Berlin 1998

Blum/Friedmann: Trainingslehre. Promos-Verlag. Pfullingen 2001

Blume/Rauchmaul: Der sportmotorische Test. Internes Studienmaterial der DHfK Leipzig. Leipzig 1984, vergriffen

Buskies: Gesundheits- und fitnessorientiertes Ausdauertraining. In: Sport-Praxis, Heft 3. Limpert-Verlag. Wiebelsheim 2001

Clasing (Hrsg.): Sportärztliche Ratschläge. Bartels und Wernitz. Berlin 2002

Costill u. a.: Die rampenartige Rekrutierung (Abb.). In: Schnabel (Leitung Autorenkollekiv) a. a. O.

Digel (Hrsg.): Lehren im Sport. Rowohlt Taschenbuch Verlag. Reinbek 1992

Doping: www.wissen.de

Furian: Leistungsdiagnostik – Fahrradergometrie. Unveröffentlichte Abbildung. Stuttgart 2000

Göhner: Bewegungslehre und Biomechanik des Sports. Eigenverlag. Tübingen 1996, 2004

Gollhofer: Neuere Forschungsergebnisse zum Sprungkrafttraining. In: Sportwissenschaft und Sportpraxis. Czwalina. Ahrensburg 1988

Halls: Body mass index and ideal weight calculators. www.halls.md/body-mass-index/bmirefs.htm

Harre: Trainingslehre. Sportverlag Berlin. Berlin 1979

Hart/Murphey: Muskellängen auf dem Prüfstand. In: DVZ/Volleyballtraining, Heft 4. Philippka-Verlag. Münster 1987

Hochmuth: Biomechanik sportlicher Bewegungen. 4. überarbeitete Auflage. Sportverlag Berlin, 1982

Hoster: Zur Bedeutung der Muskeldehnung im Schulsport. OSA-Stuttgart. In: Schulsportmagazin, Sportextra, Heft 3. Stuttgart 2002

Hottenrott: Ausdauertraining. Winsen 2000

Keul: Kurz-, Mittel- und Langzeitausdauer. In: Koch/Czwalina a. a. O., S. 257

Koch/Czwalina (Hrsg.): Sportkunde für den Kursunterricht der Sekundarstufe II. Hofmann. Schorndorf 1984

Kindermann: Ratgeber Medizin – Seitenstiche. In: DVZ/Volleyballtraining, Heft 5. Philippka-Verlag. Münster 1993

Kremer: Funktionelles Krafttraining – aber wie? In: DVZ/Volleyballtraining, Heft 2. Philippka-Verlag. Münster 1990
Letzelter/Letzelter: Krafttraining. Rowohlt Taschenbuch Verlag. Reinbek 1997
Linke: Faszinierendes Riesenmolekül. In: Ruperto Carola, Heft 1. Universität Heidelberg. Heidelberg 2000
Löcken/Dietze (Hrsg.): Das Betreuungssystem im modernen Hochleistungssport. Philippka-Verlag. Münster 1982
de Marées: Sportphysiologie. Korrigierter Nachdruck der 9. vollständig überarbeiteten und erweiterten Auflage. Bearbeitung Heck/Bartmus. Verlag Sport und Buch Strauß. Köln 2003
Markworth: Sportmedizin – Physiologische Grundlagen. Illustrationen von Manfred Prinz. Rowohlt Taschenbuch Verlag. Reinbek 1983
Meier: Das Cool-down-Programm. In: DVZ/Volleyballtraining, Heft 5. Philippka-Verlag. Münster 1998
Meinel/Schnabel: Bewegungslehre Sportmotorik. Südwest Verlag. München 2004
Nöcker: Grundriß der Biologie der Körperübungen. Sportverlag Berlin. Berlin 1955, vergriffen
Osolin: Veränderung der Beweglichkeit unter verschiedenen Bedingungen (Tab.). In: Harre a.a.O.
Papageorgiou/Timmer: Sprung- und Laufhandlungen im Volleyball. In: Sportwissenschaft und Sportpraxis. Czwalina. Ahrensburg 1990
Pfeiffer: Kurz-, Mittel- und Langzeitausdauer. In: Badtke 1988 a.a.O.
Röthig: Sportwissenschaftliches Lexikon. Hofmann. Schorndorf 2003
Schnabel u.a.: Trainingsbelastung/Kondition. Arbeitsheft der DHfK Leipzig. 1983, vergriffen
Schramm: Sportschwimmen. Sportverlag Berlin. Berlin 1986
Thieß/Schnabel/Baumann: Training von A – Z. Sportverlag Berlin. Berlin 1980
Weineck: Optimales Training. 13. Auflage. Abb. 8, 9, 86, 132, 138. Spitta Verlag. Balingen 2009
Weineck: Sportbiologie. 8. Auflage. Abb. 154. Spitta Verlag. Balingen 2009
Wiemann: Zur biomechanischen Betrachtungsweise sportlicher Bewegungen. In: Koch (Hrsg.): Sportkunde. Schorndorf 1976
Wydra: Zur Funktionalität der Funktionsgymnastik. In: Gesundheitssport und Sporttherapie, Heft 16. Hürth 2000
Zaciorskij: Die körperlichen Eigenschaften des Sportlehrers. In: Theorie und Praxis der Körperkultur, Heft 20, Beiheft 2. Leipzig 1971, vergriffen

Stichwortverzeichnis